西藏民族大学资助出版

仲长统研究

马天祥 著

ZHONGCHANGTONG YANJIU

U0424753

西北大学出版社
·西安·

图书在版编目（CIP）数据

仲长统研究 / 马天祥著 . -- 西安：西北大学出版社, 2024.9. -- ISBN 978-7-5604-5494-8

Ⅰ . B234.99

中国国家版本馆 CIP 数据核字第 2024MS3279 号

仲长统研究
ZHONGCHANGTONG YANJIU

作　　者	马天祥
出版发行	西北大学出版社
地　　址	西安市太白北路 229 号
邮　　编	710069
电　　话	029-88303059
经　　销	全国新华书店
印　　装	西安真色彩设计印务有限公司
开　　本	710mm×1000mm　1/16
印　　张	14.25
字　　数	250 千字
版　　次	2024 年 9 月第 1 版　2024 年 9 月第 1 次印刷
书　　号	ISBN 978-7-5604-5494-8
定　　价	60.00 元

本版图书如有印装质量问题，请拨打电话 029-88302966 予以调换。

前　言

　　说起百家争鸣，人们常常会径直联想到春秋战国之世诸子百家的蜂出并作。所谓诸子百家，可以理解为两周王朝濒于崩溃之时，士人各主一说，以期拯王纲、救时弊，还天下黎庶以康乐。历史何其相似！两周崩溃之时，有先秦诸子建言安天下之道；两汉倾颓之际，亦有汉末"小诸子"条陈拯时局之法。在先秦诸子中，颇具争议者当属集法家大成之韩非子；在汉末"小诸子"中，独树一帜者当属宣告儒家圣制彻底破产之仲长统。

　　无论在思想史上，还是在文学史上，汉末"小诸子"自然无法与先秦诸子比肩，故而仲长统之声名鲜有人知晓。《后汉书·仲长统列传》之相关载录亦颇多简省，对其行年及作品仅录大概。当然，也许更为重要的是，其代表作品《昌言》散佚颇为严重，曾经十余万言的巨著，历经两次重大散佚，至明清时仅有相对完整的《理乱》《损益》《法诫》三篇存世，不及原著十之一二。因此，即便后人有意探究其思想，唯有依托遗文逸句方能窥见一斑。

　　东汉中期以降，天灾不断、疾疫流行，外戚擅权、宦官乱政，加之君子道消，党人受挫而遭禁锢；小人道长，奸佞横行而得封赏。两汉四百年间儒家思想体系中不可动摇之圣制，在士人群体内心中出现了不可逆转的动摇。在这一传统思想体系出现动摇乃至解体之时，儒生之"婞直"、名士之"狂狷"皆陆续粉墨登场，而就在这批士人之中，也有那么一位"狂生"，于求索、深思、疾呼、挣扎之后，完成了由两汉儒生向魏晋名士的过渡与转型。当然，这一思想深处的过渡与转型，不仅宣告了对其个人自身命运的绝望，更宣告了控制两汉四百年的儒家思想的彻底破产。

　　仲长统儒生的底色是不容置疑的，狂生的性格是不可忽视的，而对儒家圣制的彻底绝望更是不必讳言的。生逢汉末之世，他尊君而君已轻；他奉汉而汉已衰；他推崇宰辅之制，而曹氏正欲专权；他提倡恢复井田，而屯田之制则更切用。面对世道倾颓、人心丧乱，他遵循儒家圣制，深思熟虑所开出的疗救方剂却都于事无补，而挣脱儒家思想束缚，以道家视角冷眼旁观，竟幡然发现世道变乱之灾、纷争涂炭之祸竟然一次比一次残酷。

如果说韩非子是用法、术、势三位一体的视角冷静地剖析人性趋避，那么仲长统则是融合儒、道、法三家杂糅之学说犀利地洞察王朝治乱。年少之时，他也曾寻师访友，游历天下，心中沛然有"澄清天下之志"。然而，汉祚倾颓，边将窃据王都、宰辅觊觎神器、天子失势、庙堂蒙尘，这些变故皆是儒家圣制所无从应对的，更是两汉渐次兴起的章句之学所无力解决的。当圣王褪去了儒家学说赋予的光环，当儒家学说失去了王权保护走下神坛。属于两汉经学的时代终将成为过去，而一种精神气格全然不同的时代也终将到来。仲长统恰于有意无意间，见证着、亲历着那个激变的时代。

甲辰仲秋识于咸阳秦都

马天祥

绪 论

仲长统（180—220），字公理，山阳高平人，东汉末年政论家、思想家。仲长统才华过人，性情豪爽，洒脱不拘，敢直言，不矜小节，默语无常，时人称为"狂生"。早年时州郡征辟其为官，皆称疾不就。建安年间汉廷迁许之后，尚书令荀彧闻其名，举荐其为尚书郎，于是仲长统便开始了入仕为官的生涯，直至离世。在许为官期间，始终未能得到曹操重用。

仲长统的思想集中体现在《昌言》中。《昌言》是一部政论散文合集，共三十四篇，十余万言，后大部分佚失，所存者不足十之一二，散见于《后汉书》《齐民要术》《群书治要》《意林》等书中，清代严可均《全后汉文》中的辑本为当下研究使用最广者。严可均辑录的《昌言》包括《昌言上》部分：即从《群书治要》中摘录的一段相关文字以及从范晔《后汉书·仲长统列传》中摘录出的《理乱篇》《损益篇》《法诫篇》三篇；《昌言下》部分：包括从《后汉书·仲长统列传》中摘录的《乐志论》、从《意林》中辑录出文字14条、《群书治要》辑录论述8段、《抱朴子》文句2条、《太平御览》文句6条、《博物志》文句2条、《齐民要术》文句4条、《北堂书钞》文句1条、《文选》文句28条、《长短经》文句1条、《艺文类聚》1条。在对仲长统展开研究之前就不得不面对屈指可数的文献资料，即现存完整篇目仅《理乱》《损益》《法诫》三篇而已，包括篇名不过4499字，加之其他残篇断句不过12443字。因此，极度有限的材料，为仲长统行年与思想的研究增加了重重困难。

在时代上，仲长统生活在汉、魏易代之际，其卒年恰是汉献帝逊位之岁；在思潮上，其处于两汉经学向魏晋玄学过渡的重要时期。无论从哪个方面来看，都处在一个承前启后的关键位置。《昌言》中所反映的思想也存在着汉代经学的烙印和魏晋玄学的端倪。但其思想却既不同于贾谊、晁错等典型的汉代士人，

1

又不同于"竹林七贤"般的魏晋风度。所以，以仲长统为切入点，通过分析他的著述、思想及其精神的时代特征，并纵向地分析这些思想发生演变的来龙去脉，横向地分析其他思想与之或交融、或对抗的是非原委，方能对汉末魏初这段特殊时期的思潮转变有透彻的了解，进而为两种截然不同思潮的承接找到某些内在的"连贯"。汉代儒生与魏晋名士各自秉承着完全不同的人生观和价值观。仲长统思想的价值和意义恰恰在于其记录着汉儒气质的退却和魏晋风度的萌生。

关于仲长统的研究，古人的史论及人物品评，或针对于汉末时代背景而发，或只对仲长统《昌言》中的某些思想作些许评骘，如严可均《全后汉文》中的简短评论等，这些评论都属于相对简单的概括。建国以来，关于仲长统的讨论，通常将其视为"汉末诸子"中的一员进行研究，多简单地论述仲长统的个人际遇和时代背景，或对《昌言》思想进行逐条阐发，或将仲长统与汉末诸子进行比较研究。

有关仲长统的专人研究有刘文英《王符评传》后附的《崔寔、仲长统评传》，对仲长统的生平、时代背景及其思想作了较为全面的研究，其中附于篇末的王符、崔寔、仲长统行年简编对仲长统的行年研究提供了极大的帮助。由于《后汉书》《三国志》《八家后汉书》等史书中载录材料的有限，所以补充刘文英所编年谱存在一定的难度。该书侧重对仲长统哲学思想的阐发，对仲长统的天命观、名实观等问题都有专章论述。然而，如若能对仲长统个人际遇和时代背景做更深层次的追问当为更佳；如果能就其个人的遭遇引发更深层次的对汉末社会不同层次人群的清晰划分，以及对这些层次人群自身特点进行归纳，并在此基础上对各层人群之间的关系作进一步揣摩当更为周详。台湾学者韩复智亦对仲长统有专文论述，但在行年考证、著述流传等问题的研究上仍留下了颇多疑问。唐长孺《魏晋南北朝隋唐史三论》和周一良《魏晋南北朝史论集》虽未论及仲长统，但都对汉魏之际的社会作了颇多深刻且独到的分析。

关于《昌言》内在思想的阐发，侯外庐《中国思想通史》第二卷篇末对仲长统思想的评论，不但语言深刻且文采斐然笔下生风。另外，如硕士论文李英杉杉《仲长统思想探微》围绕儒、道、法互相杂糅，恢复井田、恢复肉刑、对封建王朝的悲观心态（时代观）等方面进行研究。亦有如杨霞《浅议仲长统的周文化情节》，更从"井田"制度将仲长统的思想与周文化建立了联系。这些研究都对《昌言》的思想做了一些探究。而仲长统的时代观问题，萧公权《中国政治思想史》已作了颇为精当的评述。另外，秦跃宇、龙延的《非儒入道的玄学先声——仲长统思想研究》已经注意到了仲长统思想在儒道之间的连接作用。但是，似乎少有人关注过仲长统《昌言》中的这些思想在汉代，尤其是东汉一朝的发生和演变。《昌言》中的这些思想其实可以看作东汉至魏晋思想演变中的重要一环，这些思想的发生和演变恰恰反映了社会和时代乃至士人心态的改变。如果将肉刑"废"与"复"的争论放到清人沈家本的《历代刑法考》中结合时代兴替去考察，于是支撑这种"废"与"复"争论背后的"力量"便清晰可见了。当然，如果对《昌言》政论散文言说模式有清晰的把握就会发现，复肉刑不过是仲长统言说的论据罢了，质而论之不过是言说的材料而非言说的重点。关于仲长统著述流传及类别划分的问题，有严灵峰《周秦汉魏诸子知见书目》对现存不同的《昌言》或辑录仲长统著述之作有颇为全面的介绍。另有硕士论文苏晓威《仲长统〈昌言〉研究》，从文献学角度对《昌言》的流传情况作了较为细致的探查。

此外，尚有将仲长统置于汉末诸子群体之中与他人进行比较研究者。这种将仲长统与汉末诸子进行比较研究，其实是一种"三贤"思想的继承与扩充。这种思想从范晔作《后汉书》将王充、王符、仲长统合列一传时便已产生。韩愈的《后汉三贤赞》亦是同类之作。黄丽峰《后汉三贤的士风批判》便是将这三人对汉末士人不良风气的批判合纂一文。另外，鉴于后汉末年产生的一批"品评时政"的士人，如王符、荀悦、徐幹、崔寔等，虽裁量时政各有侧重，但因同受经学熏陶，所以人们很自然地将其视为一个整体，而不会如先秦诸子那样视为百家。其中，能在大的时代观感上将仲长统与汉末诸子明确分开对待的当推金春峰《汉代思想史》。当然，也有将他们两两作比进行研究的，如硕士论文沈静《徐幹仲长统比较研究》、孔毅《荀悦与仲长统思想合论》等。汉末诸子看似是一个整体，然而他们的思想因为生存时代的"细微"差别和个体感受的差异而出现了一定的分别，这是值得注意的。另外，仲长统的易学研究也是研究不可或缺的一部分，相关研究有张涛《仲长统的思想与易学》。

对仲长统行年及思想的研究情况大致如此，为避免文字冗余在此仅言其大概。虽然前人对仲长统的研究已经取得了较为丰硕的成果，但仍存在一些有待深入挖掘的问题。首先，关于仲长统的生卒行年仍缺乏系统且扎实的考证。虽然包括刘文英、韩复智、杨霞等或在专著中或在专文中都对仲长统生卒行年问题进行了专项爬梳,但细细揣摩其文章,在考证过程中未免皆有"理推"或者"臆断"之嫌。在推定仲长统生平中若干重大事件的发生时间方面,或直接借用《资治通鉴》等典籍的载录时间,或对没有具体载录的事件不加考证而"以理推之"。当然,由于史料的匮乏,此种做法亦属无奈之举,是应当给予理解的。但这样往往会直接借用到某些错误结论,或者理推出一个不能令人信服的结果,在对待作家行年考证上,此种方法似有待完善。其次,对仲长统著述问题缺乏专文研究,诸多论述多对此问题重视不足一笔带过。苏晓威的硕士论文《仲长统〈昌言〉研究》从文献学的角度对《昌言》做了专项研究,实为难得。但仍存在一定的提升空间,如果将研究对象扩展至仲长统著述而不必仅仅局限于《昌言》,这样便可对《昌言》进行梳理的同时,亦对仲长统不属于《昌言》系统的作品予以更层次清晰的梳理。另外,在总结历代仲长统《昌言》的辑录问题方面,相关学人大体上较为谨慎地承袭了严可均的论断。如果能在严氏基础上,以若干类书为第一手研究材料,细细爬梳历代集部文献中对仲长统著述的收录情况,以期对严氏论断有所增益自然更属完善。当然,此项工作牵涉典籍数目巨大且耗费精力颇多。要之,更需承担事倍而无功的风险,所以亦甚为理解。

最后,既往对仲长统思想研究取得了颇为可观的成果,如在"复井田""复肉刑"等诸多方面皆有专文进行深入研究。不过需要注意的是,这些专文研究虽然深入,但似乎因过于注重了某个点的研究而忽视了仲长统政论散文的言说模式。换言之,通过对仲长统政论散文言说结构进行深入分析之后,会发现在其文中出现的各类信息多数是作为论据而存在的,只有少数是其言说的中心论点。所以,如果对仲长统政论散文中出现的信息皆做专项研究,此种方法在理论上是可以的,但是从仲长统撰文的角度出发,未免有混淆主次之嫌。由此引申而来的一个问题是:现存对仲长统研究的诸多期刊文章皆是秉承这一思路,即寻得严可均辑录《昌言》中的某一残章断句并以此为中心进行阐发,殊不知悉心品读《昌言》之文便会发现,对于仲长统政论散文的言说模式而言,这种单纯依据残章断句的"逆推"是需要格外审慎的。因此,一些文章皆是在执一残句、更无他证的情况下以理推之。对此,个人还是抱着较为谨慎的态度,认为应当通读仲长统之遗文,揣摩其撰写文章的主要思路和惯用言说模式,而后加以从浩如烟海的文献中辑录一二之努力,进而审慎地考察那些遗文残句在仲长统之文中的位置和作用,而后以求窥其用意之大概。

CONTENTS 目录

前　言 / 1
绪　论 / 1

第一章　仲长统生卒行年考 / 1

第一节　籍贯考 /2
第二节　姓氏考 /5
第三节　生卒行年考 /6
　　一、过高干考 /7
　　二、避居上党与举尚书郎考 /9
　　三、任参军事考 /14
第四节　交游考 /18

第二章　仲长统的时代观与士风观 / 27

第一节　仲长统时代观研究 /27
第二节　仲长统对汉末士风的批判 /44

第三章　仲长统著述分类 /53

第一节　明清时期仲长统著述的辑录情况 /53
第二节　仲长统非《昌言》系统著述考论 /59
　　一、《山阳先贤传》并非仲长统所作 /59

二、《乐志论》不属于《昌言》系统 /63

第四章 仲长统的社会改革思想 / 67

第一节 仲长统"抑兼并"思想论析 /67
第二节 仲长统赋税改革思想研究 /96
第三节 仲长统抑君权思想研究 /127

第五章 《昌言》文学研究 / 143

第一节 简明的语言风格 /143
第二节 巧妙的修辞手法 /148
第三节 独特的句式结构 /151
第四节 特异的言说模式 /167

第六章 《乐志论》与魏晋文学审美新旨趣 / 185

第一节 《乐志论》写作时间蠡测 /186
第二节 《乐志论》中田园景象与魏晋审美新旨趣 /193

结 语 / 204

附 录 / 206

附录1 《后汉书》《三国志》参军事表 /206
附录2 仲长统生卒行年简编 /208

参考文献 / 210

第一章　仲长统生卒行年考

关于仲长统的生卒行年等问题，前人已经做了很多的研究。其中较为系统的有刘文英《王符评传》后附的"仲长统生平大事年表"[1]。此外如台湾韩复智《仲长统研究》[2]等文章都对仲长统的生卒、行年等问题有所涉及。然而，由于史料的匮乏，这些文章或是在生卒行年的问题上挖掘不足，或是在具体事件年代的推定上不够精确，总之应当在回归原典的基础上对仲长统的生卒行年及其他相关问题做一次全面的梳理。这在我们对仲长统展开系统研究之前是很有必要的。仲长统生卒行年的相关史料主要见于《后汉书·仲长统列传》和《三国志·魏书·刘劭传》，现将史料罗列如下：

> 仲长统字公理，山阳高平人也。少好学，博涉书记，赡于文辞。年二十余，游学青、徐、并、冀之间，与交友者多异之。并州刺史高干，袁绍甥也，素贵有名，招致四方游士，士多归附。统过干，干善待遇，访以当时之事。统谓干曰："君有雄志而无雄才，好士而不能择人，所以为君深戒也。"干雅自多，不纳其言，统遂去之。无几，干以并州叛，卒至于败。
>
> 尚书令荀彧闻统名，奇之，举为尚书郎。后参丞相曹操军事。每论说古今及时俗行事，恒发愤叹息，因著论，名曰《昌言》，凡三十四篇，十余万言。
>
> 献帝逊位之岁，统卒，时年四十一。友人东海缪袭常称统才章足继

---

[1] 刘文英：《王符评传》，南京：南京大学出版社1993年，第377页。
[2] 韩复智：《仲长统研究》，《台湾大学历史学系学报》第8期，1981年12月，第53页。

西京董、贾、刘、杨。①

袁撰统《昌言表》，称统字公理，少好学，博涉书记，赡于文辞。年二十余，游学青、徐、并、冀之间，与交者多异之。并州刺史高干素贵有名，招致四方游士，多归焉。统过干，干善待遇之，访以世事。统谓干曰："君有雄志而无雄才，好士而不能择人，所以为君深戒也。"干雅自多，不纳统言。统去之，无几而干败。并、冀之士，以是识统。大司农常林与统共在上党，为臣道统性倜傥，敢直言，不矜小节，每列郡命召，辄称疾不就。默语无常，时人或谓之狂。汉帝在许，尚书令荀彧领典枢机，好士爱奇，闻统名，启召以为尚书郎。后参太祖军事，复还为郎。延康元年卒，时年四十余。统每论说古今世俗行事，发愤叹息，辄以为论，名曰《昌言》，凡二十四篇。②

以上两节文字分别出自范晔《后汉书·仲长统列传》正文和陈寿《三国志·魏书·刘劭传》裴松之注文。由于史料有限，有关仲长统的行年研究暂且只能依托这两则相对具体的史料来展开。

第一节　籍贯考

范晔《后汉书·仲长统列传》已明言仲长统为"山阳高平人"，然而"山阳高平"对应的当下地名则出现了分歧。韩复智认为"山阳高平"当在"今山东省金乡县西北"③，而刘文英则认为当在今山东省邹县西南④，此外更有《两汉全书》认为"山阳高平"即为"今山东省微山"⑤。验之谢寿昌等编的《中

---

① 范晔：《后汉书·仲长统列传》，北京：中华书局1965年，第1643–1646页。
② 陈寿：《三国志·魏书·刘劭传》，北京：中华书局1982年，第620页。
③ 韩复智：《仲长统研究》，《台湾大学历史学系学报》第8期，1981年12月，第54页。
④ 刘文英：《王符评传》，南京：南京大学出版社1993年，第289页。
⑤ 董治安主编：《两汉全书》，济南：山东大学出版社2009年，第31册，第18097页。

国古今地名大辞典》①，韩复智的"山东金乡县西北"之说实系于"高平郡"条下，且原文为：

> 晋高平国，治昌邑，在今山东金乡县西北四十里，南朝宋为郡，移治高平，在今山东邹县西南，北齐废。②

而刘文英的"山东邹县西南"之说则为"高平县"条下之文，原文为：

> 汉置橐县，后汉更置高平侯国，南朝宋时移高平郡来治，北齐郡县俱废，故城在今山东邹县西南。③

从上述材料可以看出，产生分歧的关键在于对"高平"这一地名所代表的行政区域级别的认知差异。韩复智将"高平"理解为"高平郡"，而刘文英将"高平"理解为"高平县"。至此，我们应回到原典，重新审视范晔《后汉书·仲长统列传》中"高平"二字的语义指向。按范晔《后汉书》著述体例，在言及某人籍贯时通常遵循的是"郡名"+"县名"之体例。如光武帝刘秀的籍贯"南阳蔡阳"，按《光武帝纪》所附李贤注文可知"南阳，郡，……，蔡阳，县。"④又如杨震籍贯为"弘农华阴"，据《后汉书·郡国志》可知弘农为郡，华阴为县。⑤此类例证俯拾即是，故不再赘述。此外，更应注意到一个时间上的倒错，即晋时为"高平国"而后南朝刘宋时才为"高平郡"，故东汉末年之时不知何处当为"高平郡"？至此，可以推定《仲长统列传》中的"山阳高平"实为"山阳郡高平县"。然而，《后汉书·郡国志》"山阳郡"下唯有"高平侯国，故橐，章帝更名"⑥条，并未明言高平为县。然另据《后汉书·光武十王列传·东平宪王苍传》注文"橐，县，一名高平，故城在邹县西南。"⑦至此，方可断定"橐"

---

① 谢寿昌等编：《中国古今地名大辞典》，上海：商务印书馆1936年，第771-772页。
② 谢寿昌等编：《中国古今地名大辞典》，上海：商务印书馆1936年，第771页。
③ 谢寿昌等编：《中国古今地名大辞典》，上海：商务印书馆1936年，第772页。
④ 范晔：《后汉书·光武帝纪》，北京：中华书局1965年，第1页。
⑤ 范晔：《后汉书·郡国志》，北京：中华书局1965年，第3401页。
⑥ 范晔：《后汉书·郡国志》，北京：中华书局1965年，第3455页。
⑦ 范晔：《后汉书·光武十王列传·东平宪王苍传》，北京：中华书局1965年，第1434页。

即为"高平县",且就在邹县西南,故当以刘文英说为是。不过,刘文英之说虽"是"而不"确",因为这一论断只言及了大体方位而并未指出其籍贯具体所在。《两汉全书》较之韩氏和刘氏之说,更为明确地指出了仲长统的籍贯即"今山东省微山"。然而此说亦颇值推敲,因为"山阳高平"在东汉时为"橐"县,而"今微山县"在东汉时则为"戚"县,虽相距不远但实为两地,故此说亦有待深入考量。《后汉书·光武十王列传·东平宪王苍传》注已明言,"橐"在邹县西南。而"戚"即今"微山县"则近乎在邹县东南,且据《邹县县志》①邹县自唐以降②并未存在较大规模的地理迁移,此为"微山县"之说疑点之一。此外,《水经注》卷二十五"泗水条":

> 泗水南经高平山,山东西十里、南北五里、高四里,与众山相连,其山最高顶上方平,故谓之高平山,县亦取名焉。泗水又南经高平县故城。③

据此可知,高平县得名缘于附近的"高平山",而"高平山"山下即为"高平县",且有泗水自北向南流经于此。斗转星移,沧海桑田,从东汉至今河流可能改道、湖泊可能湮没,所以简单依据河、湖等水域作为地理坐标进行定位可靠性不大。但山脉似乎不会出现太大变迁。因此,借助《水经注》中提供的地貌特征"山东西十里、南北五里、高四里,与众山相连,……,泗水又南经高平县故城。"可以断定,谭其骧《中国历史地图集》(秦汉卷)所标注的"橐"县方位确切。至此,可以得出仲长统籍贯"山阳高平",即今"山东省微山县两城镇一带"。不过,除了单纯的史地考证外,我们更不能忽略当下的行政区划问题。遵照现今执行的行政区划,两城镇实归微山县辖制,故《两汉全书》"今山东省微山"之说亦为不误。

---

① 《中国方志丛书·华北地方·邹县志》第380号,台北:成文出版社1976年影印清娄一均修、周翼等撰康熙五十四年刊本。
② 因注《后汉书》之李贤为唐朝人。
③ 郦道元著,陈桥驿校证:《水经注校证》,北京:中华书局2007年,第596页。

第二节 姓氏考

关于仲长统的姓名，现存两种观点：其一，如王先谦《后汉书集解》认为"仲"为姓，"长统"为名①。其二，如缪袭《昌言表》及葛洪《抱朴子》认为"仲长"为姓，"统"为名②。首先，我们要注意的是，王先谦《后汉书集解》的观点原文作"《通鉴》胡注，仲，姓也。"据此可知，王先谦《后汉书集解》的论断实从《资治通鉴》胡三省之注文。然而，验之《资治通鉴》，结果却并未与《后汉书集解》所引相合。《资治通鉴》卷六十五胡注之文已明言"仲长，复姓"③。尽管史料中并无直接载录有关仲长统姓氏的问题，但亦可从"侧面"寻得些端倪。距离仲长统时代最近的《三国志·魏书·刘劭传》裴松之注文，其中所引仲长统友人缪袭撰写之《昌言表》，其原文皆称仲长统为"统"；其次成书于晋代的《抱朴子》亦称仲长统为"仲长公理"。这一称谓方式刚好与传统称谓"姓"+"字"结构相符。可见，至少在葛洪看来"仲长"是姓而"统"是名。其次，《宋书·谢灵运传》全文载录谢灵运作于南朝刘宋时期并自注的《山居赋》，在赋文中将仲长统略称为"仲长"，且注文中将仲长统称作"仲长子"④。再次，作为南朝梁时期的《金楼子》亦书仲长统为"仲长公理"⑤。最后，邵思《姓解》、王应麟《姓氏急就篇》、凌迪知《万姓统谱》、章履仁《姓史人物考》⑥等有关姓氏的专书皆将"仲长统"之名录在"仲长"姓条下。综上所述，

---

① 王先谦《后汉书集解》卷四九集解"通鉴胡注，仲，姓也。商左相仲虺，周有仲山甫，舜十六相有仲堪、仲熊，周八士有仲突、仲忽。"然考《资治通鉴》卷六十五胡注为"仲长，复姓"见《后汉书集解》（外三种），上海：上海古籍出版社2006年影印本，第一册，第751页。

② 葛洪著，王明校释：《抱朴子内篇校释》，北京：中华书局1985年，第115页。

③ 司马光：《资治通鉴》，北京：中华书局1956年，第2067页。

④ 沈约：《宋书·谢灵运传》，北京：中华书局1974年，第1755页。

⑤ 梁元帝 萧绎：《金楼子》卷四，清知不足斋丛书本。

⑥ 宋邵思《姓解》卷一，古逸丛书景北宋本；宋王应麟《姓氏急就篇》卷下，文渊阁本；明凌迪知《万姓统谱》卷一百三十五，文渊阁本；清章履仁《姓史人物考》卷十五，清乾隆二十年刻本。

复姓"仲长"之说当为可信①。另外,值得一提的是"仲长"一姓并非仲长统仅此一例,章履仁《姓氏急就篇》"仲长"条下除仲长统外尚有仲长子光。

第三节　生卒行年考

关于仲长统的生卒行年问题,由于相关史料的缺乏,致使既往研究不得不停留在泛泛而论的层面,即简单论述其生年、卒年以及史传中言及的主要事件。刘文英在《王符评传》的附录中有"王符、崔寔、仲长统生平大事年表",在考定仲长统的生卒年后,将东汉末年大事一一列入其对应的年岁中,当然《仲长统列传》中载录的相关事件亦编入其中。不过,由于刘文英在编录该"年表"时直接采用了《资治通鉴》的一些年代考证结果,因而在吸收《资治通鉴》诸多成果的同时也将一些"存疑之处"收录其中。

在与仲长统相关的有限史料中,有明确记载的行年信息唯有仲长统之卒年。《后汉书·仲长统列传》载"献帝逊位之岁,统卒,时年四十一"②,而《三国志·魏书·刘劭传》注文中则载"延康元年卒,时年四十余"③。据以上两则史料可知,仲长统卒于汉魏易代的"延康元年"(220年)。至于仲长统卒年时的年岁究竟是"年四十一"还是"年四十余",两则材料说法不一,但后来言此者多从"年四十一"说④。按古人以虚岁来计算年龄,若以此为据则可推知仲长统的生年当为"光和三年"(180年)。当然,以上两则史料所提供的年龄信息在本质上并无冲突,并且在研究一位作家生平时,其主要活动年代、行年大事以及卒年则显得更为重要。有鉴于此,便需要我们对仲长统所历大事行年作细致的考量。

---

① 林宝《元和姓纂》卷五文渊阁本误将仲长统列于"长仲"姓条目下,此误已为四库馆臣编修时指出,并加按语予以纠正。
② 范晔:《后汉书·仲长统列传》,北京:中华书局1965年,第1646页。
③ 陈寿:《三国志·魏书·刘劭传》,北京:中华书局1982年,第620页。
④ 韩愈《后汉三贤传赞》持"年四十一"之论,见韩愈:《韩昌黎文集·后汉三贤传赞》,上海:上海古籍出版社1986年,第60页。

一、过高干考

《后汉书·仲长统列传》和《三国志·魏书·刘劭传》注文都曾提及"仲长统过高干"一事。刘文英在其所编的"王符、崔寔、仲长统大事年表"中，将此事系于"建安十一年"（206年）[①]。此说实从《资治通鉴》卷六十五之结论。《后汉书》对此事有较为具体的记载：

> （统）年二十余，游学青、徐、并、冀之间，与交友者多异之。并州刺史高干，袁绍甥也，素贵有名，招致四方游士，士多归附。统过干，干善待遇，访以当时之事。统谓干曰："君有雄志而无雄才，好士而不能择人，所以为君深戒也。"干雅自多，不纳其言，统遂去之。无几，干以并州叛，卒至于败。[②]

因《三国志·魏书·刘劭传》注文与此相似故不复列举。从这段史料可以发现两则问题：其一，仲长统发现高干"有雄志而无雄才，好士而不能择人"的问题，并以此提醒高干。然而，仲长统的善意提醒并未得到高干的重视，于是仲长统便选择离开。其二，在仲长统离开后不久（也就是"无几"），高干反叛，最终兵败被杀。综上，可以推定仲长统离开高干在先，而后又经过一段较为短暂的时间，高干反叛，最终兵败被杀。也就是说，仲长统拜访高干时间不晚于高干反叛的时间，按照这样的逻辑来考量仲长统过高干之时间当为不误。然而，高干究竟又于何时叛乱的呢？综合《后汉书》《后汉纪》提供的相关史料，可以断定《资治通鉴》的"建安十一年"说有误。《后汉纪》与《后汉书》对"高干反叛"一事的时间皆有明确记载：

> （建安十年）冬十一月，并州刺史高干反。[③]

[①] 刘文英：《王符评传》，南京：南京大学出版社1993年，第378页。
[②] 范晔：《后汉书·仲长统列传》，北京：中华书局1965年，第1643-1646页。
[③] 袁宏：《后汉纪·孝献皇帝纪》，北京：中华书局2002年，第567页。

> 明年（建安十年）高干复叛，执上党太守，举兵守壶口关。①

> （建安十一年）三月，曹操破高干于并州，获之。②

《后汉书》中的这两条相关史料已经说明了"高干反叛"是在建安十年（205年），而高干兵败被杀则是建安十一年（206年）之事。并且，《后汉纪》中的史料更明确地记录了该事件发生的具体时间。《后汉纪·孝献皇帝纪》（卷二十九）"十年"条下有"冬十一月，并州刺史高干反"之语，而"曹操征高干，斩之"则列于"十一年"条下。至此，结合《后汉书》《后汉纪》所载录的相关史料足以断定"高干反叛"发生于建安十年（205年）十一月，结束于建安十一年（206年）三月。故据此可以推定，仲长统离开高干处，当不晚于建安十年（205年）十一月。因此，仲长统拜访并州刺史高干的正确时间当为建安十年（205年）而非建安十一年（206年）。《资治通鉴》之所以将此事系于建安十一年（206年），也许是只注意到高干败亡之终，而没有留意到高干叛乱之始。并且，《资治通鉴》编纂之文中亦以"初"字总领该事件始末，故可知《通鉴》撰文亦不失严谨。另外，《后汉书·仲长统列传》在表述仲长统与高干交往之事时只说"统过干"，据此可知仲长统在高干处逗留时间不会太久，应当只是短期的拜访而已，故而又可以断定仲长统过高干的时间亦当在建安十年（205年）。至此可以推定，仲长统于建安十年（205年）拜访高干，在短暂停留之后发现了高干"有雄志而无雄才，好士而不能择人"的问题并直接给予高干善意的提醒，然而无才自矜的高干并未引以为戒。仲长统敏锐地预见到高干如此必遭祸败，于是毅然离去。果然，在仲长统离去不久的建安十年（205年）十一月，高干便举兵作乱了。然而，这场叛乱旋即被曹操肃清。翌年初，也就是建安十一年（206年）三月，高干的叛乱便被彻底平息。动荡之后，人们方才想起了那位曾对高干"直言相劝"有知人之明的仲长统。经历了这次动荡后，仲长统的声名便在并、冀之地上逐步为人所熟知了。虽然经过一系列考证后得出的时间与原来史传载录前后相距不过数月而已，但却分属前后两年，

---

① 范晔：《后汉书·袁谭列传》，北京：中华书局1965年，第2418页。
② 范晔：《后汉书·孝献皇帝纪》，北京：中华书局1965年，第384页。

若不细加考辨恐贻误后人。

二、避居上党与举尚书郎考

又《三国志·魏书·刘劭传》注文所录仲长统友人缪袭撰写《昌言表》有"大司农常林与统共在上党"之语。据此可知,仲长统曾与常林同在上党。然而,此二人究竟何时同在上党,还需回归原典作深入考量。

《后汉书》《三国志》中均未提供与此事直接相关的任何材料。因此,还应当从与仲长统有关人物的史料出发,借用"旁见侧出"的零星线索来逐步地理清仲长统的个人行年。前文有言"大司农常林与统共在上党",虽不知仲长统何时在上党,但可借助常林行年来确定仲长统在上党的大致时间。考诸《三国志·魏书·常林传》:

> 常林,字伯槐,河内温人也。……太守王匡起兵讨董卓,遣诸生于属县,微词吏民罪负便收之,考责钱谷赎罪,稽迟则夷灭宗族,以崇威严。林叔父挝客,为诸生所白,匡怒收治,举宗惶怖,不知所责多少,惧系者不救。林往见匡同县胡母彪曰:"……"因说叔父见拘之意。彪即书责匡,匡原林叔父。林乃避地上党,耕种山阿。当时旱蝗,林独丰收,尽呼比邻,升斗分之。①

可知常林至上党实为避王匡之暴,而王匡起兵讨董卓的时间《后汉书·袁绍列传》已明确载录为"初平元年"(190年),并且《后汉纪·孝献帝纪》"初平元年"条下所录文字亦可为参证。既然断定了河内太守王匡起兵在初平元年(190年),那么可以据此推定常林避居,即出河内郡而徙居上党郡当在"初平元年"(190年)之后。那么,常林在上党又避居了多久呢?究竟于何时离开上党的呢?据《三国志·魏书·常林传》可知,常林以"州界名士"的身份,经并州刺史梁习②举荐出任"南和长",进而由此入仕终生未离庙堂。考《三国志·魏书·梁习传》可知,并州刺史举荐常林等人之事皆在"承高干荒乱之余"。"高

---

① 陈寿:《三国志·魏书·常林传》,北京:中华书局1982年,第659页。
② 据范晔《后汉书·郡国志五》志二十三可知,上党郡属并州辖制。

干之叛"前文已有详述,曹操平复此乱在建安十一年(206年)三月。故可推知,常林得到并州刺史梁习举荐当在建安十一年(206年)三月之后,但亦当不晚于建安十二年(207年)。因为,据《三国志·魏书·武帝纪》可知建安十一年(206年)正月高干见战事不利便北入匈奴之地,而后又南下荆州,三月被上洛都尉王琰斩杀。另据《三国志·魏书·梁习传》:

> 时承高干荒乱之余,胡狄在界,张雄跋扈,吏民亡叛,入其部落,兵家拥众,作为寇害,更相扇动,往往棋峙。习到官,诱喻招纳,皆礼召其豪右,稍稍荐举,使诣幕府;豪右已尽,乃次发诸丁强以为义从。又因大军出征,分请以为勇力。吏兵已去之后,稍移其家,前后送邺,凡数万口;其不从命者,兴兵致讨,斩首千数,降附者万计。单于恭顺,名王稽颡,部曲服事供职,同于编户。边境肃清,百姓布野,勤劝农桑,令行禁止,贡达名士,咸显于世。①

从此段史料可知,高干之乱后梁习出任并州刺史。梁习到任后旋即开始推行内治豪强、外肃边患、恢复生产、举荐名士等一整套的措施来稳定并州之地。战时举措自当从简从速,故可从字里行间推断出梁习举荐常林等名士之事亦当不晚于建安十二年(207年)。之所以将时间的下线定为建安十二年(207年),除去置身战时的"理推"之法外,还应另有他据:

> 并州刺史高干表为骑都尉,林辞不受。后刺史梁习荐州界名士,林及杨俊、王凌、王象、荀纬,太祖皆以为县长。②

可以看出高干任并州刺史时就曾举荐常林。高干之乱后,作为继任者的梁习又举荐州界名士,这次常林顺理成章地再一次得到了举荐并出任"南和长"。与常林一并得到举荐的还有杨俊、王凌、王象、荀纬四人。据《三国志·魏书·杨俊传》裴注之注文:

---

① 陈寿:《三国志·魏书·梁习传》,北京:中华书局1982年,第469页。
② 陈寿:《三国志·魏书·常林传》,北京:中华书局1982年,第659页。

《魏略》曰："王象字义伯。既为俊所知拔，果有才志。建安中，与同郡荀纬等俱为魏太子所礼待。"①

从此段史料可知，与常林一并得到举荐的杨俊等四人中，王象与荀纬二人不但被委以官职，还得以与魏太子交接且颇受礼遇。包括常林在内的这五人最初皆为地方令长，然而其中两人在担任公职外还得以与魏太子有所交接。这看似"唐突"的变化，实则有其内在的深意。袁宏《后汉纪·孝献皇帝纪》卷第三十载"是时，曹公世子聪明尊隽，宜高选天下贤哲以师保之，辅成［至］德。"②而这条建议提出的时间恰恰是在建安十二年（207年）三月间。③综合这些线索，便可以逐步理清常林得到举荐一事的前因后果和具体时间了。

初平元年（190年），王匡发兵讨伐董卓，常林为避兵祸旋即避地上党耕种山阿。④高干任并州刺史时曾举荐常林，然而常林辞而不受。嗣后建安十年（205年）十一月高干反叛，建安十一年（206年）三月高干兵败被杀。新任并州刺史梁习走马上任，外攘戎狄内定豪强，建安十二年（207年）并州治下已颇见成效，三月间恰逢魏公下令州郡当举荐名士贤者以辅"世子"，于是刺史梁习便举荐了常林在内的五人。而这五人最初虽被任以令长之职，实则是为选拔其中的师保之士。

故据此可以理清常林避居上党的时间范围——当为"初平元年"（190年）至"建安十二年"（207年），时间前后跨度长达十六年之久。按仲长统卒于延康元年（220年），且以年四十一计，从"初平元年"（190年）至"建安十二年"（207年），对应了仲长统从十一岁至二十八岁的漫长历程。然而，仲长统究竟于何时来到上党的呢？《后汉书·仲长统列传》《三国志·魏书·刘劭传》皆载仲长统"年二十余，游学青、徐、并、冀之间"。建安十年（205年）仲长统过高干之事，当属其游学经历中给世人留下深刻印象的一页。此时，高干为并州刺史，而上党郡恰为并州辖制。据严耕望《中国地方行政制度史·秦汉地方行政制度》，"终东汉之世，刺史奏事但因计吏，一如郡国

---

① 陈寿：《三国志·魏书·杨俊传》，北京：中华书局1982年，第664页。
② 袁宏：《后汉纪·孝献皇帝纪》，北京：中华书局2002年，第574页。
③ 袁宏：《后汉纪·孝献皇帝纪》，北京：中华书局2002年，第574页。
④ 注：其间诸事因与文章中心无甚关联，故不复列举。

守相也。"① 由此可知，仲长统游学并州时身为并州刺史的高干当在并州界内，与避地上党隐居山阿的常林同处一州，故两处单纯在地理空间上当相距不远。按此脉络继续探究，有必要查明作为并州刺史高干的官署所在。考魏收《魏书》可知并州治所在"晋阳"②，且《通典》亦有"并治晋阳"之语③。而晋阳乃属并州辖制的太原郡之治所，且太原郡与同属并州辖制的上党郡相邻。因此，可以推知仲长统与常林共处上党，以及仲长统过高干皆为仲长统游学并州活动的一部分。然而，对于这些活动的细节及具体时间还需做进一步考察。

既往的研究，多囿于史料的有限而没有对仲长统与常林共处上党的时间做深入考察。刘文英《王符评传》后附《仲长统评传》的年表并未对此事的时间做具体说明。或者有些研究只是在论及仲长统交游时简单言及此事，而对此事发生的时间亦未给出明确的判断。④ 从现有史料来看，仲长统与常林共处上党的时间似乎无法考定。然而，回溯原典还是可以从诸多琐碎的史料中理出一些头绪的。

  大司农常林与统共在上党，为臣道统性倜傥，敢直言，不矜小节，每列郡命召，辄称疾不就。⑤

这则史料最有价值的地方在于，从常林的角度较为客观地评价了仲长统的性格、气质。另外，在言及仲长统的处世态度时，亦从侧面透露了各郡纷纷征辟仲长统的客观事实。需要注意的是，仲长统在过高干之时，因游学之故似不大可能久居一地，且上文已述并州刺史高干官署所在州郡与上党郡毗邻。有鉴于此，可以推断仲长统与常林共处上党的时间当与仲长统过高干时间相去不远，应当在建安十年（205年）左右。不过，既然有"左右"之分，自然会有"前后"之别。那么，仲长统与常林共处上党究竟发生在他过高干之前，还是之后呢？

---

① 严耕望：《中国地方行政制度史·秦汉地方行政制度》，台北：历史语言所专刊之四十五 A 2006 年影印版五版，第 284 页。
② 魏收《魏书》卷一百零六上志第五，清武英殿刻本。
③ 杜佑《通典》卷一百七十一州郡一，清武英殿刻本。
④ 王洲明，杨霞：《仲长统生平事迹著述考》，《齐鲁文化研究》2006年，第 258-268 页。
⑤ 陈寿：《三国志·魏书·刘劭传》，北京：中华书局 1982 年，第 620 页。

从常林评价仲长统率性不羁的言辞中可以发现，与常林共处上党的仲长统已经在并州之地颇有名气。验之常林评语中有"每列郡命召"①之语。须知，在东汉一朝各州郡征辟贤才多从当地有声名的人士中拣选。赵翼《廿二史札记》"东汉尚名节条"明确指出"盖当时荐举征辟，必采名誉"②。考《后汉书·仲长统列传》《三国志·魏书·刘劭传》等史料，可知仲长统虽二十余岁开始游学青、徐、并、冀四州，但他真正由一名普通的游学之人蜕变成一位享誉之士的契机，至少就现有史料来看，应当就是过高干一事。高干最终兵败被杀而仲长统则因有知人之明而为并、冀二州士人所初识，其声名亦在并、冀之地逐渐扩展开来。故可据此断定仲长统与常林共处上党一事，当发生于高干叛乱之后。

并且，我们还应要注意到一个细节，即常林并不是居住在上党郡中如"长子"这样的都会大邑，而是为免遭兵祸"避地上党，耕种山阿"③。仲长统游学并州，虽不排除为访寻名士深入穷山僻壤的可能，但游走于名都大邑之间似乎更合逻辑。因此，对于仲长统为何与避乱隐居的常林共处一地，较为合理的解释应该是为了躲避兵祸。建安十一年（206年）三月后，高干之乱平息，并、冀之地告别了纷扰的征战。建安十二年（207年）作为已经被曹操纳入后方的并州之地渐趋稳定，一面出于充实各层权力组织以及笼络民心的目的，一面出于拣选师保之士培养世子的考虑，一定数量的并州名士进入到了国家政权之中。并且据前文所述，如王象、荀纬等人还得到了魏世子的礼遇。而作为"领典枢机"直接向"最高权力"负责的尚书令荀彧，势必与这些人才的选拔和任用存在颇多关联。这些并州名士得以举荐并逐步进入权力核心，在此过程中势必会与荀彧有所交接，而这种交接恰恰会使名闻并、冀的仲长统之声名于有意无意间为尚书令荀彧所听闻。于是"好士爱奇"的荀彧将仲长统征为尚书郎便在情理之中了。至此，可以推断仲长统与常林共处上党的时间，粗略地讲应当在高干起兵叛乱之后，即建安十年（205年）十一月后，出于拜访高士和暂避兵乱的双重目的，仲长统便来到了常林的避居之处。建安十二年（207年）三月后，伴随着一批并州士人的举用，仲长统的声名便为尚书令荀彧所耳闻，故而被征为尚书郎。仅就荀彧征辟仲长统一事的本质而言，仍属建安十二年

---

① 陈寿：《三国志·魏书·刘劭传》，北京：中华书局1982年，第620页。
② 赵翼撰，曹光甫校点：《廿二史札记》，南京：凤凰出版社2008年，第67页。
③ 陈寿：《三国志·魏书·常林传》，北京：中华书局1982年，第659页。

（207年）征辟并州界内名士的范畴之内，故可断定仲长统被征辟为尚书郎亦当在建安十二年（207年）间。

三、任参军事考

仲长统出任尚书之后，《后汉书·仲长统列传》和《三国志·魏书·刘劭传》皆言仲长统参丞相曹操军事，最后"复还为郎"。史家笔法颇为简省，从这些史料撰写的笔法上来看，可以模糊地体察出这样一个时间先后与长短的区别，即仲长统被尚书令荀彧征辟为尚书郎，嗣后又参丞相曹操军事，随后又回到了尚书郎的职位上。在这一过程中，由尚书郎到参丞相军事的时间间隔相对要长些，而由参丞相军事到复还为尚书郎的时间间隔则要明显的短些。然而单纯地依靠这些模糊的字意来厘定一个人的生卒行年则未免太过草率。那么，仲长统究竟于何年参曹操军事，又是于何年复还为尚书郎的呢？尽管史料匮乏，但还应回归原典从细节入手，做深入的分析和梳理。

仲长统参丞相曹操军事，据《后汉书·仲长统列传》和《三国志·魏书·刘劭传》所提供的史料可知，仲长统在参丞相曹操军事之前的官职是"尚书郎"。翻阅《后汉书》《三国志》可知"参军事"实际上只是一种"职事"而已。所谓"职事"，即有与此相对应的职务而没有与此相对应的官职，故参军事者皆另有官职。验之《后汉书》《三国志》正文中载录的二十九位"参军事"者，此推断当为不误。前述仲长统在参丞相军事时的官职为"尚书郎"。然而，验之"附表1"所罗列《后汉书》《三国志》正文中载录的曾为"参军事"者二十九人中，并未见一人是以"尚书郎"的身份为参军事的。当然，仅仅凭借这一点就否定仲长统参丞相曹操军事时之官职为"尚书郎"是远远不够的。除此之外，在"附表1"所列的二十九人中，尚有参军事之前任尚书或尚书令者。

（邓艾）迁尚书郎……出参征西军事，迁南安太守。①

十七年，董昭等欲共进操爵国公，九锡备物，密以访彧。彧曰："曹公本兴义兵，以匡振汉朝，虽勋庸崇著，犹秉忠贞之节。君子爱人以德，

---

① 陈寿：《三国志·魏书·邓艾传》，北京：中华书局1982年，第776页。

不宜如此。"事遂寝。操心不能平，会南征孙权，表请劳彧军于谯，因表留彧曰："臣闻古之遣将，上设监督之重，下建副二之任，所以尊严国命，谋而鲜过者也。臣今当济江，奉辞伐罪，宜有大使肃将王命。文武并用，自古有之。使持节侍中守尚书令万岁亭侯彧，国之重臣，德洽华夏，既停军所次，便宜与臣俱进，宣示国命，威怀丑虏。军礼尚速，不及先请，臣辄留彧，依以为重。"书奏，帝从之，遂以彧为侍中、光禄大夫，持节，参丞相军事。至濡须，彧病留寿春，操馈之食，发视，乃空器也，于是饮药而卒。时年五十。帝哀惜之，祖日为之废燕乐。谥曰敬侯。明年，操遂称魏公云。①

从第一则史料可知，邓艾虽迁尚书郎，然而在要担任参征西军事时被委任的官职则是南安太守。且中平五年（188 年）置郡的南安郡恰恰位于魏国边鄙、迫近蜀国，常常是魏、蜀两国争夺之地。②一个"出"字言简意赅地表达了官职由中央到地方的变化。

第二则材料较之第一则提供了更多的信息，原为尚书令的荀彧反对董昭等人"欲共进操爵国公"，这一态度使曹操心怀不满，适逢南征孙权，于是曹操上表汉献帝请求荀彧随军，献帝同意了曹操的请求。与第一则材料相同的是，荀彧并没有以尚书令的官职径直参军事，而是任命荀彧为侍中、光禄大夫之后方才参曹操军事。虽然第一则材料中邓艾所任官职为州郡地方官，而第二则材料荀彧所任官职为朝堂枢机之官，但这些官职以及包括"附表 1"在内的诸多官职，都具备尚书系统官员所不具备的一个特点——随军。地方州郡官职可以在所属域界内或附近州郡活动，而其他朝中官职亦无过于明了的专人、专职、专事的责属，故虽为朝堂枢机之官亦可随军出征。而东汉一朝"虽置三公，事归台阁"③的尚书系统不仅属于内朝，并且还是内朝的核心机构，且分工明确、权责清晰，因此评价担任尚书令的荀彧有"领典枢机"④之语。因此，可以推

---

① 范晔：《后汉书·荀彧列传》，北京：中华书局 1965 年，第 2290 页。
② 太和二年（228 年）"蜀大将诸葛亮寇边，天水、南安、安定三郡吏民叛应亮。"见陈寿：《三国志·魏书·明帝纪》，北京：中华书局 1982 年，第 94 页。
③ 范晔：《后汉书·仲长统列传》，北京：中华书局 1965 年，第 1657 页。
④ 陈寿：《三国志·魏书·刘劭传》，北京：中华书局 1982 年，第 620 页。

断尚书系统的官员自不具备随军出征的条件,且验之"附表1"中所列参军事诸人,皆参与出征等军事活动。

现在,将目光再转回到仲长统,《后汉书·仲长列传》和《三国志·魏书·刘劭传》在言及仲长统参丞相曹操军事时都没有清楚地说明仲长统当时所任的官职。然而,这些有限的史料又都清晰地记录了仲长统被征辟之后所历职位的变更,从尚书郎到参军事又到复还为尚书郎,线索非常清晰。因此,综合相关史料并回归当时的历史背景,可以还原出这不为人所注意的问题背后隐藏的另一种"真实"。

建安十二年(207年)仲长统被"好士爱奇"的尚书令荀彧征辟为尚书郎后,二人义气相投遂供职于尚书台不曾迁、拜他职。建安十七年(212年)董昭等人"欲共进操爵国公",一心尊汉的荀彧对此给予了强烈批判,并导致这次提议就此搁置。仲长统对于此事的态度,应该是和荀彧保持一致的。这么说并不是因为仲长统曾为荀彧所提拔,而是在仲长统的文章中就有很明确的"尊君"思想。仲长统在论述人的"才"与"位"的关系时,并未如他一贯做派开篇便展开酣畅淋漓的议论,而是一反常态地引用了《周易·系辞下》的"阳一君二臣,君子之道也;阴二君一臣,小人之道也。"①作为开篇之语。这种引经据典的论述方式在仲长统之文中当属特例②。虽然文章是围绕人的"才"与"位"的关系来谈的,但这种一反常态的开篇,反而恰恰契合了仲长统适逢混乱时代隐晦的"尊君"思想。除此之外,仲长统的"忠君"思想亦有他证:

> 人之事君也,言无大小,无所怨也;事无劳逸,无所避也。其见识知也,则不恃恩宠而加敬;其见遗忘也,则不怀怨恨而加勤。安危不忘其志,险易不革其心,孜孜为此,以没其身,恶有为此人君长而憎之者也?③

另外,仲长统入仕之途实由荀彧开启,所以仲长统在一定程度上还可以看作荀彧的"故吏"。

---

① 严可均辑:《全后汉文》,北京:商务印书馆1999年,第892页。
② 此问题刘文英《王符评传》后附《仲长统评传》中已有提及,但尚未做进一步分析和论证。该问题会在后章中作专门论述。
③ 严可均辑:《全后汉文》,北京:商务印书馆1999年,第900页。

因此，将仲长统由尚书郎到参军事的"异样变动"置于这种历史背景下，可以推定尚书郎仲长统的参军事行为是作为故尚书令荀彧的私人僚属参军事的。而这次随行，曹操早已暗藏杀机，实欲将荀彧调归自己麾下再伺机将其除掉。建安十七年（212年）十月，曹操借南征孙权之机，将荀彧调入麾下。果不其然，军至濡须，荀彧病留寿春，其后被逼无奈之下愤然自杀。荀彧已死，作为荀彧僚属且只有职事而无官职的仲长统自然也没有再留在军中的必要，于是便"复还为郎"了。

至此，荀彧由尚书令转迁侍中、光禄大夫，约在建安十七年（212年）十月左右。身兼荀彧僚属、故吏二重身份的仲长统参曹操军事的时间亦当在此时。关于荀彧自杀的具体时间，其说法尚有些微差别，《后汉书·荀彧列传》将此事系于建安十七年（212年）；《三国志·魏书·荀彧传》亦系于建安十七年（212年），且此两处皆言荀彧在军至濡须时发病而留居寿春。然而，《三国志·魏书·武帝纪》却明确地记载为建安十八年（213年）"十八年，春正月，进军濡须口"，且《三国志·吴书·孙权传》亦有"十八年正月，曹公攻濡须"。鉴于《后汉书》和《三国志》成书时间的先后以及史传中"帝纪"与"列传"载录时间详略的区别，可以将荀彧自杀的时间锁定为建安十七年（212年）岁末至建安十八年（213年）年初。并且，《三国志·吴书·孙权传》有载"十八年正月，曹公攻濡须"。另据《三国志·魏书·武帝纪》载录之语"十八年，春正月，进军濡须口"，可知"进军濡须"并非于建安十七年（212年）岁末，而是在建安十八年（213年）年初。而荀彧是在进军濡须之后身染重病后留居寿春的。故据此可以判定，荀彧自杀事件当在建安十八年（213年）之初。基于这一考证结果，可以推知仲长统"复拜为郎"之事亦当不早于建安十八年（213年）。

第四节 交游考

高干

仲长统二十余岁时,游学青、徐、并、冀四州,于建安十年(205年)过并州界,时为并州刺史的高干广纳四方之士,于是仲长统拜其门下。高干对仲长统颇为礼遇,且共同畅谈过天下大事。然而,仲长统并未在高干门下逗留多久。因为经过一段时间的交往,仲长统深刻地洞察到这位"素贵有名"的并州刺史,存在两个重大的问题:其一,志大才疏;其二,不善识人。因此,性情率直的仲长统便直接告诫高干:"君有雄志而无雄才,好士而不能择人,所以为君深戒也。"于是,仲长统于建安十年(205年)十月前便离开了高干游学他处了。

常林

建安十年(205年)仲长统离开并州刺史高干后,高干于十一月起兵反叛,然而这股风潮旋即于翌年,即建安十一年(206年)三月便被扑灭,高干亦被斩杀。虽然仲长统已经预见高干的反叛并毅然离开,但游学并州之行却因此而不得不中断。出于走访名士和暂避兵乱的双重目的,仲长统约在建安十年(205年)末至建安十一年(206年)间来到同属并州辖制下的上党郡。适逢避乱隐居,耕种山阿的常林。此间与常林相处,其率性偶傥、默语无常的特异性格给常林留下了深刻的印象。随着建安十一年(206年)三月后,高干之乱已经平息,并州之地渐渐恢复平静的同时,曾直言劝诫高干的仲长统之声名也逐渐为并、冀二州士人所熟识。至此,仲长统的声名越来越大,以至于"每列郡命召,辄称疾不就"[1],也许行文至此会觉得仲长统淡泊名利,然而后来的事情却有力地证明了与其说仲长统淡泊名利,莫不如说他在等待一个更高规格的"邀请"。

---

[1] 陈寿:《三国志·魏书·刘劭传》,北京:中华书局1982年,第620页。

此后不久，建安十二年（207年）三月后，一批并州士人进入到了各级权力机构之中，伴随着这批并州士人的注入，仲长统的声名也为尚书令荀彧所耳闻，于是仲长统在是年应荀彧之征入拜尚书郎。

荀彧

自建安十二年（207年）仲长统入拜尚书郎后，一直追随尚书令荀彧而未迁他职，且两人在尊汉的立场上都是相同的。然而，这一态度终究触怒了权力日益膨胀的丞相曹操。建安十七年（212年）董昭等人"欲共进操爵国公"，而尚书令荀彧对于此事则持坚决的反对态度，并最终致使此事搁浅。曹操因此怀恨在心，恰逢建安十七年（212年）十月南征孙权，于是曹操上表汉献帝请荀彧为参军事随军南征。仲长统作为荀彧的下属和幕僚亦同样以参军事之名随军南征。建安十八年（213年）正月，曹操大军至濡须，荀彧因病留居寿春，被逼自尽。荀彧已逝，仲长统便旋即"复还为郎"了。

缪袭

对于缪袭与仲长统的交游不仅在仲长统的传记中载录甚少，甚至遍览《后汉书》《三国志》与缪袭相关之载录也不过五条而已，而其中较有价值的仅为三条，现列于下：

> 劭同时东海缪袭亦有才学，多所述叙，官至尚书、光禄勋。[1]

且该条下亦有注文：

> 《文章志》曰：袭，字熙伯。辟御史大夫府，历事魏四世。正始六年，年六十卒。[2]

> （黄初中）歆称病乞退，让位于宁。帝不许。临当大会，乃遣散骑

---

[1] 陈寿：《三国志·魏书·刘劭传》，北京：中华书局1982年，第620页。
[2] 陈寿：《三国志·魏书·刘劭传》，北京：中华书局1982年，第620页。

  常侍缪袭奉诏喻指曰："……"。①

《三国志·魏书·刘劭传》注文载,缪袭年六十,卒于正始六年（245年）。据此可知,缪袭当生于中平三年（186年）前后,故生于光和三年（180年）的仲长统约比缪袭年长六岁。仲长统在复还为尚书郎后无"再迁""再拜"之举,而缪袭亦曾任尚书,故此二人结识于尚书台存在较大可能。当然由于史料的有限,此种说辞实为推断之语。洪饴孙《后汉书三国志补表三十种·三国职官表》"尚书"条下并未对缪袭任尚书时间做任何考订②。另外,需要注意的是《三国志·魏书·刘劭传》注文中所提供的仲长统相关史料是来源于缪袭的《昌言表》,而缪袭撰写《昌言表》的大致时间也是可以通过一些常识和其中文辞的一些特点来推定的。首先,根据常识上表进书一类事件似当发生在被荐者辞世一年之内,且不当间隔太久。其次,在缪袭《昌言表》中有"汉帝在许"③之语。此四字虽轻描淡写,但据此语可以窥知缪袭在上《昌言表》时已历汉魏鼎革。试想,如果当时仍为汉家天下,又何必称献帝为"汉帝"呢?所以,从这四字即可判断此时汉献帝已经禅位于魏文帝。考《后汉书·孝献帝纪》及《后汉纪·孝献皇帝纪》皆言禅位之日为"十月乙卯"④。故可推断缪袭上《昌言表》的时间当在延康元年（220年）十月之后,且不晚于黄初元年（221年）。

---

① 陈寿:《三国志·魏书·华歆传》,北京:中华书局1982年,第404页。
② 洪饴孙《三国职官表》,见宋熊方等:《后汉书三国志补表三十种》,北京:中华书局1984年,第1439页。
③ 陈寿:《三国志·魏书·刘劭传》,北京:中华书局1982年,第620页。
④ 范晔:《后汉书·孝献帝纪》,北京:中华书局1965年,第390页。袁宏:《后汉纪·孝献皇帝纪》,北京:中华书局2002年,第588页。

邓义①

仲长统与邓义交接之事，唯见于《后汉书·祭祀志下》的注文中。所谓注文中的二人交接之事，实是一段关于"句龙即是社主，或云是配"②的辩论。在这段文字中，开篇部分交代了争论的主要人物，之后部分因争论的中心与其行年关系不大且篇幅过长，故仅将开篇之部分摘引于下：

> 自汉诸儒论句龙即是社主，或云是配，其议甚众。后荀彧问仲长统以社所祭者何神也？统答所祭者土神也。侍中邓义以为不然而难之，或令统答焉。③

从这段文字可以看出，争论的双方是仲长统和邓义，而在这场争论中荀彧在一定程度上起到了主持人的作用。据"或令统答焉"可知荀彧与仲长统之间是上下级关系，"侍中邓义"又明确交代了邓义的官职为侍中。基于前文的考证结果，仲长统于建安十二年（207年）被尚书令荀彧征辟为尚书郎。由此可以粗略地推定，此次争论当在建安十二年（207年）之后至建安十七年（212年）十月之间。而邓义的"侍中"身份，又为这次争论时间的进一步厘定提供了线索：

> （建安十三年）秋，七月，公南征刘表。八月，表卒，其子琮代屯襄阳，刘备屯樊。九月，公到新野，琮遂降，备走夏口。公进军江陵，下令荆州吏民，与之更始。乃论荆州服从之功，侯者十五人，以刘表大将文聘

---

① 注：邓义，姓名载录不一。《三国志·魏书·刘表传》卷六作邓羲，而《三国志·魏书·武帝纪》卷一、《后汉书·祭祀志》卷九十九、《后汉书·刘表列传》卷七十四下皆作邓义。治史者对此观点不同，两说皆录未做论断者：（清）惠栋《后汉书补注》卷十七、卷二十一；（清）沈家本《读史琐言》；（清）康发祥《三国志补义》卷二；王先谦《续汉志集解·祭祀志下》第九、《后汉书集解》卷七十四下皆录两说。以邓羲为是者有：（清）潘眉《三国志考证》卷一；清梁章钜《三国志旁证》卷二引潘眉语以邓羲为是；（清）钱大昭《后汉书辨疑》卷十；（元）郝经《续后汉书》卷二十五；（清）王太岳《四库全书考证》卷三十六。由于史料有限，尚不能做出准确论断，姑用邓义之名。

② 范晔：《后汉书·祭祀志下》，北京：中华书局1965年，第3202–3203页。

③ 范晔：《后汉书·祭祀志下》，北京：中华书局1965年，第3202–3203页。

为江夏太守，使统本兵，引用荆州名士韩嵩、邓义等。①

此段文字已明确交代了曹操得荆州之后举用了邓义等名士，然而究竟对邓义委以何官何职？《后汉书·刘表列传》有"操以为侍中"②之语。由此可以推知邓义任侍中当在建安十三年（208年）九月之后。而自从建安十二年（207年）仲长统被征辟为尚书郎以来，荀彧担任的官职就是尚书令。直到建安十七年（212年）十月，荀彧才由尚书令转为侍中、光禄大夫。据此较为保守地推测，侍中邓义与仲长统的这场辩论应当发生在建安十三年（208年）九月后至建安十七年（212年）十月前的这段时间。由于史料有限，所以只能将此事的发生时间置于该时间段内。当然，也可以依据现有史料做相对大胆的猜测，因《后汉书·祭祀志下》注文中载录的这段论辩中只言及了邓义的官职——侍中，而并未言及仲长统乃至荀彧的官职。考诸史传，原来从建安十三年（208年）九月至建安十七年（212年）十月间，荀彧并非一直担任尚书令之职。据《三国志·魏书·荀彧传》建安十二年（207年）条下注文：

《彧别传》曰：太祖又表曰："昔袁绍侵入郊甸，战于官渡。时兵少粮尽，图欲还许，书与彧议，彧不听臣。建宜住之便，恢进讨之规，更起臣心，易其愚虑，遂摧大逆，覆取其众。此彧睹胜败之机，略不世出也。及绍破败，臣粮亦尽，以为河北未易图也，欲南讨刘表。彧复止臣，陈其得失，臣用反斾，遂吞凶族，克平四州。向使臣退于官渡，绍必鼓行而前，有倾覆之形，无克捷之势。后若南征，委弃兖、豫，利既难要，将失本据。彧之二策，以亡为存，以祸致福，谋殊功异，臣所不及也。是以先帝贵指纵之功，薄搏获之赏；古人尚帷幄之规，下攻拔之捷。前所赏录，未副彧巍巍之勋，乞重平议，畴其户邑。"彧深辞让，太祖报之曰："君之策谋，非但所表二事。前后谦冲，欲慕鲁连先生乎？此圣人达节者所不贵也。昔介子推有言'窃人之财，犹谓之盗'，况君密谋安众，光显于孤者以百数乎！以二事相还而复辞之，何取谦亮之多邪！"

---

①陈寿：《三国志·魏书·武帝纪》，北京：中华书局1982年，第30页。
②范晔：《后汉书·刘表列传》，北京：中华书局1965年，第2424页。

> 太祖欲表彧为三公，或使荀攸深让，至于十数，太祖乃止。①

曹操对于屡建功勋的荀彧大加褒奖，并且意欲"表彧为三公"，最后终究因为荀彧的执意推让使得曹操打消了这一想法。然而，此段文字中的推让"至于十数"之语虽不免有史家夸张抑或渲染之笔法，但客观上不能否认表请次数之多，以及前后历时之长。也就是说，自建安十二年（207年）以来曹操统辖的北方四州渐趋稳定，鉴于荀彧之前的卓著功绩，曹操一直有意将荀彧推居三公之位。而这一美意在漫长的表请与婉拒"至于十数"的往复间，终因荀彧的坚决态度而终止。以常理推知，虽然这场"至于十数"的往复之举载录于建安十二年（207年）条下，但其前后所历时日当不止于建安十二年（207年）一年之内。按此推测，建安十三年（208年）曹操平定荆州之时举用当地名士刘先②为尚书令，亦当出于此种考虑。

> 太祖军到襄阳，琮举州降，备走奔夏口。太祖以琮为青州刺史，封列侯。蒯越等侯者十五人，越为光禄勋；嵩，大鸿胪；羲，侍中；先，尚书令；其余多至大官。③

综合以上分析结果和史料，可以推知曹操在平定荆州后，一方面仍有意推举荀彧出任三公之职，另一方面已经在着手安排刘先作为荀彧的继任者出任尚书令了。因此，在这段时间中荀彧暂时不担任尚书令之职。据此来看，在邓义与仲长统论辩的过程中只言荀彧之名而未言及其官职，似恰恰对应了这一特殊时段——建安十三年（208年）前后。所以，据此大胆猜测并结合有限史料推断，可以将侍中邓义与仲长统论辩一事的时间大致推定在建安十三年（208年）九月之后。

---

① 陈寿：《三国志·魏书·荀彧传》，北京：中华书局1982年，第316-317页。
② 按，刘先，范晔《后汉书·刘表列传》卷七十四下作刘光，陈寿《三国志·蜀书·刘璋传》卷三十一注引张璠语亦作刘光。而张璠《八家后汉书辑注·后汉纪》、范晔《后汉书·刘表列传》卷七十四下、陈寿《三国志·魏书·刘表传》卷六皆作"刘先"，本文从中华书局1965年版《后汉书》和中华书局1982年版《三国志》勘误之结果及张璠《后汉纪》（见《八家后汉书辑注》）之文作刘先。
③ 陈寿：《三国志·魏书·刘表传》，北京：中华书局1982年，第214-215页。

当然，此推断在很大程度上尚属推测。不过这一推测，从某种意义上讲亦是对现有史料尽最大限度利用之结果。

至此，综合以上诸多考证结果，可以对仲长统的生卒行年做如下总结：

光和三年（180年），仲长统生；

建安十年（205年），仲长统约二十六岁，过并州刺史高干；

建安十一年（206年）~建安十二年（207年）上半年，仲长统二十七岁~二十八岁，与常林共处上党；

建安十二年（207年）下半年，仲长统约二十八岁，被尚书令荀彧征辟为尚书郎；

建安十三年（208年）九月后，仲长统与侍中邓义就"句龙"究竟是社"主"还是"配"的问题展开了论辩；

建安十七年（212年），仲长统约三十三岁，参丞相曹操军事；

建安十八年（213年），仲长统约三十四岁，复还为尚书郎；

延康元年（220年），仲长统四十一岁，卒。

延康元年（220年）~黄初元年（221年），仲长统友人缪袭撰《昌言表》。

由于史料的匮乏，对仲长统的生卒行年只能梳理至此种程度。不过，从这简短的年表还是可以看出些许值得深思的问题的。仲长统二十余岁时意气风发游学青、徐、并、冀四州，这股"锐意"可以从现存《昌言》的多数篇章中体会出来。年轻的仲长统在等待一个时机来大显身手。因此，在二十六岁过并州刺史高干之后虽一时声名鹊起"列郡命召"，但皆"称疾不就"。仲长统的这种看似不合乎逻辑的举动很容易让人结合他特异的性格，进而顺理成章地认为："在一般学子看来，州郡命召，这不正是入仕做官的好机会吗？可是仲长统却偏偏'称疾不就'。这不仅表明了他对当权者的鄙视，也显示了他独立自处的人格。"① 但是，结合以上梳理的仲长统行年，可以清楚地发现其"称疾不就"后不久便应尚书令荀彧的征辟出任尚书郎了。这种前后行为的巨大反差似乎都在生动地向我们讲述着一个真真切切的仲长统：意气风发、率性狂放，时值年轻气盛之际——愤世而不出世，越是痛斥这昏聩的世道，越说明他对

---

① 刘文英：《王符评传》附《仲长统评传》，南京：南京大学出版社1993年，第296页。

世事的关注与执着，保有着一腔热忱，希望着有朝一日能够有所作为。因此，对于胸怀"澄清天下之志"的仲长统而言，地方诸郡的命召都不足以扣动他的心弦，而此时协助曹操荡平北方且在汉廷"领典枢机"的尚书令荀彧之辟命，终于让仲长统看到了施展个人才华的契机，于是仲长统便颇为爽快地出任尚书郎了。所以，结合行年再反观仲长统的"称疾不就"，方能深刻地体会到这并非"对当权者的鄙视"抑或人格的"独立自处"，而是仲长统在等待机遇的到来。如果只注意到此段时间仲长统的"称疾不就"，就单纯地认为仲长统"岂羡夫入帝王之门"逍遥出世，进而将《乐志论》的创作时间定于此时段则未免草率了些。① 从考证的行年结果来看，对仲长统人生影响最大者要属两个事件：其一，建安十二年（207年）被尚书令荀彧征辟为尚书郎，二十余岁的仲长统年少行运，登车揽辔有澄清天下之志。《昌言》诸篇似当作于仲长统供职于许之后。其二，建安十八年（213年）荀彧自杀，此事件对仲长统的人生影响颇大。从行年表可以看出，仲长统的政治生命便被画上了无情的句号，从此之后无任何"再迁""再拜"他职的记录。另外，曹操篡汉已然明朗，而胸怀忠君之念的仲长统尽管颇有才识，却已然为曹操所疏远。仲长统面对个人前途和汉朝命运双重绝望的残酷现实，心中长久以来郁积的愤然之情加之绝望的催化，最终发酵成了出世的淡然和超脱。因此，如若单纯从《乐志论》所表达的情感出发，《乐志论》很有可能作于建安十八年之后（213年）。当然，要判断一篇作品写作时间又不可尽从其表达的思想情感出发，关于《乐志论》具体写作时间的推测会在讨论仲长统著述一章进行专题分析。

与此同时，从现存的文献中似乎可以看出，仲长统的性格在出仕为官之后发生了些许的变化。

> 袁撰统《昌言表》，称统字公理，少好学，博涉书记，赡于文辞。年二十余，游学青、徐、并、冀之间，与交者多异之。并州刺史高干素贵有名，招致四方游士，多归焉。统过干，干善待遇之，访以世事。统谓干曰："君有雄志而无雄才，好士而不能择人，所以为君深戒也。"

---

① 王洲明、杨霞《仲长统生平事迹著述考》，认为仲长统《乐志论》作于此时期，见《齐鲁文化研究》2006年第五辑，第261页。而刘文英《仲长统评传》则认为《乐志论》当作于许昌出仕期间，见刘文英：《仲长统评传》，南京：南京大学出版社1993年，第361页。

干雅自多，不纳统言。统去之，无几而干败。并、冀之士，以是识统。大司农常林与统共在上党，为臣道统性倜傥，敢直言，不矜小节，每列郡命召，辄称疾不就。默语无常，时人或谓之狂。①

此段文字为《三国志·魏书·刘劭传》裴注之文，虽为裴注但全文颇似直接转引缪袭上表之原文，这其中值得玩味的是，缪袭本为仲长统出任尚书郎后之好友，然而在论述仲长统气质性格时，却只字未提，倒是借大司农常林之语方才道出了仲长统"性倜傥，敢直言，不矜小节……默语无常，时人或谓之狂。"的性格特质。缪袭之运笔应该是想借常林之口揭示出一个不为人知的仲长统。翻阅《全后汉文》举荐他人之文中，表述被荐者气质性格皆以作者主观口吻数语概之，更无转述他人品评之逻辑。换而言之，在许同朝为官好友缪袭印象中的仲长统或许已然与大司农常林避居上党时相处之仲长统，在气质性格上呈现出了很大的不同。

---

① 陈寿：《三国志·魏书·刘劭传》，北京：中华书局1982年，第620页。

第二章 仲长统的时代观与士风观

第一节 仲长统时代观研究

在汉末诸子中，仲长统的时代观是较为特殊的。这种特殊的时代观，不能不说与其独特的行年经历有着深刻的内在关联。据前文考证可知，仲长统赴许出任汉廷尚书郎当在建安十二年（207年）下半年。此时，自建安元年（196年）献帝迁许以来，汉廷"寄人篱下"已历十二载。最终，仲长统的个人生命与东汉王朝的命运又都在同一年——延康元年（220年）宣告结束。因此，单纯就行年经历来看，无论是时代早于他的崔寔，还是年长他三十余岁的荀悦[①]，在对王朝兴替、时代变换的感触上，至少就其所处时代而言，都没有办法达到仲长统那样的深刻。恰如刘文英评价的那样："由于《昌言》是在东汉已经名存实亡的时候撰写的，这就使他有可能对两汉四百年的兴亡更全面更深刻地总结。[②]"所以，作于在许为官时期的《昌言》，不可能不带有这一特殊时代与众不同的气息。当然，我们更应该看到仲长统思想的特殊性，即便同时代有着同样经历的人，能在思想上达到仲长统这样深度的亦不多见。比如，在论述历代王朝如何夺得天下的问题上，几乎与仲长统同处一个时代的傅幹，其《王命论》中所阐述的王朝兴替思想就与仲长统有着本质不同：

昔在唐虞之禅，列于帝典。殷、周之代，叙于《诗》《书》。天

[①] 范晔《后汉书·荀淑列传》卷六十二载荀悦"年六十二，建安十四年卒。"见范晔：《后汉书·荀淑列传》，北京：中华书局1965年，第2063页。

[②] 刘文英：《仲长统评传》，南京：南京大学出版社1993年，第300页。

之历数，昭焉著明。周笃后稷、公刘，积行仁，至乎文、武，遂成王业。虽五德殊运，或禅或征，其变化应天，与时消息，其道一也。故虽有威力，非天命不授；虽有运命，非功烈不章。我高祖袭唐之统，受命龙兴，讨秦灭项，光有万国；世祖攘乱，奋复帝宇，人鬼协谋，徵祥焕然；皆顺乎天而应乎人也。然而帝王之起，必有天命瑞应自然之符，明统显祚丰懿之业，加以茂德成功贤智之助，而后君临兆民，为神民所保佑，永世所尊崇。未见运叙无纪次，勋泽不加于民，而可力争觊觎神器者也。豪杰见二祖无尺地之阶，为专智力，乘衅而起，不知在祚圣哲，帝王自有真也。哀哉非徒，暗于将来，又不考之于既往矣。自开辟以来，奸雄妄动，不识天命，勇如蚩尤，强如共工，咸如夷羿，皆从分横裂，为天下戒，又况浅智小才，勇不足畏，强不足惮，未有成资，而敢失顺，视不轨之事也哉！夫行潦之流，不致江海之深，丘垤之资，不成太山之高，鱼鳖之类，不希云龙之轨，一官之守，不经天人之变。当王莽之末，英雄四起，而邓禹、耿弇，识世祖之福祚，赢粮间行，进其策谋，遂荷胥附之任，享佐命之宠。张玄慕苏秦、蒯通之业，周旋嚣、述，西说窦融，言未及终，而梁统已诛之矣。禹、弇见命祚之兆，其福如彼。张玄蔽逆顺之理，其祸如此。审斯二事，趣舍之分明矣。且世祖之兴有四：一曰帝皇之正统，二曰形相多异表，三曰体文而知武，四曰履信而好士。加之以聪明独断，达于事机，发策如神应，视远如见近。偏旅首进，摧莽军百万之众；单师独征，平河北万里之功。识邓隆之将败，知刘兴之必死，然犹乾乾日昃，博采训咨。拔吴汉于小尹，擢马武于行伍，宠功臣以兼国之爵，显卓茂以非次之位。言语政事、文学之士，咸尽其材，致之宰相，权勇毕力于征伐，缙绅悉心于左右，此其所以成大业也。高祖方娠，有云龙之表，其始入秦，五星同轨，以旅于东井，在天之符也。世祖之徵符，其详可闻也。其初育则灵光鉴于室隩，嘉禾滋于邑壤，其望旧庐有火光之异，其渡呼沱有河合之应，西门君惠光识其讳，强华献符，于里同验，刘歆改名而陨其身，王长错卦而见吉兆，故王遵谓之天授，非人力也。览废兴之运会，观徵瑞之攸祚，审天应之萌兆，察人物之所附，念功成而道退，无非次而妄据。后之人诚能昭然远览，旷然深悟，收莽、述之暗惑，思邓、耿之弘虑，好谋而要成，临事而知惧，距张玄之邪说，思在三之明数，则福禄衍于无穷，亦世不失其通路矣。①

而仲长统对历代王朝如何夺取天下却有着自己的思考：

> 豪杰之当天命者，未始有天下之分者也。无天下之分，故战争者竞起焉。于斯之时，并伪假天威，矫据方图，拥甲兵与我角才智，程勇力与我竞雌雄，不知去就，疑误天下，盖不可数也。角知者皆穷，角力者皆负，形不堪复抗，势不足复校，乃始羁首系颈，就我之衔绁耳。夫或曾为我之尊长矣，或曾与我为等侪矣，或曾臣虏我矣，或曾执囚我矣。彼之蔚蔚，皆匈詟腹诅，幸我之不成，而以奋其前志，讵肯用此为终死之分邪？②

傅幹的王朝兴替思想，遵循的是中规中矩的儒家言说套路，"三统"痕迹颇为明显，且其中有条隐隐的伏线，这条伏线就是天数，也就是天命③。历朝历代的变换更迭都是在天数的安排下实现的，天数是强大的、不可动摇的、更是早已注定的。在天数面前"故虽有威力，非天命不授，虽有运命，非功烈不章"。纵然威可慑人、力可制人，但如果不合乎天数的安排最终也无法夺得天下。即便享有一己之小运小命，不务累德积功遵循天数成就盛德大业，同样无所收获。而在仲长统的言说中，最为直接的观感是，文风从傅幹的典雅博恰陡然间变得直露冷峻了。虽然在仲长统的言说中也出现了天命的字样，但这里的天命能否就直接等同于傅幹《天命论》中的天数呢？这一问题是值得注意的！仲长统此文中的天命二字，似乎更大程度上只是出于表述方便的目的借用该词而已。这样做其实是为了突出该豪杰是那个在历史上最终夺得天下的豪杰，进而反观这个在历史上曾经夺得天下的豪杰，是如何击败众多对手的。简而言之，仲长统文中的天命只是一个成功者的身份标签而已，已经不再包含着天数等过于复杂的意涵了。在抛弃了天数的特殊"关照"后，仲长统用简单且直白的文字述说了豪杰击败众多对手的简单过程。首先，在群雄并起时众多豪杰都"没名没分"

---

① 严可均：《全后汉文》，北京：商务印书馆1999年，第816页。
② 严可均：《全后汉文》，北京：商务印书馆1999年，第889页。
③ 注：为避免叙述中文辞混淆，下文论述傅幹思想时仍作"天数"。

地鱼龙混杂在一起,而后为了扩大自己的影响纷纷采用佯装自己受命于天等种种蛊惑人心的手段,搞得小民云里雾里。而后再凭借自己强大的军队和高超的谋略使"角知者皆穷,角力者皆负,形不堪复伉,势不足复校",再也没有可以与之相抗衡的对手了。最后,在夺得天下之人的眼中,那些曾经的长辈、平辈、上级乃至拘押过他的狱吏全都一下子变成了他的臣子。对这些人而言,身份的巨大逆转,给他们带来的只有内心深处的扭曲,是无论如何也不愿意接受这一现实的,所以心中永远无法接受,然而现实的残酷又使得他们无力抗拒。可以看出,仲长统虽也使用了天命的字眼儿,但在其行文中不过是个身份标签罢了。因为在仲长统看来,真正使一个豪杰从众多豪杰中脱颖而出的深刻原因根本就不是什么天命,而是实实在在的智和力。质而论文,就是看谁的军队多、谁的计谋高,仅此而已。天命抑或天数的神圣性和神秘性外衣,被仲长统三言两语便扯了个干净,只剩下赤裸裸的两样东西:一个叫智,另一个叫力。

  天命既然可以简单粗暴地靠智和力来夺取,那么历代王朝开创时费尽心机设计出一整套诠释自身合理性的理论体系都会因此而发生动摇,即神秘性被揭开后神圣性也便随之消失了。所以,在仲长统的思想中自然不会存在对某个新立王朝的赞颂,因为在他看来历代王朝的建立都是这个道理,没什么值得称道的。所以,傅幹和仲长统才会对历代王朝的兴替产生了完全不同的情感指向。傅幹秉承着儒家正统思想,热情洋溢地歌颂着每一代新兴王朝蒸蒸日上的蓬勃生气。而反观仲长统因为洞悉了豪杰夺得天下的"玄机",所以言辞便显得冰冷了许多。仲长统的这种认识,不能不说兼具道家和法家意味,或者径直可以这样认为,其王朝兴替观完全承袭了法家的经典思维模式。当然,也正是有了这样的思想基础,才会产生那种将两汉王朝冷静地投射到历史中进行剖析、比较的独特视角。基于这种对王朝兴替的冷静分析,抛开了种种儒家思想中德与义的粉饰,才会对每代王朝由兴到亡的规律,从宏观上做出清晰的把握。仲长统的这种豪杰凭借智和力夺得天下的观念,在东汉至汉魏之际,实属离经叛道的言论,完全背弃了儒家传统的言说模式和历史逻辑。然而,仲长统的这种思想,从较近的思想源流上来看,不能不说是受到了崔寔的影响。崔寔的言说得到了仲长统的推崇。[①] 崔寔在论说历代王朝开国之君之所以夺得

[①] 范晔《后汉书·崔寔列传》卷五十二,仲长统评价崔寔《政论》有"凡为人主,宜写一通,置之坐侧"之语,足见仲长统对崔寔之论推崇有加。见《后汉书·崔寔列传》,北京:中华书局1965年,第1725页。

天下方面，并未遵循传统的儒家路数在天命层面上作文章，而是直陈贤臣，也就是人才的重要性：

> 自尧、舜之帝，汤、武之王，皆赖明哲之佐，博物之臣。故皋陶陈谟而唐、虞以兴，伊、箕作训而殷、周用隆。及继体之君，欲立中兴之功者，曷尝不赖贤哲之谋乎！①

据此，可以看出东流士人从崔寔开始，在思考王朝兴替过程中已经开始跳出了儒家传统天命观念的约束，从相对切实的"人"的角度做出分析和思考。建宁年间崔寔辞世之后，东汉末年的动乱再次说明了天命在人力面前是多么的脆弱。至建安九年、十年（204年、205年）曹操荡平袁绍势力后，曾经力量的悬殊对比更使有识之士注意到了人的重要性：

> 曹操比于袁绍，则名微而众寡，然操遂能克绍，以弱为强者，非惟天时，抑亦人谋也。②

至建安十二年（207年）仲长统入许为官之时，北方州郡几近全部纳入曹操辖制之下。尘埃落定之后，仲长统不能不对这些巨大的变化产生深刻的反思。他在关注人的基础上，更看到了"人谋"在豪杰争斗中最直接的表现形式就是智的较量和力的角逐。所以，仲长统言说中的天命观，已经与儒家天命观全然不同，只是空有天命之名而无丝毫之实了，仲长统认为能够决定夺得天下的唯有智和力罢了。其实这种思想在东汉有识之士心中当为不言自明之理，从偶尔的只言片语中是可以发现这一点的。例如张衡在《请禁绝图谶疏》中曾言："自汉取秦，用兵力战，功业遂成，可谓大事。"③也就是说，腐儒之外的有识之士是深刻明白力战得天下的道理的，不过是因其有违儒家圣制故而缄口不言罢了。

这便是仲长统的天命观，是对历代开国之君夺得天下本质最直接的揭露。然而这种说辞，在其所处的时代堪称特例。纵观严可均辑《全后汉文》中汉魏

---

① 严可均：《全后汉文》，北京：商务印书馆1999年，第461页。
② 陈寿：《三国志·蜀书·诸葛亮传》，北京：中华书局1982年，第912页。
③ 严可均：《全后汉文》，北京：商务印书馆1999年，第556页。

之际言及天命诸文中的天命观念，近乎全部秉承着儒家传统的言说范式。并且越是与国体牵涉过深的文章，越是不敢越雷池半步。从光武帝扫平诸强后便有议者"奏上尊号"：

> 汉遭王莽，宗庙废绝，豪杰愤怒，兆人涂炭。王与伯升首举义兵，更始因其资以据帝位，而不能奉承大统，败乱纲纪，盗贼日多，群生危蹙。大王初征昆阳，王莽自溃；后拔邯郸，北州弭定；参分天下而有其二，跨州据土，带甲百万。言武力则莫之敢抗，论文德则无所与辞。臣闻帝王不可以久旷，天命不可以谦拒，惟大王以社稷为计，万姓为心。①

该文仍遵循传统的有德、有功最终势必要得天命的言说逻辑。其中一句"天命不可以谦拒"，在神圣性和神秘性之外更指出天命的不可抗拒性。虽然此等关乎王朝兴立的言说多少有些造作之嫌，但从东汉开国直至汉献帝禅位于魏文帝曹丕，这种颇具仪式性的文章却仍一成不变地墨守着这种传统的天命观念。东汉气数将尽之时，华歆等人上书言禅位之事亦是秉承着这种观念：

> 相国华歆、太尉贾诩、御史大夫王朗及九卿上言曰：
> 臣等被召到，伏见太史丞许芝、左中郎将李伏所上图谶符命，侍中刘廙等宣叙众心，人灵同谋。又汉朝知陛下圣化通于神明，圣德参于虞夏，因瑞应之备至，听历数之所在，遂献玺绶，固让尊号。能言之伦，莫不抃舞。河图洛书，天命瑞应。人事协于天时，民言协于天叙。而陛下性秉劳谦，体尚克让，明诏恳切，未肯听许。臣妾小人，莫不伊邑。臣等闻自古及今，有天下者，不常在乎一姓。考以德势，则盛衰在乎强弱；论以终始，则废兴在乎期运。唐虞历数，不在厥子，而在舜禹。舜禹虽怀克让之意，迫群后执玉帛而朝之，兆民怀欣戴而归之，率土扬歌谣而咏之。故其守节之拘，不可得而常处；达节之权，不可得而久避，是以或逊位而不吝，或受禅而不辞。不吝者未必厌皇宠，不辞者未必渴帝祚，各迫天命，而不得已。既禅之后，则唐氏之子，为宾于有虞。虞氏之胄，为客于夏代。

---

① 严可均：《全后汉文》，北京：商务印书馆1999年，第975页。

然则禅代之义，非独受之者实应天福，授之者亦与有余庆焉！汉自章和之后，世多变故，稍以陵迟；洎乎孝灵，不恒其心，虐贤害仁，聚敛无度，政在嬖竖，视民如雠，遂令上天震怒，百姓从风如归。当时则四海鼎沸，既没则祸发宫庭。宠势并竭，帝室遂卑。若在帝舜之末节，犹择圣代而授之。荆人抱玉璞，犹思良工而刊之。况汉国既往，莫之能匡。推器移君，委之圣哲，固其宜也。汉朝委质，既愿禅礼之速定也。天祚率土，必将有主。主率土者，非陛下其孰能任之？所谓论德无与为比，考功无推让矣。天命不可久稽，民望不可久违。臣等凄凄，不胜大愿，伏请陛下割捴谦之志，修受禅之礼，副人神之意，慰外内之愿。①

延康元年（220年）冬十一月的禅位册命，亦是秉承这一传统：

咨尔魏王：昔者帝尧禅位于虞舜，舜亦以命禹，天命不于常，惟归有德。汉道陵迟，世失其序，降及朕躬，大乱兹昏，群凶肆逆，宇内颠覆。赖武王神武，拯兹难于四方，惟清区夏，以保绥我宗庙，岂予一人获乂，俾九服实受其赐。今王钦承前绪，光于乃德，恢文武之大业，昭尔考之弘烈。皇灵降瑞，人神告征，诞惟亮采，师锡朕命。佥曰：尔度克协，于虞舜用，率我唐典，敬逊尔位。于戏！天之历数在尔躬，允执其中，天禄永终；君其祗顺大礼，飨兹万国，以肃承天命。②

综上可知，东汉至魏晋之际天命观的主流还是遵循着儒家的思想范式，尤其是涉及王朝国本的言说，更加严格地墨守这一言说逻辑。即便汉献帝在曹氏的劫夺之下被迫禅位已为天下人所尽知，可仍要谨守这一套路，且未予丝毫损益。不能不说，至汉魏易代之际的天命观，已经由一种严密的思想体系径直嬗变为一种政治上的游戏规则而已。时人纵观汉魏更迭，不能不对此有深刻的理解，而曹操更是在建安元年迎献帝至许时，就已明白在这乱世夺得天下靠的是实实在在的智和力，天命不过是说辞罢了。曹操的言行更加有力地证明了天命是多

---

① 严可均：《全三国文》，北京：商务印书馆1999年，第211–212页。
② 陈寿：《三国志·魏书·文帝纪》，北京：中华书局1982年，第62页。

么的苍白无力,从建安元年(196年)的"自为司空"①,到建安九年(204年)的"自领冀州牧"②,又建安十五年(210年)十二月《己亥令》有曰:

> 身为宰相,人臣之贵已极,意望已过矣。今孤言此,若为自大,欲人言尽,故无讳耳。设使国家无有孤,不知当几人称帝,几人称王。或者,人见孤强盛,又性不信天命之事,恐私心相评,言有不逊之志,妄相忖度,每用耿耿。③

颇具讽刺意味的是,一句"人见孤强盛,又性不信天命之事,恐私心相评,言有不逊之志,妄相忖度,每用耿耿"本欲用自身的"耿耿"之行来除去众人之"疑虑",希望以此来"逆向地"维持天命脆弱的合理性。由此,足见当时人们已经普遍对传统的天命之说产生了动摇乃至怀疑。当然,这其中最不信天命的应该就属曹操本人了。恰如田余庆评论的那样,"曹操哪能不想做皇帝呢?但是他怕背千古骂名,不敢做皇帝。用司马光的话说,就是'岂其志之不欲哉?犹畏名义而自抑也'。……曹操称道天命,也很有意思。他自己本来不信天命,可是怕别人因此说他有'不逊之志'。因此在《明志令》中他就把这个问题反复解释,想表明自己的志向是清白的。他的解释委婉曲折,欲盖弥彰。"④因此,对于根本不信天命的曹操而言,为了日后能让自己的子嗣顺理成章地夺得大宝,与其挖空心思地炮制出一套注定被世人批驳和诟病的王朝易代理论,莫不如承袭已经为汉儒所深信不疑的儒家天命论,虽然有违他一贯"离经叛道"的做派,但却没有比这更好的选择。在这种遮遮掩掩而心向往之的扭曲心态下,大肆颂扬传统的天命观其实是给曹操以最好的掩护和支持。然而仲长统一番直露的说辞恰恰成了那个时代最不和谐的声音。曹操及其众多僚属心照不宣地达成的默契,就这样被仲长统的三言两语戳破。仲长统"敢直言"的个性,使他

---

① 范晔:《后汉书·孝献帝纪》,北京:中华书局1965年,第380页。
② 范晔:《后汉书·孝献帝纪》,北京:中华书局1965年,第383页。
③ 陈寿《三国志·魏书·武帝纪》卷一 "建安十五年春"条下注引《魏武故事》载公十二月《己亥令》云云。见陈寿:《三国志·魏书·武帝纪》,北京:中华书局1982年,第32页。
④ 田余庆:《秦汉魏晋史探微》(重订本),北京:中华书局2004年,第143页。

有了敢于说出"真相"的可能，然而这番说辞极有可能是说者无心而听者有意，曹操极力修饰的心思就这样被汉廷的一个区区尚书郎把握得如此精当，自然只能是独自承受这尴尬与无奈。当然，仲长统在许的仕进之路也同样顺理成章地永远止步于此了。或许仲长统纵然能了然世事，但却始终无法洞察人心吧。

综上可知，仲长统的天命论在汉末之际不仅打破了儒家传统的言说范式，更戳穿了曹操对其野心的重重掩饰。故可推断，王夫之对仲长统的批评之语有失允当：

> 而推论存亡迭代，治乱周复，举而规之天道，则将使曹氏思篡夺之情，亦援天以自信而长其逆。①

王氏持论，仅关注于仲长统言说之流弊，而忽略了曹氏言行之矫饰，故认为仲长氏之论"将使曹氏思篡夺之情，亦援天以自信而长其逆"。殊不知，仲长氏之论在其所处的时代不但没有成为曹氏篡逆之鼓吹，反而直接将曹氏的种种掩饰全部戳破。要之，这不只是戳破曹氏种种掩饰那么简单，实是对两汉以来的名教观念的彻底动摇。纵然在汉末之际儒家名教受到了一定程度的冲击，但是在现实层面名教的地位仍是不可替代的。唐长孺对这一问题的洞察是颇为深刻的，"儒家的道德伦理仍是统治者维持现存秩序所必需的思想武器。东汉以来的世家大族本是在日益发展的封建经济基础之上通过名教之治以取得政治地位的……为了维护自己的政治优势，从学门、儒族发育起来的世家大族绝不愿意破坏名教。"② 如果儒家传统的天命观是那个时代名教的核心组成部分的话，那么仲长统所动摇的自然就是那个时代名教观念的根本了。从这个角度来看，仲长统是汉魏之际在言说中旗帜鲜明地冲击名教根柢的急先锋。纵然在两汉时代士人们已经开始了对名教的最高核心——天，及其至高无上的神圣性产生了怀疑，其中一个典型的表征便是赵翼《廿二史札记》"汉儒言灾异"条中指出的那样：

---

① 王夫之：《读通鉴论》，北京：中华书局 1975 年，第 251-252 页。
② 唐长孺《魏晋玄学的形成与发展》，见《魏晋南北朝隋唐史三论》，北京：中华书局 2011 年，第 69 页。

> 降及后世，机智竞兴，权术是尚，一若天下事皆可以人力致而天无权。即有志图治者，亦徒详其法制禁令，为人事之防，而无复有求端于天之意。故自汉以后，无复援灾异以规时政者。间或日食求言，亦只奉行故事，而人情意见，但觉天自天，人自人，空虚寥廓，与人无涉。①

虽然赵氏只是围绕奏疏中援引灾异以规时政而言，但是从这一侧面可以看出，经历了两汉之后，士人们心目中天的概念发生了根本性的变化。从董仲舒的坚信上天警慑人事，到两汉之后的"天自天，人自人，空虚寥廓，与人无涉"，这是一个漫长的心态转变历程，两汉皆在儒家学术的"保驾护航"下走向崩溃，使士人们不得不重新审视现实层面的社会规律。然而时值汉魏之际，就在士人群体内心几乎都认清现实而在说辞上仍"奉行故事"的时候，敢直言的仲长统打破了这种权力体制内部自上而下的"默契"。严格地讲，仲长统绝不是看透真相的第一人，但他却是权力体制内部敢于道出真相的第一人！这种由无声腹诽到公开揭露的转变，对汉魏乃至汉晋间残存的儒家思想给予了沉重的打击。当然，更应当看到，纵然儒家天命观在当时乃至后来的历朝历代已经完全失去了其内在推演的逻辑基础，但似乎没有哪种说辞能比这种"奉行故事"的方法更能阐明兴立者的合法、维护继体者的稳定了。

正所谓"法莫如显而术不欲现"②，仲长统对豪杰夺得天下的言说终究还是法家"术"之层面的论述，是万万不能公之于世的。所以，无论从其言说对曹操掩饰的揭露而言，还是从其言说本身的批判性质而言，都使当时在上位者既不情愿更不可能援引他的学说以佐世用。另外，我们还可以从仲长统对待儒家名教的另类态度来逆向推理他的家世出身。虽然现存史料中没有关于仲长统家世的载录，但是根据这种狂生的论说态度，恰好可以说明他并非出身世家大族，而应当是来自于一个相对普通的中下层地主家庭。

以上是对仲长统天命观涉及诸多问题的分析。然而，仲长统时代观的形成并不仅仅基于他的天命观，更有赖于他对历朝历代从盛到衰内部相同规律的深刻把握。在仲长统看来，各个朝代虽然有着诸多不同，但是从盛到衰的注定

---

① 赵翼：《廿二史札记》，南京：凤凰出版社2008年，第27页。
② 王先慎撰，钟哲点校：《韩非子集解·难三》，北京：中华书局1998年，第380页。

命运却是完全一致的：

> 及继体之时，民心定矣。普天之下，赖我而得生育，由我而得富贵，安居乐业，长养子孙，天下宴然，皆归心于我矣。豪杰之心既绝，士民之志已定，贵有常家，尊在一人。当此之时，虽下愚之才居之，犹能使恩同天地，威侔鬼神。暴风疾霆，不足以方其怒；阳春时雨，不足以喻其泽；周、孔数千，无所复角其圣；贲、育百万，无所复奋其勇矣。彼后嗣之愚主，见天下莫敢与之违，自谓若天地之不可亡也，乃奔其私嗜，骋其邪欲，君臣宣淫，上下同恶。目极角抵之观，耳穷郑、卫之声。入则骋于妇人而不反，出则驰于田猎而不还。荒废庶政，弃亡人物，澶漫弥流，无所底极。信任亲爱者，尽佞谄容说之人也；宠贵隆丰者，尽后妃姬妾之家也。使饿狼守庖厨，饥虎牧牢豚，遂至熬天下之脂膏，斫生人之骨髓，怨毒无聊，祸乱并起，中国扰攘，四夷侵叛，土崩瓦解，一朝而去。昔之为我哺乳之子孙者，今尽是我饮血之寇雠也。至于运徙势去，犹不觉悟者，岂非富贵生不仁，沈溺致愚疾邪？存亡以之迭代，治乱从此周复，天道常然之大数也。①

仲长统的这段文字在言说顺序上是承接"豪杰之当天命者"一段的，讲的是一个王朝如何从新立逐渐走向崩溃。大体上分为三个比较明显的阶段：首先，王朝新立之时，天下人心思定，只要国君能够让天下小民安居乐业便会赢得最广泛的支持，即便此时继位者愚钝不堪，其地位也不会有丝毫动摇。而后的君主发现，天下吏民无人敢违背自己的意志，便不加节制地日益骄纵起来，以为可以永享如此稳固的江山社稷。最后，一味的放纵与享乐彻底腐蚀了君主的心志，更使佞幸之人充斥朝野、败坏风气、残虐下民，导致王朝最终走向全面崩溃。在仲长统看来，这一规律是"存亡以之迭代，治乱从此周复，天道常然之大数也"，是历代王朝都无法跳出的死局。仲长统通过对一代王朝开国之君、继体之君、亡国之君的心态和行为揣摩与揭示，以及王朝各个时期人心的深刻分析，指出了君主专制王朝的种种症结。然而仲长统更冷静地看到，这些同君主专制

---

① 严可均：《全后汉文》，北京：商务印书馆 1999 年，第 889–890 页。

相伴生的种种弊端,实是这种制度所与生俱来的一种宿命,是无法回避和克服的,且东汉王朝又在这条专制的不归路上走得太远:

> 光武皇帝愠数世之失权,忿强臣之窃命,矫枉过直,政不任下,虽置三公,事归台阁。①

因此,在大的历史观感方面,仲长统对君主专制国家的宿命了然于胸的同时,更对这种体制下政权的未来并不抱有太过美好的期望。质而论文,在其所处的时代,面对君主专制制度下的国家,仲长统对当下和未来已经不再抱有任何期望了。这种认识的加深,在一定程度上亦是受到了崔寔的影响。崔寔在其著述《政论》中也对王朝的崩溃有着自己的分析:

> 凡天下之所以不治者,常由世主承平日久,俗渐弊而不寤,政浸衰而不改,习乱安危,逸不自睹。或荒耽嗜欲,不恤万机;或耳蔽箴诲,厌伪忽真;或犹豫岐路,莫适所从;或见信之佐,括囊守禄;或疏远之臣,言以贱废。是以王纲纵驰于上,智士郁伊于下。悲夫!且守文之君,继陵迟之绪,譬诸乘弊车矣。当求巧工,使辑治之,折则接之,缓则楔之,补琢换易,可复为新。新新不已,用之无穷。若遂不治,因而乘之,摧拉捌裂,亦无可奈何矣。②

崔寔也同样看到了天下"承平日久"之后,君主或是沉溺嗜欲或是被掩蔽耳目,最终导致朝政大坏天下变乱。然而崔寔对这些表象的分析可谓细致入微,却并未再进一步追问为何"承平日久"之后君主便要沉溺嗜欲、会被掩蔽耳目,也就是说,崔氏观其表而仲长氏则观其里。所以,可以看出仲长统在对君主专制国家下的君主心态变化有着更为透彻的把握。当然,也恰恰是因为崔寔还没有足够认清这一点,所以崔寔仍乐观地认为君主制度经过"巧工"的修补后仍可以"新新不已,用之无穷"。这其中的"巧工"便是能够倾力辅佐君主的贤

---

① 严可均:《全后汉文》,北京:商务印书馆1999年,第894页。
② 严可均:《全后汉文》,北京:商务印书馆1999年,第462页。

德之人。虽然崔寔也指出，如果仍不思悔改，那么"摧拉捌裂"也是无可奈何之事了，但综观崔寔论述，可以很切实地感到崔寔对君主制王朝的未来还是充满信心的。然而，相较之下同处东汉末年的荀悦在揭示君主专制制度的弊端时，就要深刻得多了：

> 秦承其弊，不能正其制以求其中，而遂废诸侯，改为郡县，以一威权，以专天下。其意主以自为，非以为民。深浅之虑，德量之殊，岂不远哉！故秦得擅其海内之势，无所拘忌，肆淫奢行，暴虐天下，然十四年而灭亡。故人主失道，则天下遍被其害。百姓一乱，则鱼烂土崩，莫之匡救。贤人君子，复无息肩。众庶无所迁徙。此民主俱害，上下两危。①

对于君主专制制度带来的灾难方面，荀悦的言说较之崔寔更为深刻，不过却仍对两汉王朝有所回护。东汉中期以来的种种乱象在某种程度上并不逊于暴秦，尽管在文字上只言秦之暴而不言汉之酷，但通晓此理之人焉能不明秦、汉实则一理而然。不过荀悦认识到了君主专制制度的危害，却提出了更为"古朴"的解决办法——分封制。这显然是儒士好古心态下的产物。②纵然荀悦从正反两方面论证了分封制度较君主专制制度是如何的优越，但事实上当下的形势已经不再具备推行分封制度的可能性，儒生迂腐的一面生动地呈现在世人面前。

综上，东汉中期以后，伴随着君主集权东汉王朝的彻底衰落，专制国家的矛盾日益显露，崔寔、荀悦等都试图从儒家的立场出发适当地结合各派思想，开出疗救的方剂。在对待君主专制制度的弊病上，从崔寔到荀悦在认识上确有愈发深刻之势，而在对如何革除弊端上不能不说反而有愈发理想化的倾向。因此，可以看出时值东汉末年，儒学走向衰微的内在必然。面对日益变乱的现实，儒家学说日趋捉襟见肘，谨遵儒家思想只能走向看问题看得越深入，给出的答案就会越荒谬的怪圈。从崔寔到荀悦对待君主制弊端的认识和给出的解决办法，都在说明着这一点。因此，仲长统跳出了儒家思想的束缚，开始真正用

---

① 荀悦《汉纪·孝惠皇帝纪》卷五，见张烈点校：《两汉纪》（上），北京：中华书局2002年，第73页。

② 下文对《昌言》文学及思想性分析的章节，会对荀悦此种心态做更为细致的解说。

自己的头脑去思考问题，而不再是《书》曰、《诗》云、《春秋》有言。所以，在仲长统看来，君主制度下的历代王朝都无法跳出自身宿命的死局，往者如斯、来者亦如斯，历代王朝都不过是简单重复这一规律罢了。正是有了这种基调，仲长统才会较为客观地将两汉王朝从极其崇高的地位降到普通王朝的级别，放入历史时空中与历代前朝作相对公允的比较。

这种去除两汉王朝神圣性，将其降为普通王朝的态度，在东汉以来的文章中是极其少见的。恰恰是有了这种冷静的心态，才会客观地看到历代王朝的得失和历史演进的理路。而这种比较的结果，却让仲长统更为心痛：

> 昔春秋之时，周氏之乱世也。逮乎战国，则又甚矣。秦政乘并兼之势，放虎狼之心，屠裂天下，吞食生人，暴虐不已，以招楚汉用兵之苦，甚于战国之时也。汉二百年而遭王莽之乱，计其残夷灭亡之数，又复倍乎秦、项矣。以及今日，名都空而不居，百里绝而无民者，不可胜数。此则又甚于亡新之时也。悲夫！不及五百年，大难三起，中间之乱，尚不数焉。变而弥猜，下而加酷，推此以往，可及于尽矣。嗟乎！不知来世圣人救此之道，将何用也？又不知天若穷此之数，欲何至邪？①

读过这段文字，也许会使人不自觉地联想到赵壹的《刺世疾邪赋》：

> 伊五帝之不同礼，三王亦又不同乐，数极自然变化，非是故相反驳，德政不能救世溷乱，赏罚岂足惩时清浊？春秋时祸败之始，战国愈复增其荼毒，秦、汉无以相逾越，乃更加其怨酷。宁计生民之命，为利己而自足。于兹迄今，情伪万方。佞谄日炽，刚克消亡。舐痔结驷，正色徒行。妪媚名势，抚拍豪强。偃蹇反俗，立致咎殃。捷慑逐物，日富月昌。浑然同惑，孰温孰凉。邪夫显进，直士幽藏。原斯瘼之攸兴，实执政之匪贤。女谒掩其视听兮，近习秉其威权，所好则钻皮出其毛羽，所恶则洗垢求其瘢痕。虽欲竭诚而尽忠，路绝崄而靡缘，九重既不可启，又群吠之狺狺，安危亡于旦夕，肆嗜欲于目前。奚异涉海之失柁，坐积薪而

---

① 严可均：《全后汉文》，北京：商务印书馆1999年，第891页。

待燃。纳由于闪榆,孰知辨其蚩妍。故法禁屈挠于势族,恩泽不逮于单门。宁饥寒于尧舜之荒岁兮,不饱暖于当今之丰年。乘理虽死而非亡,违义虽生而匪存。有秦客者,乃为诗曰:河清不可俟,人命不可延。顺风激靡草,富贵者称贤。文籍虽满腹,不如一囊钱。伊优北堂上,抗脏倚门边。鲁生闻此辞,系而作歌曰:势家多所宜,咳唾自成珠。被褐怀金玉,兰蕙化为刍,贤者虽独悟,所困在群愚。且各守尔分,勿复空驰驱。哀哉复哀哉,此是命矣夫!①

综合两文,不难看出赵壹的《刺世疾邪赋》无论在感情基调上还是在愤世的层面上都在做"疾"和"刺"的文章,对世道的种种不公统统批驳,乃至有"谩骂"之嫌,并且由于赋这种文体的局限,使得赵壹在铺陈、抒情上虽更胜一筹,但在论事、析理上却远远没有仲长统来得深刻和透彻。所以,赵壹认为王朝一代不如一代的观感在很大程度上是来源于对东汉王朝不满的愤激之情,而仲长统的结论则是基于对君主专制王朝弊病的深入分析,以及对历代变乱规模的相互比较而得出的。在仲长统看来,每代王朝都无法逃脱注定灭亡的宿命,然而真正的历史又不是理论上的循环重复,而是现实中灾难一次次地累加,并且让人痛心的是每一次王朝的崩溃都要比上一次王朝的崩溃带给社会更大的创伤。仲长统由两汉王朝的崩溃看到了历代王朝必然走向崩溃的宿命,而后又综观历史,看到了每一代王朝崩溃给社会带来的灾难都要大于之前王朝崩溃所带来的灾难。因此可以看出,仲长统的时代观是一种彻底绝望的时代观。该观点在中国古代思想史上具有相当重要的意义,因为"推其言中之意,殆无异于对专制政体与儒家治术同时作破产之宣告。此诚儒家思想开宗以来空前未睹之巨变。"②而这种巨变必将预示着一个在思想上与两汉时代迥异之时期的必然到来。

此外,更值得注意的是,仲长统在论述君主专制王朝弊端的时候,在指代君主的言辞上多用"下愚之才""彼后嗣之愚主"等词,这一"离经叛道"之举又颇有划时代之意义。东汉以来,伴随着王权的日益膨胀,王权的诠释从

---

① 严可均:《全后汉文》,北京:商务印书馆1999年,第826页。
② 萧公权:《中国政治思想史》,北京:商务印书馆2011年,第322页。

西汉以来的"圣王"嬗变为东汉之后的"王圣",士人们在心态和气质方面与西汉时期出现了本质的不同。曲利丽在其博士论文《从"圣王"到"王圣"——论"王命论"意识形态下东汉文化精神之变迁》中对此问题有较为透彻的把握:"总的来说西汉士人在面对王权的时候,坚守服务于'道'而不仅服务于'势',努力按照理想来改造现实,呈现出了一种'外王型'的人生姿态。而到了两汉之际,经学理想破产,'王命论'兴起,士人在王圣的光环下开始安于帮忙之臣的角色,追求在大一统政治格局下戴着镣铐舞蹈,人生形态趋于内敛谨慎。"①汉魏之际为官之士人在这"风云变幻之际"都近乎谨小慎微地恪守着"内圣"的信条,明知汉室终将倾覆,却都在大谈天命运数,虽偶有"逆流之举"也是出于一家一姓之私而少了几分西汉士人的凛然浩气。而此时潜在的当权者以及世家大族都在为保持自身既得利益的稳定而刻意地宣扬儒家正统观念。有感于此,汉魏之际的社会风气可谓上下一心的"和谐",在上位者为维护其统治地位不得不再次搬起儒家正统思想诠释自身地位的合法性和必然性,而臣服于权力的士人们则出于自身安危的考虑,也都在言行上应和着在上位者的这种言不由衷的"号召"。就在权力体系内部都出于某种"默契"而上下一心维持这种微妙"和谐"的时候,一个"不和谐"的音符出现了——这便是仲长统!

　　仲长统是近乎当时唯一一个身居权力内部,处于众人高唱儒家天命观念之时,态度鲜明地站出来直接否定了天命存在的底层士人;又是唯一一个身居权力内部,在众人赞颂曹魏之德且对终将取代东汉王朝的魏王朝充满希望之时,心灰意冷地径直指出了君主专制王朝都注定走向灭亡的人。这种深刻与绝望、率直与狂放是其同世、同阶层之人所远远不及和万万不敢的。要之,仲长统绝望的时代观绝不仅仅是对王朝历史的悲观绝望,更是对时代与个人的双重绝望。仲长统所处的汉魏之际,恰恰是儒家传统思想濒临崩溃的前夜且不无"回光返照"之像。然而,恰恰是他洞悉一切的言说打破了其所处时代作为权力体系内部之人所应谨守的"戒条"。迁至许地寄人篱下的东汉朝廷,不敢启用颇多尊君思想的仲长统;而曹魏系统,更不可能启用这样一个不仅尊君且公

---

① 曲利丽:《从"圣王"到"王圣"——论"王命论"意识形态下东汉文化精神之变迁》,北京师范大学 2010 年,第 187 页。

然颠覆儒家名教,将王朝更迭叙述得如此赤裸裸且对君主专制王朝彻底否定的仲长统。于是仲长统纵然负有大才,只能空怀报国之志而不得施展。此外,从仲长统自身的分析来看,这个世道本来就"乱世长而化世短",且"乱世则小人贵宠,君子困贱",即便"逮及清世,则复入于矫枉过正之检。老者耄矣,不能及宽饶之俗;少者方壮,将复困于衰乱之时"①。对君子而言无论乱世还是治世都毫无希望可言。如果说东汉中期的王充尚且将个人进退归于运命,那么仲长统对君子之人的处境则是全然不抱希望了。

仲长统终篇的"嗟乎!不知来世圣人救此之道,将何用也?又不知天若穷此之数,欲何至邪?"表面上看来是将这些无解谜题交给后来之人,殊不知,此处的疑问不是为后人而设,而是对天下当世之人、后世之人乃至其自我内心的绝望反问。纵然仲长统的思想颇多离经叛道色彩,但不能否认他在思想深处还是保有着儒家士人天然的入世思想,他中下层的出身和深刻的思想使其能够洞察到东汉王朝乃至历代王朝的种种弊端,凭借着这股沛然的才气使他得到了荀彧的赏识和重用进而跻身权力体系之中。然而他"敢直言,不矜小节"的狂生性格以及对天下苍生的热切关注,又使他成为了那个时代权力体系中近乎唯一一个敢于打破时代游戏规则的中下层士人。质而论之,仲长统是在传统儒家思想主导下综合法家学说,以中下层士人的身份力图效忠于即将退出历史舞台的东汉王朝的一个特异案例。而此时的历史现实是,一个由世家大族支持的新兴政权即将登上历史舞台。因此,仲长统的言说论断越是深刻,就越是为那个时代所不容,当然也就越是得不到重用。这种情形,其实是儒家学说在面对东汉末年变局时呈现出的软弱和无力,预示着依托大一统王权存在的儒家学说走向衰微的必然。仲长统在文末的哀叹,除了对时代和王朝的哀叹外,更是对自身的哀叹。因为仲长统似乎看不透,抑或理解不了为何朝野上下之士人皆要遵守这种不忠、不义、不明、不智的"默契"。在他所处的时代,仲长统觉得也许只有他自己,才能拥有这样的才学和魄力去直击那个时代的症结。然而这种特立独行之举只会使他陷入看得越清楚、说得越明白,反而越遭受冷遇和排挤的尴尬局面。而在这种大的"默契"氛围之下,仲长统又不免会产生"举世浑浊而我独清,众人皆醉而我独醒"②的孤独与愤懑之情。所以才会有"每

---

① 严可均:《全后汉文》,北京:商务印书馆1999年,第890-891页。
② 司马迁:《史记·屈原贾生列传》,北京:中华书局1959年,第2486页。

论说古今世俗行事,发愤叹息"①这样郁结而压抑的浓重情感。

综上,仲长统的时代观是以其天命观和王朝兴衰循环论为基础,在对君主专制制度绝望的同时,加之自身的出身以及特异的性格使其思想和行为与其所处的时代造成了根本性的冲突,所以仲长统绝望的时代观不仅是对时代的绝望,更是对自身才华不得施展的愤懑和无奈。

第二节　仲长统对汉末士风的批判

仲长统对汉末社会诸多方面的问题都做出了独立的分析,并给出了解决问题的办法。如《昌言》中涉及的时代观问题、土地制度问题、赋税制度问题乃至宰辅制度问题等等,可谓包罗万象。在仲长统的言说中,不仅有对社会宏观问题的深刻思考,更有对世道人心乃至士风的冷静批判。因此,在这一节中便要就仲长统与汉末士风问题进行细致的讨论。在分析仲长统对其所处时代士风的批判前,有必要对汉末的士风做初步论析。

对于东汉末年的士风,我们可以从顾炎武《日知录》中的两则评价说起。顾炎武《日知录》在言及两汉风俗时,对汉末党锢之风亦从范晔之论,对党锢士人颇多赞许之词:

> 至其末造,朝政混浊,国事日非,而党锢之流,独行之辈,依仁蹈义,舍命不渝,"风雨如晦,鸡鸣不已",三代以下风俗之美,无尚于东京者。故范晔之论,以为"桓、灵之间,君道秕僻,朝纲日陵,国隙屡启,自中智以下,靡不审其崩离。而权强之臣息其窥盗之谋,豪俊之夫屈于鄙生之议"所以倾而未颓,决而未溃,皆仁人君子心力之为。可谓知者矣。②

顾炎武对东汉桓、灵之世的党人予以高度的肯定和赞颂,指出东汉王朝之所

---

① 陈寿:《三国志·魏书·刘劭传》,北京:中华书局1982年,第620页。
② 顾炎武《日知录·两汉风俗》卷五,见顾炎武著,黄汝成集释,栾保群,吕宗力校点:《日知录集释》,上海:上海古籍出版社2006年,第753页。

以"倾而未颓，决而未溃"皆赖党人君子之力。之后，顾炎武认为党人君子之风的破坏实是因为曹操"唯才是举"而不论德行的人才选举办法。又指出，东汉党人君子的节义之气自蔡邕已开衰微之端了：

> 东京之末，节义衰而文章盛，自蔡邕始。其仕董卓，无守；卓死惊焉，无识。观其集中滥作碑颂，则平日之为人可知矣。以其文采富而交游多，故后人为立佳传。嗟呼！士君子处衰季之朝，常以负一世之名，而转移天下之风气者，视伯喈之为人，其诚之哉！①

如果说在上位的曹操破坏了这种高举节义的士风，那么缘何在曹操执掌大权之前就已经出现了像蔡邕这样的"无守""无识"的节义衰颓之人呢？之所以顾炎武之论会产生一些前后抵牾，是因为看到了汉末士风的表象而没有对这种表象下的问题有更深刻的把握。相较之下，王夫之《读通鉴论》中的持论则看到了党人君子之风的"死穴"：

> 然则诸君子与奸人争兴废，而非为君与社稷捐躯命以争存亡乎！击奸之力弱，而一鼓之气易衰，其不敌凶憝而身与国俱蕣，无他，舍本功末而细已甚也。②

顾炎武言其表而王夫之言其里，所谓汉末党人君子之风看似轰轰烈烈，但是究其本质实是党人领袖在与"浊流"的斗争中不得章法，失之"婞直"。那么天下云集的广大君子义士又真正秉承了领袖们的这种"婞直"之气了吗？历史已经提供了最好的答案，第二次党祸时如张俭这般的党人领袖亦"亡命天下"了。所以不禁会追问，为何党人君子常常陷入人多而势不重、名高而功难成的怪圈呢？也许，除了党人领袖的"舍本攻末"外，广大下层士人的风气也是值得分析的。

　　行文至此，并不是要对党人名士之风有所否定，而是要对庞大的党人群

---

① 顾炎武《日知录·两汉风俗》卷五，见顾炎武著，黄汝成集释，栾保群、吕宗力校点：《日知录集释》，上海：上海古籍出版社2006年，第754页。
② 王夫之：《读通鉴论》，北京：中华书局1975年，第216页。

体做出相对合理的层次划分。如果天下正直的士人都可以划归党人范畴的话，那么自然要有领袖与非领袖之分。党人群体中的领袖自然体现出更多的名士之气，而相比之下，党人群体中占绝大多数的底层士人，也就是非领袖部分，无论在社会地位还是影响力上都要远远逊于党人领袖，所以在很大程度上他们对党人领袖的追慕很难说是一种全然无功利性的。因为我们翻检史料时不可否认，"鸿都门学"中聚集着大量的士人，外戚、宦官周围围绕着大量的士人，党人领袖周围也有大量的追随者。对士人而言，尽管品格有高下之分，但无论追随何方势力，究其本质而言都是为了求取仕进之机。当然士风日下之时，追随党人领袖的这支就变得光明正大且"上流"得多。要之，汉末社会各地人物察鉴的权力掌握在党人名士的手中，而这种权力直接左右的是底层士人的仕进之路。因此，东汉士人中广泛结交、拜谒名士的交游风气在"清流"形成之前便已兴起。所以说，东汉士风的形成与东汉社会的人才选拔制度有着直接的关联。赵翼在《廿二史札记》"东汉尚名节"条中便有深刻评述：

> 盖当时荐举选辟，必采名誉，故凡可以得名者，必全力以赴之，好为苛难，遂成风俗。①

足见东汉之世的"尚名节"多半是出于"利荐举"的目的，所以广大的底层士人为了争得个人仕进之机，便会不惜一切追求名和誉。纵然赵翼也看到了东汉王朝在选用人才时也有"召用不论资格"②，但这种不论资格拔擢底层士人的举动依然靠的是士人的声名和称誉。在仕进之路和利益之门的双重趋势下，也就可以理解为何"名节"会在东汉一世占有如此高的地位了。然而声名和称誉不会凭空产生，所以东汉的交游之风便大行其道了。从获取声名和称誉的不同手法来看，交游风气主要的表现形式有两种：其一，士人之间通过互相标举来提高自身声望；其二，士人通过拜谒当世名士并获得名士的称誉来提高自身声望。这两种交游形式都要面对不同的问题。对于第一种形式而言，就士人之间的相互标榜而论，普通的底层士人为了尽力扩大自己的声名和影响，

---

① 赵翼撰，曹光甫校点：《廿二史札记》，南京：凤凰出版社 2008 年，第 67 页。
② 赵翼《廿二史札记》中有"召用不论资格"条，见赵翼撰，曹光甫校点：《廿二史札记》，南京：凤凰出版社 2008 年，第 69 页。

自然不可能久居一地，因此常常要奔走天下尽力扩大自身的交际范围以期能广播声名。当然，应当看到的是，这种奔走天下的交游方式多半又会以游学或者拜谒名士的形式出现。对于第二种形式而言，通过拜谒名士，并希望通过拜谒得到名士的肯定和称誉使自己声名大振的亦不为少数，恰如范晔在《后汉书》卷六十一后"论曰"云云中指出的"权门贵士，请谒繁兴"。在当时是否能够得到名士的称誉暂且不论，即使能够与名士有所交接亦足以在底层士人间拥有无上的荣耀。如士人得到党人名士李膺的接见便被众人称为"登龙门"：

> 是时朝庭日乱，纲纪颓阤，膺独持风裁，以声名自高。士有被其容接者，名为登龙门。①

在这种形势和风气之下，势必会出现若干衍生的情况，即享有天下盛誉的名士在客观上数量要远远少于广大的底层士人，而在心态上为保持自身名士的地位亦不会与普通士人随意交接。从"登龙门"即可看出底层士人与名士交接之荣耀，更能看出底层士人与名士交接的艰难。因此才会有赵壹拜皇甫规登门而不得入，高彪访经义于马融而不得通。另外，除去名士与普通士人的分别外，更要看到东汉中晚期以来，以世家大族为基础的门阀社会逐渐确立起来，而党人名士又皆有世家大族的背景②，所以表面上的这种差别更折射出士人背后出身的巨大差距。然而由于利益所出，仍然有大量的士人加入到奔走交游拜谒名士的行列中。③因此，这种赤裸裸的为了求取声名和称誉进而得到仕进之机的病态交游方式遭到了仲长统的深刻批判。

仲长统首先批评天下士人的"三俗"与"三可贱"：

---

① 范晔：《后汉书·李膺列传》，北京：中华书局1965年，第2195页。
② 见金发根：《东汉党锢人物的分析》，《中研院历史语言所研究集刊》（历史编），北京：中华书局2009年，第1217—1270页。
③ 余英时在《汉魏之际士之新自觉与新思潮》中以东汉晚期"清流""浊流"对立局面为切入点讨论汉末士风。在畅谈士大夫群体自觉之时也注意到了汉末交游结党之风的诸多流弊，但在中心论点上仍然放在了标举士大夫高尚的气格上，而不认为士大夫交游是"悉出自利己之动机"，见余英时《汉魏之际士之新自觉与新思潮》。余英时：《士与中国文化》，上海：上海人民出版社2003年。

> 天下士有三俗：选士而论族姓阀阅，一俗；交游趋富贵之门，二俗；畏服不接于贵尊，三俗。天下之士有三可贱：慕名而不知实，一可贱；不敢正是非于富贵，二可贱；向盛背衰，三可贱。①

而后，仲长统不仅指出了当下士人中普遍存在的不良风气，也同样指出了治学方面存在的三种不良风气：

> 天下学士有三奸焉：实不知，详不言，一也；窃他人之记，以成己说，二也；受无名者，移知者，三也。②

从上面引用的两则材料可以看出，第一则材料批评的是其所处时代不良的交游观念，第二则材料批评的是其所处时代不良的治学态度。虽然两则材料批评的问题有本质不同，一个是交游问题、一个是治学问题，但就其所处时代而言，亦不可否认不良治学风气亦受不良交游风气影响颇多。因此，首先要对东汉末年的交游之风作简要的叙述和分析。在仲长统之前，一些有识之士就已经开始旗帜鲜明地揭露这种不良的风气，并表达了自己的态度。东汉中期的王充，在《自纪篇》中便表达了自己的交友态度：

> 充为人清重，游必择友，不好苟交。所友位虽微卑，年虽幼稚，行苟离俗，比与之友。好杰友雅徒，不泛结俗才。③

当然，王充的这种思想在其所处的时代尚为个案。至东汉末期，伴随着"清流""浊流"的对立，党人名士占据了时代道德的高地，清议也成为了时代舆论的主流，因此天下众多底层士人出于变乱时代个人利益的现实考虑，便都加入到了游走天下、广谒名士的风潮中。此时便相继有人站出来，对这种追名逐利的浮华士风大加挞伐。桓帝朝之刘梁就曾对这种不良的士风有所批判：

---

① 严可均：《全后汉文》，北京：商务印书馆1999年，第900页。
② 严可均：《全后汉文》，北京：商务印书馆1999年，第900页。
③ 王充撰，黄晖校释：《论衡校释·自纪篇》（附刘盼遂集解），北京：中华书局1990年，第1190页。

>（刘梁）常疾世多利交，以邪曲相党，乃著《破群论》。时之览者，以为"仲尼作《春秋》，乱臣知惧，今此论之作，俗士岂不愧心。"①

虽然"其文不存"，但能感觉到刘梁已经深刻地指出了当时士风好交游的根本原因无他，只是利益罢了。所以他又著《辩和同论》希望以"义"和"道"来对世间存在的问题予以纠正，当然也包括这种功利性交游。

同为桓帝朝朱穆的《绝交论》"亦矫时之作"：

>或曰："子绝存问，不见客，亦不答也。何故？"曰："古者进退趋业，无私游之交，相见以公朝，享会以礼纪，否则朋徒受习而已。"曰："人将疾子，如何？"曰："宁受疾。"曰："受疾可乎？"曰："世之务交游也久矣，敦千乘不忌于君，犯礼以追之，背公以从之。其愈者则孺子之爱也，其甚者则求蔽过窃誉，以赡其私。利进义退，公轻私重，居劳于听也。或于道而求其私，赡矣。是故遂往不反，而莫敢止焉。是川渎并决而莫敢之塞，游獘蹂稼而莫之禁也。《诗》云："威仪棣棣，不可算也。"后生将复何述？而吾不才，焉能规此？实悼无行，子道多阙，臣事多尤，思复白圭，重考古言，以补往过。时无孔堂，思兼则滞，匪有也，则亦焉兴？是以敢受疾也，不亦可乎？②

朱穆的《绝交论》同样看到了天下士人交游多出于"利"而非"义"的情况，而这种情形由来已久，且天下士人近乎皆以此为务，于是朱穆断然摆出了"绝交"的态度。同样的言说还有徐干《中论》中的《遗交》篇，因文字颇多且内容同为揭露之论故不复摘引。

其实对于这一问题，王符从人才举荐的弊端上揭露得更为深刻：

>举世多党而用私，竞比质而行趋华。贡士者，非复依其质干，准其

---

① 范晔：《后汉书·刘梁列传》，北京：中华书局1965年，第2635页。
② 严可均：《全后汉文》，北京：商务印书馆1999年，第289页。

材行也，直虚造空美，扫地洞说。①

王符的言说虽然指出的是当世人才举荐制度上肮脏的一面，但是也从一个侧面说出了天下士人皆奔走交游的真实目的即为求取仕进之机。后世竞相交游、浮华交会纵然变得体面得多，但其核心都是与东汉人才举荐制度紧密相连的。

以上引述王充、王符、刘梁、朱穆、徐干的言说和观点，都说明了这些有识之士对这种浮华之风的厌恶和否定。不过，以上诸人的言说前后相继，但是在本质上并没有太多的创见，多止步于揭露交游为"利"，而没有深入的分析。

至此，再反观仲长统的言说：

天下士有三俗：选士而论族姓阀阅，一俗；交游趋富贵之门，二俗；畏服不接于贵尊，三俗；天下之士有三可贱：慕名而不知实，一可贱；不敢正是非于富贵，二可贱；向盛背衰，三可贱。②

可以发现，仲长统对士人交游之"俗"与"可贱"做了较为具体的分析，这是仲长统行文的一大特点。或许，会以荀悦《申鉴》为例反驳。因为，荀悦《申鉴》的文章中分条论述堪为惯用行文方法。质而论之，两者虽然在表象上相似，但是思想上有本质区别。荀悦是坐而论道式的陈述儒家说教，条理罗列一尊古制、圣教，不过是对经典教条的再次搬弄而已。而仲长统的分条论述，则是基于对交游行为中出于不同位置士人不同心态的准确把握，这是仲长统在汉末"小诸子"中有别于他人的一个重要特点。

东汉末年诸如王符、崔寔、荀悦、徐干等人在论述问题时多秉承"就事论事"的路数，在论述过程中多重论理而不重析人。而仲长统的一大特点在于，于论理之中而能析人！《后汉书》《三国志》载仲长统早年游学过并州刺史高干一事。仲长统因看出高干的弱点而对高干直言相劝——"君有雄志而无雄才，好士而不能择人，所以为君深戒也。"③而后高干果如仲长统所料反叛兵败死于非命。

---

① 王符撰，汪继培笺，彭铎校正：《潜夫论笺校正·实贡》，北京：中华书局1985年，第152页。

② 严可均：《全后汉文》，北京：商务印书馆1999年，第900页。

③ 范晔：《后汉书·仲长统列传》，北京：中华书局1965年，第1644页。

可见仲长统颇有"知人之明",并且仲长统的这种知人之明并不限于当世之人,仲长统亦将这种对人心态的敏锐洞察用来揣摩古人的内心情感变化上:

> 彼后嗣之愚主,见天下莫敢与之违,自谓若天地之不可亡也,乃奔其私嗜,骋其邪欲,君臣宣淫,上下同恶。目极角抵之观,耳穷郑、卫之声。入则骋于妇人,出则驰于田猎。荒废庶政,弃亡人物,澶漫弥流,无所底极。信任亲爱者,尽佞谄容说之人也;宠贵隆丰者,尽后妃姬妾之家也。使饿狼守庖厨,饥虎牧牢豚,遂至熬天下之脂膏,斫生人之骨髓,怨毒无聊,祸乱并起,中国扰攘,四夷侵叛,土崩瓦解,一朝而去。昔之为我哺乳之子孙者,今尽是我饮血之寇雠也。至于运徙势去,犹不觉悟者,岂非富贵生不仁,沈溺致愚疾邪?存亡以之迭代,治乱从此周复,天道常然之大数也。①

这段文字既可以看成是王朝中衰的过程描述,也可以看成是对继体之君日益骄纵心态膨胀的过程记录,对昏乱之君的心态把握可谓臻于极致。同样,仲长统亦将这种善于把握心态的敏感用到分析士风上。指出了底层士人有出于功利目的而攀附权贵的心态,又指出了底层士人因为自身与名士家世的巨大落差,内心感到自卑而不敢与权贵交接的心态,再以这两种心态,提出了"三可贱"。其一为"慕名而不知实",这句批评颇多内涵,或为对士人不知人的批评,或为士人因受过分功利心态的趋使而只在意名士之名,而不关心名士是否"盛名之下其实难副"。也许仲长统侧重的应该是第二种吧,因为这种心态的功利心更强。其二为"不敢正是非于富贵",这种士人的内心颇为不堪,为得到仕进之机竟对权贵曲意逢迎,以权贵之是非为是非,全然丧失了独立的人格和尊严。其三为"向盛背衰",这一批判更加深刻地揭露了士人交游中功利目的的明确和强烈,甚至毫无恩义可言,盛者众人争而附之,衰者众人竞相弃之,反复之快士人之节操已荡然无存。综上可以看出仲长统简短文字的清晰的层次和条理。先由分析不同类型人的心态入手,再进而沿着人的心态去分析其行为,这样分析得来的"不堪"似乎要更加透彻和深刻。

---

① 严可均:《全后汉文》,北京:商务印书馆 1999 年,第 890 页。

这种先分析士人的内心，再分析其行为的言说模式，在某种程度上有战国诸子散文的遗风。仲长统的批评看似篇幅简短、文辞洗练，但就批驳的方式和深度而言，可谓字字如刀枪、句句如斧钺，对当世流俗之人可谓作"诛心之论"。这些都证明了史传中仲长统"性倜傥，敢直言，不矜小节"的评述之语亦颇为精当。仲长统从一开始就以独树一帜、不甘流俗的形象出现，对世道人心有着深刻的洞察和犀利的剖析，至少在入仕许都之前，一直是以孤傲冷峻、不向世俗低头的"狂生"形象呈现在士人面前。这种"狂"并不是指他的行为，因为史传中并没有载录仲长统有何乖张之行，因此这种"狂"也许更多地指其性格的耿介和思想的犀利。

第三章　仲长统著述分类

第一节　明清时期仲长统著述的辑录情况

在讨论仲长统著述问题之前，首先要明确一个问题：《昌言》不等于仲长统著述，也就是说《昌言》不过是仲长统著述的一部分而已。在分析仲长统著述时，还应从篇幅较为可观的《昌言》入手，先廓清《昌言》的涵盖范围，而后再进一步对其他散佚文字做具体的梳理和评判。

当下对《昌言》流传、散佚和辑录过程梳理的专项研究略显不足[①]，《两汉全书》所录《昌言》[②]以及中华书局《新编诸子集成》本《政论校注 昌言校注》[③]基本上仍是承袭清严可均《全后汉文》卷八十八列于辑录《昌言》之前的按语。现将严可均按语转引如下：

> 谨按：《隋志》杂家，"《仲长子昌言》十卷，录一卷。汉尚书郎仲长统撰。"《旧唐志》作十卷，《新唐志》移入儒家，亦十卷。《崇文总目》称，"今所存十五篇，分为二卷，余皆亡。"《郡斋读书志》《直斋书录解题》不著录。明陈第《世善堂书目》有二卷。其刻本仅见

[①] 关于仲长统著述的专项研究除严可均《全后汉文》卷八十八之按语外，现有苏晓威之硕士论文《仲长统〈昌言〉研究》，广西师范大学 2005 年。对仲长统《昌言》的流传问题做了专项梳理，不过仍过多用力于明清时期的辑录情况，对唐后明前这一时期的辑录状况未做交代。

[②] 董治安主编：《两汉全书》，济南：山东大学出版社 2009 年，第 31 册，第 18097 页。

[③] 崔寔撰，仲长统撰，孙启治校注：《政论校注 昌言校注》，北京：中华书局 2012 年，第 252 页。

明胡维新《两京遗编》，有《理乱》《损益》《法诫》三篇；归有光《诸子汇函》有《理乱》《损益》二篇，皆出本传，无所增多，则北宋十五篇本又复佚失。今从《群书治要》写出九篇益以本传三篇，以《意林》次第之，刺取各书引见，补脱讹，定著二卷。其遗文坠句，于原次无考，依各书先后附于末。本传"统，山阳高平人，著论三十四篇，十余万言"今此搜辑，才万余言，亡者盖十八九。而《治要》所载，又颇删节，断续离，殆所不免。然其间陈善道，指诃时弊，剀切之忱，踔厉震荡之气，有不容摩灭者。缪熙伯方之董、贾、刘、扬，非过誉也。

据严可均按语可知：其一，宏观上来看历代对仲长统《昌言》的认知，是一个从唐宋以来的"子部"之学过渡到明清以来的"集部"之学的过程。即人们关注的重点逐渐从《昌言》政论散文的思想性转移到了批判的文学性。其二，仲长统《昌言》在篇目上存在两次大规模的散佚。从东汉末年成书至唐初编纂《隋志》时似并未散佚。然而在从唐至宋的过程中开始大量散佚，至北宋时仅剩十五篇，此为第一次散佚；其后北宋的十五篇本至明仅剩《理乱》《损益》《法诫》三篇与《群书治要》中摘抄出的九段文字以及《意林》和《齐民要术》中保存的"遗文逸句"，此为第二次散佚。严可均的按语较为具体地交代了《昌言》的散佚过程，而后又陈述了其辑录《昌言》的过程。严可均从自身的角度讲述了《昌言》是如何辑录而成的，但由于《全后汉文》的体例和性质自然不能另交代前人对仲长统《昌言》的辑录成果，所以在讨论仲长统《昌言》的流传情况时，是很有必要交代前人，更确切地说也就是严可均之前的学人对仲长统《昌言》的辑录情况的。

在严可均编纂《全上古三代秦汉三国六朝文》之前，已经有诸多学人着手编纂先秦至六朝这一时段的文章选集。明张燮《七十二家集》①、明张溥《汉魏六朝百三名家集》②、明张运泰《汉魏六十名家》③（又名《汉魏名文乘》）

---

① 张燮《七十二家集》二百四十六卷附录七十二卷（续四库本），影印国家图书馆藏明末刻本。
② 张溥《汉魏六朝百三名家集》，景文渊阁四库全书本。
③ 张运泰《汉魏六十名家》明末刻本，国图古籍部藏。另，北京大学图书馆、扬州大学图书馆瘦西湖分馆文史研究室皆有藏本，题名皆为《汉魏名文乘》。

等皆为明中叶之后编纂的选集。当然除以上这些选集之外，更有如明梅鼎祚编纂的远起上古近讫隋朝，堪称鸿篇巨制的《历代文纪》①。不可否认，严可均《全上古三代秦汉三国六朝文》的编纂亦是在借鉴前人的基础上完成的。然而翻检《四库全书》收录的张溥《汉魏六朝百三名家集》、梅鼎祚《东汉文纪》，《续四库全书》收录的张燮《七十二家集》，以及单行的张运泰、余元熹《汉魏六十名家》后，发现以上诸家文集中只有《东汉文纪》和《汉魏六十名家》收录了仲长统《昌言》，而像广为人知的《七十二家集》以及《汉魏六朝百三名家集》却并没有将仲长统《昌言》收录其中。

明梅鼎祚《历代文纪·东汉文纪》收录了仲长统的《昌言》。梅鼎祚《东汉文纪》在收录仲长统的著述时已经在简单摘抄范晔《后汉书》中保存的《乐志论》《理乱篇》《损益篇》《法诫篇》《答侍中邓义社神难》之外，还载录了《尹文子序》。另外还做了简要的辑录工作，从其他典籍中辑录了三条《昌言》佚文。现将三条辑录的佚文列于此处：

> 今为宫室者，崇台数十层，长阶十百仞，延袤连浮云，上树九文（"文"当为"丈"）旗，珠文（"文"当为"玉"）翡翠以为饰，连帷为城，结帐为宫，起台榭则高数百丈，壁带珠玉，土带缇锦。

> 今人主不思甘露降、醴泉涌而患枇杷、荔枝之腐亦鄙矣。

> 道德仁义，天性也。织之以成其物，练之以致其情，莹之以发其光。

并且值得注意的是，梅鼎祚在收录仲长统《昌言》时，并不是简单地将仲长统整篇作品和辑录散句一并归于《昌言》名下，而是仅将《理乱篇》《损益篇》《法诫篇》和辑录的三条佚文归于《昌言》之中，另将《乐志论》《答侍中邓义社神难》和《尹文子序》皆各自独立成篇。

张运泰、余元熹《汉魏六十名家》也将仲长统《昌言》收录其中，但无论是在篇目数量上还是在条目划分上，都与梅鼎祚《东汉文纪》存在较为明显

---

① 梅鼎祚《历代文纪·东汉文纪》三十二卷，景文渊阁四库全书本。

的差异。张运泰、余元熹《汉魏六十名家》收录篇目为《理乱篇》《损益篇》《辨社主》《法诫篇》《乐志论》，皆为《后汉书·仲长统列传》及《后汉书·祭祀志》中载录之文，并未做任何辑录工作，并且以上诸篇皆列于《昌言》条目之下，诸篇前后编排与集首目录层级设定皆可印证此论。因此可以推知张运泰、余元熹在编纂《昌言》时，认为以上作品皆为仲长统《昌言》集中之文。不能不说，这一论断是过于武断的，关于这一问题会在后文中予以专项论述。另外，因为张运泰、余元熹《汉魏六十名家》对载录文章多有评骘，所以对其中的《昌言》之文亦有点评。因此，在综合比较梅鼎祚《东汉文纪》和张运泰、余元熹《汉魏六十名家》的基础上不难看出，虽然张运泰、余元熹《汉魏六十名家》的编纂时间较晚，但仅就仲长统《昌言》收录情况而言，从典籍传承的角度来看，当以梅鼎祚《东汉文纪》为优。梅鼎祚《东汉文纪》中对仲长统《昌言》收录过程不仅完成了一定的辑佚工作，并且还在收录仲长统著述时有意将《昌言》系统作品与非《昌言》系统作品在编目上做了明确的区分，也就是说梅鼎祚在辑录仲长统著述的时候已经意识到了《昌言》作品不能完全等同于仲长统著述这一重要问题。这一认识虽没有得到后来张运泰、余元熹等人的重视，但对后人整理研究仲长统的著述起到了至关重要的作用。另外，梅鼎祚《东汉文纪》较张运泰、余元熹《汉魏六十名家》还有一处为优，即对仲长统《昌言》的存佚情况有较为清楚的认识。张运泰、余元熹《汉魏六十名家》所录《昌言》前的题录中有言"著《昌言》三十四篇，今存十五篇"，显然这一论断并没有遵循《昌言》流传至明时北宋十五篇本已经散佚的事实。梅鼎祚《东汉文纪》所录《昌言》虽没有题录文字对《昌言》的存佚情况予以明确交代，但其列于《昌言》条下的辑录文字就已经在客观上说明了《昌言》除其所录《理乱》《损益》《法诫》三篇外存在散佚情况。相较之下，至少梅鼎祚之处理方法似更为可取。

然而梅鼎祚《东汉文纪》所录仲长统著述条理清晰亦并非首创，在梅鼎祚之前已然有人对仲长统著述做了初步整理，虽然篇幅上不及后人丰富，但在条目列举上却为后人所借鉴，这便是明胡维新的《两京遗编》[①]。《两京遗编》在收录仲长统著述方面，从篇目到各篇层级关系上都处理得颇为妥当。《两京遗编》在收录仲长统著述时已经意识到了仲长统的著述分为《昌言》系统与非

[①] 胡维新《两京遗编·仲长统论》丛书集成初编本。

《昌言》系统两个部分，所以对仲长统著述并未含混地以《昌言》之名囊括其中，而是名之以"仲长统论"。其意自然为仲长统之论述，并在其下将《乐志论》独立成篇而未列于《昌言》之中，认为《昌言》所包括的篇目仍为《理乱篇》《损益篇》《法诫篇》三篇。胡维新《两京遗编》本《仲长统论》的最大贡献在于收录仲长统论述时就已经对仲长统著述中的《昌言》系统与非《昌言》系统做出了明确的区分。这一明确的认识不仅影响了其后的梅鼎祚，更为后来的严可均所承袭。

综上所述，从相对宏观的时间先后顺序进行爬梳会发现，明朝嘉、万时期编订刊刻的《两京遗编》与《历代文纪》在收录仲长统著述时都能做到将仲长统著述与《昌言》明确区分，即对仲长统的著述系统划分为明确的《昌言》系统和非《昌言》系统两个部分。这种对仲长统著述的清晰认识，并没有为明末清初张运泰、余元熹所重视，于是刊刻于明末的《汉魏六十名家》在对待仲长统著述问题上便显得过于"粗糙"，将所有仲长统著述一并列入《昌言》名目之下。明末书商的这种欠妥的做法，终于在清初严可均编纂《全后汉文》时得到了纠正。严可均在编纂各家作品时，以人物提系作品①，巧妙地回避掉了作品集名称涵盖范围有限的弊端。严可均在辑录仲长统的著述时将其分为三部分：列于《全后汉文》卷八十七的部分为《答邓义社难》和《尹文子序》；列于《全后汉文》卷八十八的部分为《昌言上》，包括从《群书治要》中摘抄出的一段文字②和从范晔《后汉书·仲长统列传》中抄录出的《理乱篇》《损益篇》《法诫篇》；列于《全后汉文》卷八十九的部分为《昌言下》，其中包括从《后汉书·仲长统列传》抄录出的《乐志论》1篇、《意林》14条、《群书治要》8条、《抱朴子》2条、《太平御览》6条、《博物志》2条、《齐民要术》4条、《北堂书钞》1条、《文选》28条、《长短经》1条、《艺文类聚》1条③。可以看出，严可均对仲长统著述的辑录工作较之梅鼎祚有长足的进展，基本上对散见于各类典籍中的仲长统著述完成了比较全面的辑录。《两汉全书》本《昌言》和中华书局《新编诸子集成》本《昌言校注》皆直接承袭了严可均

---

① 此种方法梅鼎祚在编纂《历代文纪》时已在运用了。

② 似为《德教篇》。

③ 两种或两种以上文献皆载录同一条文字时，为便于统计，归入载录佚文多者名下。以上统计数字皆依据严可均：《全后汉文》，北京：商务印书馆1999年，第885-906页。

的辑录成果。

此外值得一提的是,现在几乎所有研究仲长统著述的相关成果,在仲长统著述的流传问题大体上都没有超出严可均按语的框架。尤其在仲长统著述辑录与再次成书的问题上,都近乎一致地以明代中期胡维新的《两京遗编》作为梳理的起点。而胡维新辑录之前的情况,也就是说唐之后、明之前这段时间的情况,由于史料的匮乏皆无所收获。单纯地依靠《中国丛书综录》①和严灵峰《周秦汉魏诸子知见书目》②的辐射范围似乎远远不够。笔者通过翻检大量类书文献,发现将仲长统著述收入集部之举并非肇自明代中期,而是南宋中期的陈鉴便已将仲长统之文辑入其所编的《东汉文鉴》中了,且据清人倪燦《宋史艺文志补》:"陈鉴《西汉文鉴》二十一卷,《东汉文鉴》十九卷。"③另据清人陆心源《皕宋楼藏书志》卷一百四十集部亦有:"《西汉文鉴》二十一卷,《东汉文鉴》二十卷。宋石壁野人陈鉴编。"④保守地讲,《东汉文鉴》至清代亦基本上得以保存,并不存在较大程度的散佚。当然,阮元在其《揅经室集·外集》中亦指出:"明人《百川书志》《千顷堂书目》《绛云楼书目》并载有宋陈鉴《西汉文鉴》《东汉文鉴》,而《东汉文鉴》误作十九卷。"⑤也就是说,二十卷与十九卷之别实系传抄之误而非散佚。且考诸史料,可知陈鉴《东汉文鉴》历代传承脉络清晰,似无散佚之可能。《皕宋楼藏书志》卷一百四十集部、《爱日精庐藏书志》卷三十五集部,皆全文转载了陈鉴《东汉文鉴》之序⑥,且该序文末有"端平甲午石壁野人建安陈鉴拜手稽首谨书。"⑦之语,可知陈鉴之《东汉文鉴》最早刊刻当不晚于南宋理宗端平元年(1234年)。据明人邵宝《容春堂集·前集》中《重刊两汉文鉴序》可知,至明前期重刊时是在宋本的基础上再做精校的⑧,然重刻时间并未交代。另据清人瞿镛《铁琴铜剑楼藏书目录》可知陈鉴《东汉文鉴》前有"宋刻巾箱本",而为瞿镛所见者正是明中叶

---

① 上海图书馆编:《中国丛书综录》,上海:上海古籍出版社1982年。
② 严灵峰:《周秦汉魏诸子知见书目》,台北:正中书局1978年。
③ 倪燦《宋史艺文志补》,清光绪广雅书局丛书本。
④ 陆心源《皕宋楼藏书志》卷一百四十,清光绪万卷楼藏本。
⑤ 阮元《揅经室集·外集》卷五,四部丛刊影印清道光本。
⑥ 张金吾《爱日精庐藏书志》卷三十五,清光绪十三年吴县灵芬阁集字版校印本。
⑦ 陆心源《皕宋楼藏书志》卷一百四十,清光绪万卷楼藏本。
⑧ 邵宝《容春堂集·前集》卷十四,文渊阁四库全书本。

重刻邵宝为之序者，且大体上指出刊刻时间为明中期略前的弘治年间①。此外瞿镛还指出《东汉文鉴》除"宋刻巾箱本""弘治间翻刻本"（以下简称"弘治本"）外尚有"至正间刻本"（以下简称"至正本"），"至正本"与"弘治本"基本上都是秉承"宋刻巾箱本"的体例，行款略有不同，"至正本"半页二十一行，每行二十一字②。现存宛委别藏本《东汉文鉴》半页九行，每行十八字③，显然不属于"至正本"一系。

陈鉴《东汉文鉴》以朝代直接提系作品而非作家，仲长统著述皆列于卷十九"献帝朝"条目之下，分为"昌言论""乐志论"和"述志论"三部分，其中"昌言论"部分包括《理乱》《损益》《法诫》三篇。由此可以看出，早在南宋时期陈鉴在编纂《东汉文鉴》时，虽然只是从史传中摘抄原文尚未开始辑录散佚文句的工作④，但是在对仲长统著述分类的问题上已经有颇为明确的认识了。在陈鉴看来，《理乱》《损益》《法诫》三篇属于《昌言》系统，而《乐志论》和《述志诗》则各自成篇独立于《昌言》之外，属于非《昌言》系统。

第二节　仲长统非《昌言》系统著述考论

一、《山阳先贤传》并非仲长统所作

行文至此，关于仲长统著述仍有很重要的一点有待辨明，即《山阳先贤传》究竟是否为仲长统所作？产生这一问题的缘起在于《旧唐书》和《新唐书》提供了两则全新的关于仲长统的著述信息。《旧唐书·经籍志上》有明确记载：

---

① 见瞿镛《铁琴铜剑楼藏书目录》卷二十三集部五，清光绪帝常熟瞿氏家塾刻本。
② 见瞿镛《铁琴铜剑楼藏书目录》卷二十三集部五，清光绪帝常熟瞿氏家塾刻本。
③ 见阮元辑《东汉文鉴》宛委别藏本，南京：江苏古籍出版社1988年版影印。
④ 关于这一点，《皕宋楼藏书志》和《爱日精庐藏书志》载录的陈鉴之序皆有明确交代，陈氏指出其编纂之文即摘抄史传之文，见陆心源《皕宋楼藏书志》卷一百四十，清光绪万卷楼藏本，以及张金吾《爱日精庐藏书志》卷三十五，清光绪十三年吴县灵芬阁集字版校印本。

"《兖州山阳先贤赞》一卷，仲长统撰"①。《新唐书·艺文志二》亦有同样记载："仲长统《山阳先贤传》一卷"②。按，仲长统卒于"献帝逊位之岁"——延康元年（220年），若仲长统确著有《山阳先贤传》，而其离世之后至《旧唐书》《新唐书》编修之前的诸多正史，请如《三国志》《晋书》《宋书》《南齐书》《梁书》《陈书》《魏书》《北齐书》《周书》《隋书》《南史》《北史》皆无载录，此种情况殊为可疑。然而鉴于《后汉书》《三国志》提供的史料可知仲长统籍贯为"山阳高平"，至此再反观《旧唐书》《新唐书》之记载加以常理推知，又颇有言之凿凿之感。郑樵《通志》亦从此说《山阳先贤传》一卷，仲长统撰"③。然而作家个人著述考定又不能仅以常理推之，并且《元和姓纂》中已经明确载录，《山阳先贤传》的作者是"长仲谷"而非仲长统。前人对此问题已经给出了自己的推理和判断。首先，对此问题提出疑问的是清人章宗源，章宗源在其所著的《隋经籍志考证·杂传》中指出：

《旧唐志》有仲长统《兖州山阳先贤赞》一卷，《新唐志》作《山阳先贤传》无"兖州"二字，据《元和姓纂》称晋太宰参军长仲谷著《山阳先贤传》。④

两种文献出现了明确的差异，于是章宗源似直接依据两种文献成书的先后直接认为"《唐志》仲长统撰误"⑤。章氏发现产生问题的文献差异，这是十分难得的，但仅仅以此就断定《唐志》为误则未免有失之武断之嫌。其后，清人姚

---

①《旧唐书·经籍志上》，北京：中华书局1975年，第2001页。
②《新唐书·艺文志二》，北京：中华书局1975年，第1479页。按，此处载录书名虽与《旧唐书·经籍志上》所录书名少"兖州"二字，但依常理推断当为一书不误。
③郑樵《通志·艺文略第三》，北京：中华书局1987年，第778页。另，承袭《山阳先贤传》为仲长统所作者有：（明）焦竑《国史经籍志》（明万历三十年刻本，见卷三"史类·传记条"），（清）侯康《补后汉书艺文志》（清光绪十七年广雅书局刻本，见卷三"杂传类"），（清）沈炳震《唐书合钞》（清嘉庆十八年海宁查世倓刻本，见卷七十三"杂传"）。
④章宗源《隋经籍志考证·杂传》，清光绪元年湖北崇文书局刻三十三种丛书本。
⑤章宗源《隋经籍志考证·杂传》，清光绪元年湖北崇文书局刻三十三种丛书本。佚名《唐书艺文志注》清藕香簃钞本，亦同于章氏推断，但却误将《山阳先贤传》与《兖州山阳先贤赞》辨为两书。

振宗便对章宗源的观点有所匡正,姚振宗分别在其所著的《后汉艺文志》和《隋书经籍志考证》中对这一问题给出了自己的分析:

  《唐书·经籍志》:"《兖州山阳先贤赞》一卷,仲长统撰。"《艺文志》:"仲长统《山阳先贤传》一卷。"章宗源《隋志考证》曰:"据《元和姓纂》称晋太宰参军长仲谷著《山阳先贤传》则《唐志》作仲长统误。"①

姚振宗认为:"郡国传记之书,大抵多后人以次注续不止一家,《两唐志》既明载其书未有确证不当直断其误。"②此外,姚振宗更在《隋书经籍志考证·史部·杂传类》指出作为章氏立论依据的《元和姓纂》存在问题:"按,此称长仲谷,据《姓纂》孙辑本之写误。"③进而否定了章宗源之观点,认为《山阳先贤传》与《兖州山阳先贤赞》实为一书,虽未下明确断语,但客观上间接地认为《山阳先贤传》确系仲长统所作。

  前人虽然都给出了推理和论断,但是从某种意义上来看尚属于主观思想较强的一种推理,而非基于客观文献史料的考证。以当下能够见到的以仲长统专人专书为研究对象的材料来看,并没有哪位学者对这一问题做出详细考证。台湾学者韩复智在其文章《仲长统研究》中直接基于《旧唐书》和《新唐书》提供的史料,将《山阳先贤传》归入仲长统的著述系统之内④,而并没有予以专章辨明。对于《山阳先贤传》究竟是否为仲长统所著,还需进行详细梳理与考证。

  《山阳先贤传》的作者,各种典籍已有不同的记录。主要分歧源于《旧唐书》和《新唐书》皆载录为仲长统著,而《元和姓纂》载录为长仲谷著。从成书时间上来看,《元和姓纂》成书于唐代,《旧唐书》成书于五代,《新唐书》成书于北宋,因此单纯从成书时间先后上来看,成书于唐代的《元和姓纂》似更有可能接触到全面且真实的史料。但《旧唐书》《新唐书》又皆官修史书,以一己之力与官家编修相较,则《元和姓纂》又不免相形见绌了。所以,成书时间的先后是无法用来确定《山阳先贤传》作者的。

---

① 姚振宗《后汉艺文志·郡国传记》卷二,民国刻适园丛书本。
② 姚振宗《后汉艺文志·郡国传记》卷二,民国刻适园丛书本。
③ 姚振宗《隋书经籍志考证·史部·杂传类》卷二十,民国铅印师石山房丛书本。
④ 韩复智:《仲长统研究》,《台湾大学历史学系学报》第8期,1981年12月,第56—57页。

其次,《山阳先贤传》的写作时间亦有颇多疑点。结合上文分析的结果,仲长统卒于汉献帝逊位之年——延康元年(220年),而其后历代诸多正史中皆不见关于《山阳先贤传》的著录,直至《旧唐书》《新唐书》编纂之时方才突然出现在史籍中,此为疑点之一。此外,《(光绪)顺天府志·人物志》"先贤"条开篇便对"先贤传"的来历做出简要交代:

> 魏明帝时撰《海内先贤传》,见于《旧唐志》。晋长仲谷撰《山阳先贤传》,见《元和姓纂》。嗣是厥后著述甚多,大抵追述里闬,景仰名德,遗言轶事,甄采靡遗,所以传前哲之风,规示后人以法式。①

这条史料提供了两点重要信息:其一,《山阳先贤传》为晋长仲谷所著;其二,《山阳先贤传》的编著并非个人纯然独立的行为,而是属于魏明帝时期编撰《海内先贤传》风潮中之一种,且属于编撰较早引领风潮者。如果我们将以上两条信息,尤其是第二条信息结合《旧唐书》和《新唐书》提供的相关著录信息便会发现,各地"先贤传"类著述亦大量存在,但通过对大量著录"先贤传"编撰者生活年代的分析,从较为严格的意义上讲,最早出现的该类著作当为魏明帝之《海内先贤传》②。其他各类以地域为名的"先贤传"的编纂时间基本上都不会早于这个时代。另外,验之正史《三国志》不难发现,尽管《三国志》中没有明确的记载这些以地域为名的"先贤传"究竟作于何时,但可以从《三国志》的文字中寻得些许端倪,《三国志》中出现各种以地域为名的"先贤传"共有20处,然而这20处却都出现在《三国志》的注文之中而非《三国志》的正文中。据史料可知,陈寿撰写《三国志》在三分归晋之时,而裴松之为《三国志》作注则在南朝刘宋之时,因此可以推知该类"先贤传"应当在陈寿撰写《三国志》之时尚不多见,至南朝之时方大量涌现。另外仅就《三国志》注文中所出现的"先贤传"为例,不过《楚国先贤传》《零陵先贤传》《汝南先贤传》三种,作者分别为晋张方、晋司马彪、晋周裴,可以推知此类著述不过是地方名人传记汇编,是在迎合两晋之时风靡于世的"名士风度"而作、为彰显个

---

① 张之洞《(光绪)顺天府志·人物志》卷九十一"先贤"条,清光绪十二年刻十五年重印本。

② 《旧唐书·经籍志上》,北京:中华书局1975年,第2000页。

人风度而写的，也就是说这种"先贤传"类的作品是两晋时代的产物。因此，活跃于建安年间、卒于"献帝逊位之岁"的仲长统，能够超越时代局限颇有先见之明地编撰《山阳先贤传》，这种可能性似乎不大。

综上，可以推定《山阳先贤传》并非仲长统所作。当然《元和姓纂》所载《山阳先贤传》作者为"长仲谷"，且"长仲谷"在史传中尚无踪迹未详其人，但亦不能因此便将《山阳先贤传》强行纳入仲长统名下。所以仲长统的著述中并不包括《山阳先贤传》，《旧唐书·经籍志上》与《新唐书·艺文志二》关于此条的著录皆误。

二、《乐志论》不属于《昌言》系统

至此可以对仲长统的著述进行全面的考察，《山阳先贤传》已不属于仲长统著述系统，仲长统的著述仍为前文分析的分为两大系统，即《昌言》系统与非《昌言》系统。那么仲长统的《乐志论》究竟是属于哪一系统呢？前人的态度并不一致，明胡维新《两京遗编》本《仲长统论》将《乐志论》独立于《昌言》系统之外；明梅鼎祚《历代文纪》辑录仲长统著述时，亦将《乐志论》独立于《昌言》系统之外；明末张运泰、余元熹《汉魏六十名家》辑录仲长统作品时直接将《乐志论》并入《昌言》系统之中；清严可均《全上古三代秦汉三国六朝文·全后汉文》同样将《乐志论》并入《昌言》系统之中。今人研究仲长统著述，基本上都以严可均辑本为主。所以，今人一般都将《乐志论》默认为《昌言》固有之篇目而不曾予以质疑，尤其是严可均《全后汉文》在将《乐志论》并入《昌言》还加有按语，故鲜有人再对此存疑了。行文至此，为辨明《乐志论》的归属问题，现将严可均按语摘引于此：

《本传》：统常以为凡游帝王者，欲以立身扬名耳，而名不常存，人生易灭，优游偃仰，可以自娱，欲卜居清旷，以乐其志，论之曰云云。据《文选·闲居赋》注引《昌言》曰："沟池自周，竹木自环。"今此有"沟池环匝，竹木周布"二语，知即三十四篇之一，疑在《自叙篇》，或当以"卜居"名篇。胡维新《两京遗编》题为《乐志论》，而出之《昌言》外,非也。①

严可均以《文选·闲居赋》注文将"沟池自周,竹木自环"的文献来源写作《昌言》,便以此逆推包含此句的《乐志论》亦属《昌言》范畴之内。严可均之论从此句入手,可谓引经据典颇为缜密,使后人坚信《乐志论》确系《昌言》之篇目。然而严氏之论似仍存有两个疑点:首先,严可均在参考文献时有"舍近求远"之嫌。关于仲长统个人生卒行年及其著述等信息皆保存在编纂于西晋初年的陈寿《三国志》正文和南朝刘宋时期的《三国志》裴松之注文中,以及编纂于南朝刘宋时期的范晔《后汉书》正文和唐朝初年的《后汉书》李贤注文中。从史料编纂的先后关系上来看,抛开《三国志》和《后汉书》不论而仅以唐朝初年稍早于李贤的李善注文便径直断定《乐志论》的归属问题,则未免失之武断了。验之《三国志·魏书·刘劭传》与《后汉书·仲长统列传》,两则史料对《乐志论》篇目归属问题皆只字未提,而李善将《乐志论》文中之句径直归为《昌言》之文,不知持此论断有何凭据。

其次,关于仲长统《昌言》收录作品的性质,《三国志》与《后汉书》皆有明确交代。《三国志·魏书·刘劭传》注有云:"统每论说古今世俗行事,发愤叹息,辄以为论,名曰《昌言》,凡二十四篇。"②同样,《后汉书·仲长统列传》亦有相似载录:"每论说古今及时俗行事,恒发愤叹息。因著论名曰《昌言》,凡三十四篇,十余万言。"③结合这两条相似的材料不难看出,仲长统的《昌言》不仅仅是简单意义上的个人著述作品合集,而是仲长统因仕途不畅而内心压抑,又目睹弊政丛生的现实,将个人不平之鸣的苦闷与抨击社会顽疾的激愤在一代狂生的滚烫热忱中,熔铸研磨成的一组音调清哳乃至尖锐的编钟石磬。从《理乱篇》到《损益篇》再到《法诫篇》,透射出来的对时代的绝望和抨击显而易见,包括从《群书治要》中辑录出的九段文字亦是秉承着这一恒定的情感基调的。然而反观《乐志论》则不难发现,那种忘却世俗醉心山水的恬淡释然之情,与现存《昌言》其他篇目的情感基调是完全相背离的。即便按严氏所述将《乐志论》理解为《昌言》的《自叙篇》,那么作为一部饱

---

① 严可均:《全后汉文》,北京:商务印书馆1999年,第904页。
② 陈寿:《三国志·魏书·刘劭传》,北京:中华书局1982年,第620页。
③ 范晔:《后汉书·仲长统列传》,北京:中华书局1965年,第1646页。

含愤慨和绝望之情的政论散文集,这篇清新自然的《自叙》似乎又显得那么格格不入。

最后,根据后章中对仲长统政论散文言说模式的分析,仲长统政论散文惯用的言说模式是"以事证理——以理验世"。① 也就是说,文章中包含有数量可观的论据材料,依据现在散佚的残篇断句只能断定仲长统对此事件的观点,若想依据这些残缺的信息"逆推"仲长统篇章的言说重点则几乎是不大现实的。因此,退一步讲,即便"沟池自周,竹木自环"一句确系出自《昌言》,也不能就以此推定该句所在篇章就一定是《乐志论》,况且在文字上与《乐志论》原文尚有些微差异。因此,综合以上分析可知严可均将《乐志论》并入《昌言》之中当为不妥,胡维新《两京遗编》和梅鼎祚《历代文纪》所采用的将《乐志论》独立于《昌言》系统之外的做法是比较审慎且值得肯定的,且早在南宋时期的陈鉴亦是这样划分的。

至此,可以对仲长统的著述问题做出总结。其一,《山阳先贤传》并非由仲长统所撰;其二,仲长统的著述分为《昌言》系统和非《昌言》系统两部分,且《乐志论》当属于非《昌言》系统;其三,后人对仲长统著述的评价,经历了一个由唐宋时期"子部之学"到明清时期"集部之学"的转变过程,在这一过程中仲长统著述(尤其是政论散文)抨击社会弊病的思想性渐渐弱化,而纵横恣肆饱含绝望愤慨之情的文学性日趋增强。

其实,以上总结的第三点亦是个人创作样式逐渐丰富、社会对作家认识日趋全面的产物。结合《三国志》和《后汉书》等现存史料不难看出,仲长统的著述,仅就性质本身而言,就已经属于"别集"而非"子书"了。从某种意义上讲,针砭时弊情感激愤的《昌言》自然应当属"子部"无疑。然而,仲长统在《昌言》之外亦有《乐志论》《答邓义社主难》《尹文子序》②和《见志诗》二首,或仍有其他诗文但最终不幸散佚没能得以保存。但这些著述首先在仲长统的时代,仅在规模篇制上就无法与"三十四篇,十余万言"的《昌言》相提并论。其次,仲长统离世后《三国志·魏书·刘劭传》注文中有明确记载:"袭撰统《昌言表》"也就是说,仲长统离世后,其好友缪袭首先向魏文帝推

---

① 关于该论断,在下文第五章中"言说模式"一节有专题论述。

② 按,严可均辑录《尹文子序》后有按语,经辨证后严氏认为此序系"后人妄改",当以严说为是,见严可均:《全后汉文》,北京:商务印书馆 1999 年,第 887 页。

举的是仲长统政论味道颇浓的《昌言》而非其他作品。因此，在后来的文献传承中仲长统的这部地地道道"子部之学"的《昌言》便逐渐成为了仲长统所有著述的代名词。因此，才会有后来李善为《文选·闲居赋》作注时将仲长统之言辞径直归入《昌言》范围之内。也许在李善使用材料之时，直接将仲长统"以乐其志"之文不假思索地视为《昌言》之属了。客观地讲，发生这种情况的可能性是极大的。另外需要注意的是，别集的兴盛肇自东汉末年，这一兴盛的背后是文人开始偏重展现个人才情，因此个人作品的种类日趋多样化，诗、赋、文、箴、碑等皆有涉猎，甚至对书法和绘画亦有心得，所以面对文人才情蓬勃发展的时代，传统的以单一政论散文连缀成集的"子书"形式，无论从文体上、还是从情感基调上自然都无法将一个人的所有作品全部涵盖进来。这一分析，又再次说明了一部以针砭时弊为主线的政论散文合集，无论从何种角度来看，都是无法"掺入"一片寄情山水乐享田园之文的。所以，从这个角度出发，便可以更好地解释为何后人对仲长统的著述存在由"子部"向"集部"的转移。自仲长统离世至唐宋之时，历代典籍都将仲长统著述中"纯而又纯"的"子部"文献——《昌言》作为传承对象，而对其他著述并未给予太多关注，因此这一时段可以称为《昌言》流传的时代。当然，由于《昌言》作品本身或包含有不为主流意识形态所接受的离经叛道思想，因而在流传过程中常遭"删削"以致到明清时期十余万言所剩不过十之一二。这种长久"删削"的结果使得《昌言》日渐支离破碎，无论从体系上还是从篇制上都太过"单薄"，而与仲长统同时代乃至其后的诸多人士的作品又大多以"别集"形式存在，于是明朝嘉、万时期的学人便开始了为仲长统整理别集的努力。胡维新《两京遗编》本《仲长统论》虽冠之以"论"，实则已与别集无异。而后继踵者虽然在篇目的归类上出现了分歧，但大体上都是在丰富仲长统别集的方向上做着整理、辑佚的努力，直至严可均《全后汉文》的出现，方才为这一方面的工作画上了较为圆满的句号。在此过程中，作为传统"子部"文献的《昌言》被迫与其他"集部"之作整合在一起，加之《昌言》中的文章除针砭时弊外，其饱满的情感、绝望的心态、犀利的笔触又与其同时代的"子部"文章有着迥异的气格，所以仲长统的著述便逐渐地成为了汉末别集中的一抹亮色了。

第四章　仲长统的社会改革思想

第一节　仲长统"抑兼并"思想论析

土地兼并问题一直伴随着东汉王朝的始终。仲长统在《昌言》中对这一关乎东汉王朝兴衰的社会症结给出了自己独到的见解。其"抑兼并"思想主要体现在《昌言》之《损益篇》的相关论说之中。

> 井田之变，豪人货殖，馆舍布于州郡，田亩连于方国。身无半通青纶之命，而窃三辰龙章之服；不为编户一伍之长，而有千室名邑之役。荣乐过于封君，势力侔于守令，财赂自营，犯法不坐。刺客死士，为之投命。致使弱力少智之子，被穿帷败，寄死不敛，冤枉穷困，不敢自理。虽亦由网禁疏阔，盖分田无限使之然也。今欲张太平之纪纲，立至化之基趾，齐民财之丰寡，正风欲之奢俭，非井田实莫由也。此变有所败，而宜复者也。①

> 今者土广民稀，中地未垦；虽然，犹当限以大家，勿令过制。其地有草者，尽曰官田，力堪农事，乃听受之。若听其自取，后必为奸也。②

基于这两则材料，尤其是第一则，很多人会自然而然地认为仲长统解决土地兼

---

① 严可均：《全后汉文》，北京：商务印书馆1999年，第891–892页。
② 严可均：《全后汉文》，北京：商务印书馆1999年，第892页。

并问题的方法只是想简单地回到"井田"制度而已。但我们在研读材料时有必要对该类材料所侧重的不同方面作细致区分。在仲长统看来，自从"井田"制度遭到破坏以来，地方豪强大肆兼并土地的行为就已开始，而消除"兼并"最理想的方法莫过于重新回归"井田"制度了。但仅仅基于此便径直认为仲长统想通过提倡"井田"制度来解决长久困扰东汉王朝的土地兼并问题，未免有失严谨。须知，仲长统对此问题的另一段评论则是实实在在地立足当下世事，并从操作层面提出了具体的解决办法，期望通过这种"限夫田"的策略来达到"断兼并"的最终目的。所以，我们应当对仲长统的"抑兼并"策略有较为直接的认识：

>这种办法不是什么"井田制"，而同崔寔所提出的办法一样，乃是一种"均田制"或"限田制"。①

然而，这种理解也只是相对准确地阐明了仲长统"抑兼并"的现实操作方法，而并不能完全等价于仲长统的"抑兼并"思想。回归原典，从仲长统的《损益篇》出发，不难看出上述两则"抑兼并"之文各有侧重。上一则，仲长统以"井田制"的破坏为根据，极言这种变动带来的土地兼并严重、贫富分化悬殊等不良社会影响，从而再次突出"井田制"的完美。下一则，仲长统面对亲身所处的当下现实，提出通过"限以大家"和"官田授民"的双重策略来抑制土地兼并。结合以上这两则分析和原典材料可以得出四点结论：一，仲长统推崇"井田制"，并坚持认为"井田制"是解决土地兼并问题的不二选择；二，仲长统对其所处时代的土地兼并问题提出的解决方法是"限以大家"和"官田授民"；三，仲长统推崇的制度和现实中制定的策略是完全不同的；四，仲长统提出解决现实土地兼并问题的客观社会背景是"土广民稀"，即历经战乱之后当时的土地兼并状况已经算不上东汉历史上最为严重的时期，社会上出现了大量抛荒的耕地，在客观上有推行井田制度的可能。

综合这四点，我们可以注意到仲长统"抑兼并"思想中的一个内在的"倒退"。在纯粹地纵论古今土地制度高下时首推"井田制"，而面对其自身所处

---

① 刘文英：《王符评传》，南京：南京大学出版社1993年，第313页。

的当下时代，仲长统却并未将其赞颂不已的"井田制"作为应对策略，而是仅仅搬出"限以大家"和"官田授民"等相对宽缓的手段。并且需要注意的是，这一时代仲长统所见的北方各州郡的土地兼并程度，经过了东汉末年的多次兵乱，已经远不及东汉王朝土地兼并最严重的时期了，甚至还出现了"土广人稀"的局面。因此，仲长统的"井田"构想，"虽然有这种主张，但并未提出复井田的方案"①，而是提出了限田的种种策略。这种言说前后的差异，不能不说是一种"倒退"。然而，只有体会到了这种"倒退"才会对仲长统的"抑兼并"思想有全面的认识。所谓仲长统的"抑兼并"思想，并不是简单而盲目地推崇"井田古制"，即便在土地兼并已经相对缓和的建安年间，仲长统的策略仍是较为客观地基于现实条件，进而制定出相对"倒退"但较为切实可行的方法。至此，可以从这种"坚信"与"倒退"中体会到仲长统的"抑兼并"思想其实是一个兼顾"理想"与"现实"的有机统一体。推崇"井田制"而不流于迷信，推行"限田"而不沦为短浅。不过，这些仍不是仲长统"抑兼并"思想的全部，其他部分会在后文中做详细说明。这种二者兼顾的方法究竟对解决土地兼并问题能起到多大作用，以及造成东汉土地兼并问题的深刻根源究竟是什么？对于这些问题，也会在后文中作专章论述，此节仅从思想上进行分析和梳理。为了更好地理解仲长统"抑兼并"思想在两汉乃至汉魏的特殊地位，我们可以将两汉以来"抑兼并"的诸家之论纵向铺排开来，细致地探查"抑兼并"思想发展演进的脉络。

西汉武帝朝，处于西汉历史上第一次大规模土地兼并浪潮之初的董仲舒提出"限民名田"之说：

古者税民不过什一，其求易共；使民不过三日，其力易足。民财内足以养老尽孝，外足以事上共税，下足以畜妻子极爱，故民说从上。至秦则不然，用商鞅之法，改帝王之制，除井田，民得卖买，富者田连仟伯，贫者亡立锥之地。又颛川泽之利，管山林之饶，荒淫越制，逾侈以相高；邑有人君之尊，里有公侯之富，小民安得不困？又加月为更卒，已复为正，一岁屯戍，一岁力役，三十倍于古；田租口赋，盐铁之利，二十倍

---

① 赖建诚：《井田辨：诸说辩驳》，台北：学生书局2012年，第126页。

于古。或耕豪民之田，见税什五。故贫民常衣牛马之衣，而食犬彘之食。重以贪暴之吏，刑戮妄加，民愁亡聊，亡逃山林，转为盗贼，赭衣半道，断狱岁以千万数。汉兴，循而未改，古井田法虽难卒行，宜少近古，限民名田，以澹不足，塞并兼之路。①

西汉中后期，处于西汉历史上第二次大规模土地兼并中期的师丹也提出"限民田奴婢"之论：

> 古之圣王莫不设井田，然后治乃可平。孝文皇帝承亡周乱秦兵革之后，天下空虚，故务劝农桑，帅以节俭。民始充实，未有并兼之害，故不为民田及奴婢为限。今累世承平，豪富吏民赀数钜万，而贫弱愈困。盖君子为政，贵因循而重改作，然所以有改者，将以救急也。亦未可详，宜略为限。②

至西汉末，处于西汉历史上第二次大规模土地兼并晚期的王莽亦有"限田禁奴婢"之论：

> 古者，设庐井八家，一夫一妇田百亩，什一而税，则国给民富而颂声作。此唐虞之道，三代所遵行也。秦为无道，厚赋税以自供奉，罢民力以极欲，坏圣制，废井田，是以兼并起，贪鄙生，强者规田以千数，弱者曾无立锥之居。又置奴婢之市，与牛马同阑，制于民臣，颛断其命。奸虐之人因缘为利，至略卖人妻子，逆天心，悖人伦，缪于"天地之性人为贵"之义。《书》曰"予则孥戮汝"，唯不用命者，然后被此辜矣。汉氏减轻田租，三十而税一，常有更赋，罢癃咸出，而豪民侵陵，分田劫假。厥名三十税一，实什税五也。父子夫妇终年耕耘，所得不足以自存。故富者犬马余菽粟，骄而为邪；贫者不厌糟糠，穷而为奸。俱陷于辜，刑用不错。予前在大麓，始令天下公田口井时则有嘉禾之祥，遭反

---

① 严可均：《全汉文》，北京：商务印书馆1999年，第238页。
② 严可均：《全汉文》，北京：商务印书馆1999年，第491页。

虏逆贼且止。今更名天下田曰"王田",奴婢曰"私属",皆不得卖买,其男口不盈八,而田过一井者,分余田予九族邻里乡党。故无田,今当受田者,如制度。敢有非井田圣制,无法惑众者,投诸四裔,以御魑魅,如皇始祖考虞帝故事。①

从以上三则西汉时期主要讨论井田制度的材料,可以发现两个问题:其一,大肆称颂"井田制"实则都是为推行"限田制"而鸣锣开道的;其二,在谈及"井田"问题时往往将"什一而税"与之紧密联系。

细细品读此三人的言说就会发现,作为西汉武帝时期的董仲舒虽大力向武帝兜售"独尊儒术"理念,然而自身在面对民间土地兼并严重、小民大量破产、国用累年不济的情况下,还是从现实的层面出发,分别从"国"和"民"的"收入"与"支出"问题上进行较为切合实际的分析和思考。董仲舒虽然是以"井田制"作为"限民名田"的根据,但该篇言说实际上是针对汉代税赋制度作为发端的,故开篇直言"古者税民不过什一,其求易共;使民不过三日,其力易足"②其文章借秦朝繁重的税赋和徭役所带来的恶果,进而委婉地指出西汉政权在税收和徭役制度方面存在的严重问题。在这段论说中,虽然说董仲舒对秦代商鞅"除井田"的做法主观上持反对态度,但亦不能否认董仲舒在面对这一重大历史变革时,尽管在情感上存在着种种不满,但还是在客观上持接受态度的。这种复杂的情感可以从文中隐晦地察觉到。在董仲舒看来,"井田制"的破坏固然导致了土地兼并的开启,但也只是发出了"小民安得不困"的追问。然而,在此种境况下更为雪上加霜的是繁重徭役的接踵而至——"又加月为更卒,已复为正,一岁屯戍,一岁力役,三十倍于古;田租口赋,盐铁之利,二十倍于古"③。种种繁苛重敛的一再压榨下,最终使早已困窘不堪的贫病小民陷入"常衣牛马之衣,而食犬彘之食"的悲惨境地,乃至为生计去铤而走险。在论述中,董仲舒偏重对西汉徭役之重的揭露。另外,董仲舒并未对如何恢复"井田"制度提出任何具有操作性的主张,只是泛泛地说当"限民名田"而已。

至西汉中后期,尽管儒家思想已经完全居于统治地位,头脑中充斥儒家

---

① 严可均:《全汉文》,北京:商务印书馆 1999 年,第 607–608 页。
② 严可均:《全汉文》,北京:商务印书馆 1999 年,第 238 页。
③ 严可均:《全汉文》,北京:商务印书馆 1999 年,第 238 页。

理想的为政者们，在应对社会现实问题上常常会脱离实际。但从师丹的话可以明确地体会到，纵然师丹面对土地兼并问题也在大力鼓吹"井田"制度的优越，但在操作层面更是毫无建树，只以一句单薄的"亦未可详，宜略为限"作为结语，实则既无解决之办法又乏坚决之态度，"宜略为限"四字终篇是何其苍白无力。不过，在大体上其思想仍属于"限田"的范畴。至西汉末期，儒家思想被推到了空前的地位。王莽"限田禁奴婢"之论，纵然也极力赞颂圣王古制，但与此同时也和董仲舒一样，看到了导致小民贫困的直接原因——"汉氏减轻田租，三十而税一，常有更赋，罢癃咸出，而豪民侵陵，分田劫假。厥名三十税一，实什税五也。""罢癃咸出"颜师古注引晋灼曰"虽老病者，皆复出口算"①。即汉代的田租"三十而税一"固然优于三代，但更赋之重常常使底层小民挣扎在破产的边缘线上。并且，王莽在言说中较董仲舒更为直接地指出了西汉之"赋"即"算"，也就是"人头税"的严酷。这可以说明，至西汉末期已经有人开始关注到算赋制度对小民的巨大危害了，这一问题会在后章讨论仲长统赋税思想时作详细论述。在言说中，王莽偏重对西汉"更赋"苛重的揭露。另外，王莽在对待现实层面的土地兼并问题时，则拿出了较为具体且相当强硬的措施：

> 今更名天下田曰"王田"，奴婢曰"私属"，皆不得卖买，其男口不盈八，而田过一井者，分余田予九族邻里乡党。故无田，今当受田者，如制度。敢有非井田圣制，无法惑众者，投诸四裔，以御魑魅，如皇始祖考虞帝故事。②

在王莽看来，土地的最终所有者是国家，因而否定了土地的私有制度以及基于这一制度而产生的土地自由交易的权利，并在此基础上严格控制个人拥有的土地面积。对不足者授田，对过制者则毫不留情地"分余田予九族邻里乡党"。与董仲舒和师丹的言说不同，王莽依托于他的地位使其思想得以全面推广。然而，据《王莽传》可知这种理想化的田制改革（以及其他一系列的制度改革）

---

① 班固：《汉书》，北京：中华书局1962年，第1144页。
② 严可均：《全汉文》，北京：商务印书馆1999年，第607-608页。

的推行对社会经济造成了严重的危害。最终王莽不得不"下诏诸食王田及私属皆得卖买，勿拘以法。"① 王莽之所以做出如此重大的让步，从文献记录的前因后果来看是因为听取了中郎区博的谏言：

> 井田虽圣王法，其废久矣。周道既衰，而民不从。秦知顺民之心，可以获大利也，故灭庐井而置阡陌，遂王诸夏，讫今海内未厌其敝。今欲违民心，追复千载绝迹，虽尧舜复起，而无百年之渐，弗能行也。天下初定，万民新附，诚未可施行。②

从区博的言说中可以看出，纵然井田是圣王古制，但时过境迁这种制度已经不再适用于社会的发展。因此，从王莽推行"井田"遭到社会的强烈不满以及区博的建议可知：一则，随着社会的发展，井田制度已经不再适用于现实社会的生产和生活；二则，即使在儒家思想高涨的西汉末年，还是有一定数量的士人能够清醒地认识到这种理想制度与现实社会的"脱节"。退一步讲，即使大多数士人尚未认识到这一点，推行井田制度给社会经济生活造成的不便，以及对大土地所有者造成的损害则是显而易见的。最终种种激进的举动最终将新莽政权推向了灭亡。因此，中兴伊始光武便将井田等新莽之政一概废除。直至东汉中期，土地兼并再次成为困扰东汉社会的重大问题。

东汉一代的士人对井田制度亦有自己的态度。荀悦在《汉纪》中表达了自己的看法：

> 古者什一而税，以为天下之中正也。今汉民或百一而税，可谓鲜矣，然豪强富人，占田逾侈，输其赋太半，官收百一之税，民收太半之赋，官家之惠优于三代，豪强之暴酷于亡秦，是上惠不通，威福分于豪强也。今不正其本，而务除租税，适足以资富强。夫土地者，天下之本也，春秋之义，诸侯不得专封，大夫不得专地，今豪民占田，或至数百千顷，富过王侯，是自专封也；买卖由己，是自专地也。孝武时，董仲舒尝言

---

① 班固：《汉书·食货志上》，北京：中华书局1962年，第1144页。
② 班固：《汉书·王莽传中》，北京：中华书局1962年，第4129–4130页。

> 宜限民占田；至哀帝时，乃限民占田，不得过三十顷，虽有其制，卒不得施行。然三十顷有不平矣，且夫井田之制，宜于民众之时，地广民稀，勿为可也。然欲废之于寡，立之于众，土地既富，列在豪强，卒而规之，并有怨心，则生纷乱，制度难行。由是观之，若高帝初定天下，及光武中兴之后，民人稀少，立之易矣。就未悉备井田之法，宜以口数占田，为立科限，民得耕种，不得买卖，以赡民弱，以防兼并，且为制度张本，不亦宜乎！虽古今异制，损益随时，然纪纲大略，其致一也。①

荀悦对土地兼并问题还是有较为全面的认识。首先，荀悦洞察到了汉代土地兼并问题中的一个悖谬的现象，即国家越是降低租税而耕种豪强之田的小民被剥削的程度反而越是严重。而造成这种"悖谬"的原因就是豪强的存在。然而，豪强究竟是如何在国家和小民之间肆意牟取暴利盘剥小民的，荀悦并未言及。荀悦较西汉的董仲舒、师丹、王莽的深刻之处在于其洞察到了井田制度得以推行的现实条件必须是"地广民稀"。但现实却往往是地广民稀时不懂得推行井田，最终到了地狭人众土地兼并问题已经相当严重的时候才想起了井田制度。因此，"他悲叹汉高祖和汉光武帝在（他们有这个能力）的立国之初缺乏一种确立土地政策的良好意识。"②然而荀悦的这种悲叹也恰恰反映了他陷入单纯逻辑推理的"死循环"而忽视了社会现实层面的问题。他预先设定了井田制度是一种社会地广人稀时理所应当推行的土地制度，因此才会对高祖、光武在开国之初因缺乏远见卓识未予推行而大加悲叹。但是，根据基本常识我们可以推知，两汉开国无论是出身草莽的汉高祖，还是颇晓经典的光武帝都未曾"授田"，这并不是因为统治者的见识问题，而是因为社会饱经战乱、人口锐减，出现了大量的闲置土地，此时乃是听任民力发展之时，民间既无限田之需要、国家亦无授田之必要。

其次，荀悦虽身处东汉末年，相去王莽败亡已百年有余。但荀悦对于王莽当年因强制推行井田等改革措施而触动豪强利益，以致最终难逃覆灭的事实亦有深刻领会——"卒而规之，并有怨心，则生纷乱"十二个字明确地道出了

---

① 荀悦撰，张烈点校：《汉纪·孝文皇帝纪下》，北京：中华书局2002年，第114-115页。
② 陈启云著，高专诚译：《荀悦与中古儒学》，沈阳：辽宁大学出版社2000年，第226页。

解决土地兼并问题所必须要面对的重重阻力和风险。有鉴于西汉灭亡的深刻教训，这一层面的认识自然是前汉士人所不及的。当然也正是因为荀悦认识到了这一点，且亲身经历了东汉王朝的衰败，于是其态度又产生了些许的变化。从《汉纪·孝文皇帝纪下》荀悦的言说中，不难察觉出在东汉末年士人们的意识中，儒家圣制的影响还是相当深刻的。然而，当荀悦的这种对儒家圣制的理想被残酷现实击碎时，他便不再迷信什么井田圣制了。荀悦《申鉴》中的相关言说明确地体现了其思想的深刻转变：

> 诸侯不专封。富人名田逾限，富过公侯，是自封也。大夫不专地，人买卖由己，是专地也。或曰："复井田与？"曰："否。专地非古也，井田非今也。""然则如之何？"曰："耕而勿有，以俟制度可也。"①

然而，这种转变也只是让荀悦不再相信井田制度是疗救土地兼并的不二法门，却并未启发荀悦进而得出更为有效的措施。在制定政策上，荀悦反而回到了王莽的层级上。王莽将天下田地一律名为"王田"不得买卖。荀悦承袭王莽的路数，提出"耕而勿有"这一政策，实则就是"修饰性"地剥夺了土地所有权，进而取消了基于此产生的土地私有制，以及在此制度下的土地自由买卖。而"以俟制度可也"则是面对东汉自开国以来豪强大族林立的现实，而不得不暂时做出的妥协，以期将来能产生更强有力的政权来推行其政策。而这种未明言的政策，以荀悦的言辞推测，应该还是"限田"——即在规定田地收归国有不得买卖的前提下，限制每人耕地面积，多者损之、少者益之。荀悦之所以未予明言，应该还是远悼王莽之败、近慑豪强之威。总体而言，掌握了足够多的"前车之鉴"并对当下豪强林立局势有清楚认识的荀悦，在对待井田问题上，有了较为客观且冷静的态度。在荀悦看来，井田虽是"圣制"，但宜古不宜今，并且有其特殊的推行条件（地广人稀），所以想借助井田来解决当下的土地兼并问题是不现实的。那么，如何解决愈演愈烈的土地兼并问题呢？荀悦并没有拿出什么新的办法。因为，荀悦懂得要尽可能地避免触及豪强的既得利益，

---

① 荀悦撰，黄省曾注，孙启治校补：《申鉴注校补·时事》，北京：中华书局2012年，第78页。

其解决土地兼并问题的方案可以看做是王莽方案的"改良版"。这种"改良"并不是真正意义上的改进和完善，而是慑于豪强威势进而注重对豪强群体既得利益的承认。纵观荀悦之论，小心翼翼的说辞中透露着几分无奈和绝望。

时间上略晚于荀悦的司马朗，对土地兼并问题有着不同的见解：

> 又以为宜复井田。任者以民各有累世之业，难中夺之，是以至今。今承大乱之后，民人分散，土业无主，皆为公田，宜及此时复之。议虽未施行，然州郡领兵，朗本意也。①

司马朗所处的时代略晚于荀悦，但亦有重合的部分，据《三国志·魏书·司马朗传》载录之文：

> （司马朗）迁元城令，入为丞相主簿。朗以为天下土崩之势，由秦灭五等之制，而郡国无蒐狩习战之备故也。今虽五等未可复行，可令州郡并置兵，外备四夷，内威不轨，于策为长。又以为宜复井田。往者以民各有累世之业，难中夺之，是以至今。②

据此可知，司马朗进言宜复井田当为其"入为丞相主簿"之后。虽然具体时间无从确定，但大体上可以依据曹操行年稍加廓清。建安以来曹操先后出任了司空和丞相，曹操出任司空的时间是建安元年（196年），③出任丞相的时间则是建安十三年（208年）。④因此，可以判断司马朗"入为丞相主簿"当不早于建安十三年（208年）夏，而进言复井田之事更不会早于这个时间。值得注意的是，建安十三年（208年）后的北方已经为曹操所统一。在此过程中，人

---

① 陈寿：《三国志·魏书·司马朗传》，北京：中华书局1982年，第467-468页。
② 陈寿：《三国志·魏书·司马朗传》，北京：中华书局1982年，第467页。
③ 陈寿：《三国志·魏书·武帝纪》卷一有"天子拜公司空"之语，见陈寿：《三国志·魏书·武帝纪》，北京：中华书局1982年，第14页。
④ 陈寿：《三国志·魏书·武帝纪》卷一有"（建安十三年）汉罢三公官，置丞相、御史大夫。夏，六月，以公为丞相。"之语，见陈寿：《三国志·魏书·武帝纪》，北京：中华书局1982年，第30页。

口总量因连年战争而大量减少，^①耕地总面积虽然也会因荒置而有一定程度的衰减，但相对所剩的人口则大大增加。大乱之后，土地出现了大量荒置现象，客观上具备了推行井田的基本条件，所以司马朗才会直言不讳地力主恢复井田制度。虽然司马朗的态度要比荀悦更为激进且坚决，但在本质上司马朗和荀悦都并未触及豪强的既得利益。司马朗事实上承认了豪强的既得利益，他所推行的井田制度也只是在无主之田上推行，而如何处理豪民之田呢？司马朗则只字未提！这样便可以透彻地看出司马朗井田之政的特色。司马朗只是在王莽和荀悦的基础上，对"公田"的概念给予了巧妙的诠释——无主之田即为公田。这样一来，强宗豪族既有之田便因不在公田之列而得到了"默许"，换而言之也就是事实层面上的承认和保护。所以，司马朗的井田政策其实是以承认和保护豪强既得利益为前提的，看似比荀悦激进，实则更为稳妥。另外，司马朗的井田之政虽未有限田之名，但实则已有限田之实，尤其是在限制豪强上。无主之田即为公田，那么豪强大家再欲侵吞公田则断然不可。所以，在承认和保护了豪强既得利益的同时，确有限制豪强进一步吞并其他土地的举措，故而有限田之实。

至此，两汉以来借助井田来解决土地兼并问题的各种言说已经梳理分析完毕，各家的思想可以用表格的形式简明地展示出来：

	是否肯定井田圣制	是否认为井田制度适用于当下	是否遵照井田制度而制定政策	是否限田	对公田概念的界定	是否禁止土地买卖	是否直接影响豪强利益	所处时代人口数量增减情况
董仲舒	是	否	否	是	无	部分禁止	否	增加
师丹	是	否	否	略微限制	无	部分禁止	否	增加
王莽	是	是	是	是	天下之田	全部禁止	是	增加

---

① 袁祖亮主编，袁延胜著：《中国人口通史·东汉卷》，北京：人民出版社2007年，第31–38页。有专章论述，自灵帝黄巾起义以来人口开始大量减少，并在第32页指出"在汉魏之际又降到了历史上的一个低谷"。

续表

	是否肯定井田圣制	是否认为井田制度适用于当下	是否遵照井田制度而制定政策	是否限田	对公田概念的界定	是否禁止土地买卖	是否直接影响豪强利益	所处时代人口数量增减情况
荀悦	是	否	否	适当限制	天下之田	全部禁止	否	减少
司马朗	是	无主之田适用	否	局部限制	无主之田	全部禁止	否	大量减少
仲长统	是	无主之田适用	否	局部限制	无主之田	全部禁止	否	大量减少

综合以上信息，再回过头来反观仲长统的抑兼并之策：

> 今者土广民稀，中地未垦；虽然，犹当限以大家，勿令过制。其地有草者，尽曰官田，力堪农事，乃听受之。若听其自取，后必为奸也。①

结合仲长统《昌言·损益篇》中大段赞颂井田制度的论说，可以体会到仲长统的抑兼并思想并不能简单地等同于井田思想。因为仲长统的核心观点并不是径直回到"井田"制度，而是在高扬"井田"旗帜的同时去推行他的"限田"方案。综合上表，可以看出仲长统抑兼并思想产生的历史脉络。首先，从西汉初年的董仲舒至东汉末年的仲长统，都不曾怀疑井田作为一种制度的经典性和神圣性。然而除去醉心儒家圣制的王莽，其他人都清楚地认识到这种圣王古制因为去古已远实难再行之于当下之世。因此，除王莽外的其他人在制定政策时，都未遵照井田制度，而是采取了更具可行性的限田方案。其次，对于如何制定限田政策的问题，从董仲舒至仲长统也存在一个政策从无到有、方法从激进到稳妥的演进过程。最为明显的便是对公田概念的重新诠释。王莽为推行其土地改革，率先引入公田之说，将天下之田全部名为"公田"不得买卖且严加限制。这一政策极大地触动了豪强大族的根本利益，最终导致了新莽政权的崩溃。东

---

① 严可均：《全后汉文》，北京：商务印书馆1999年，第894页。

汉荀悦早期的思想颇类王莽之论，而后期由于对东汉社会有了较为深刻的认识便改持"耕而勿有"之论了。实则是荀悦有感于当时社会豪强林立、皇权不振，故而在《申鉴》中仅言"耕而勿有，以俟制度可也"，并不想与豪强作正面冲突，故而展现出一种态度上的妥协。然而尽管荀悦做出了这样的妥协，但还是会在很大程度上触及豪强的利益。因为，一旦宣布天下之田皆为公田，那么豪族既有之田的所有权就会丧失，进而其私有土地便会因宣布的诸多限制条款而受到裁抑。所以，荀悦的政策还是会直接触及豪强的既得利益。而司马朗和仲长统，在处理公田的问题上则要巧妙得多。他们都对公田概念做出了灵活的诠释。司马朗和仲长统所推行的限田，是一种"部分限田"或者"局部限田"（下文统称为"局部限田"）。虽然师丹曾经提到过要"宜略为限"，但这种"略"究竟要如何略？略到何种程度？这些尺度都很难把握，并且史实已经证明，只要有"限"就会有打破这种"限"的人。[①]司马朗和仲长统吸收前人经验，最终将"限田"改进成了"局部限田"。这种"局部限田"，实际上是将当世所有土地划分为两部分，一部分为"有主之田"，在此姑且称之为"私田"，其他则为"无主之田"即司马朗、仲长统所谓的"公田"，所谓"有主之田"，即为人所占有的田地。东汉末年至魏晋之际战乱不断，百姓多流离失所，此时尚能占有土地者则多为强宗豪族，所以"私田"近乎可以等同于豪强之田。"局部限田"是将无主之田收为公田后，再将公田依照一定的配额授与无地之民。小民手中有的只是土地的使用权而没有所有权，因此也就无法完成土地的自由交易了，进而抑制了土地的再次兼并。虽然这种策略仍然被冠之以"限田"之名，但是这种"限田"已不再等同于董仲舒、师丹以及荀悦的限田思想。从上表中可以清晰地看到，董仲舒、师丹和荀悦早期的限田思想都是针对天下全部之田的，即向贫而无田者授田，又为富连阡陌者设限，若富者田产超出规制则理当予以褫夺。而在司马朗和仲长统的"局部限田"策略中，虽未见诸明文但实则已经承认且尽最大可能不触及豪强的既得利益。也就是说，是在承认乃至保护豪强既得利益的同时，在无主之田上推行井田之制。之所以仲长统的"局部限田"政策要如此千方百计地避免触及豪强的既得利益，是因为豪强的

[①] 班固《汉书·食货志上》卷二十四上有"丁、傅用事，董贤隆贵，皆不便也。诏书且须后，遂寝不行。"之语，见班固：《汉书·食货志上》，北京：中华书局1962年，第1143页。

势力在两汉"特别是东汉时期，豪族在乡村的统治得到长足的发展。"①而这种豪强势力的发展势必会直接影响到中央政权的稳定。这种地方豪强与中央政权的对立，并非在汉魏之际才凸显出来，而是在西汉末年就已经显露无遗。余英时就曾经深刻地指出："从王莽政权的崩溃至东汉政权的建立这一期间，士族大姓的势力表现得更为显著。我们对这一期间的剧烈政治变迁加以分析，便可以看出东汉政权与士族大姓之间的关系如何密切，而王莽失败的根本原因亦可因之而益明。"②两汉之际全国各地起兵领袖近乎都是各地豪强。③也就是说，西汉末年全国各地的豪强们造了王莽的反，几经征战后归附了同样是豪强出身的光武帝刘秀。质而论之，东汉开国情况已经较西汉有颇多不同，建立东汉政权的是一群豪强而不再是什么莽夫。至少西汉开国至武帝年间有近百年的漫长时间是用来摧抑旧贵族和成就新豪强的，而东汉开国便需要面对普天之下豪强林立的局面。这两种迥异的开国局面，预示着两种完全不同的豪强兼并速率。在土地兼并过程中，豪强阶层的普遍存在就好比一种"加速度"的最终形成，西汉的土地兼并是在这种"加速度"逐渐增大的过程中渐次实现的；而东汉开国之时，这种兼并土地的"加速度"已经形成，若不加限制便会像脱缰野马一般迅速吞并其辐射范围之内的所有土地。光武帝深知其中利害，故有意彻查全国范围内的户数、人口构成以及各户土地占有情况——度田。光武帝曾于建武十五年（39年）下诏：

> 诏下州郡检核垦田顷亩及户口年纪，又考实二千石长吏阿枉不平者。④

翌年，也就是建武十六年（40年）一批"度田不实"的官员旋即被重办：

---

① （日）川胜义雄著，徐谷芃，李济沧译：《六朝贵族制社会研究》，上海：上海古籍出版社2007年，第57页。

② 余英时：《士与中国文化》，上海：上海人民出版社2003年，第207页。

③ 余英时指出："两汉更替之际的群雄并起，乃是全国性的，当时中国境内无处没有豪杰聚众起兵之事。"见余英时：《士与中国文化》，上海：上海人民出版社2003年，第215页。

④ 范晔：《后汉书·光武帝纪下》，北京：中华书局1965年，第66页。

> 秋九月，河南尹张伋及诸郡守十余人，坐度田不实，皆下狱死。①

然而，光武帝的这种彻查人口、土地的强硬措施遭到了地方豪强的极大反对，甚至引发了全国性的暴乱：

> （建武十六年）郡国大姓及兵长、群盗处处并起，攻劫在所，害杀长吏。郡县追讨，到则解散，去复屯结。青、徐、幽、冀四州尤甚。冬十月，遣使者下郡国，听群盗自相纠擿，五人共斩一人者，除其罪。吏虽逗留回避故纵者，皆勿问，听以禽讨为效；其牧守令长坐界内盗贼而不收捕者，又以畏懦捐城委守者，皆不以为负，但取获贼多少为殿最；唯蔽匿者乃罪之。于是更相追捕，贼并解散。徙其魁帅于它郡，赋田受禀，使安生业。自是牛马放牧，邑门不闭。②

此外，这种来自地方的强硬抵抗并非全部以豪族大姓为主，有些地方则以"小民"为主：

> 是时，天下垦田多不以实，又户口年纪互有增减。十五年，诏下州郡检核其事，而刺史太守多不平均，或优饶豪右，侵刻羸弱，百姓嗟怨，遮道号呼。时诸郡各遣使奏事，帝见陈留吏牍上有书，视之，云"颍川、弘农可问，河南、南阳不可问。"帝诘吏由趣，吏不肯服，抵言于长寿街上得之。帝怒。时显宗为东海公，年十二，在幄后言曰："吏受郡敕，当欲以垦田相方耳。"帝曰："即如此，何故言河南、南阳不可问？"对曰："河南帝城，多近臣；南阳帝乡，多近亲。田宅逾制，不可为准。"帝令虎贲将诘问吏，吏乃实首服，如显宗对。于是遣谒者考实，具知奸状。明年，隆坐征下狱，其畴辈十余人皆死。③

度田虽然深刻地触动了地方上豪强大姓的利益，但是让光武帝万万料想不到

---

① 范晔：《后汉书·光武帝纪下》，北京：中华书局1965年，第66页。
② 范晔：《后汉书·光武帝纪下》，北京：中华书局1965年，第67页。
③ 范晔：《后汉书·刘隆列传》，北京：中华书局1965年，第780—781页。

的是其刚性政策居然会被地方豪强们如此这般硬生生地给冲撞回来。田昌五、安作璋主编的《秦汉史》就此次事件得出了深刻的结论："度田本来是封建政权特别是新建王朝的正常措施，隐瞒田亩和反隐瞒的两种倾向的斗争也是从封建制度产生以来一直存在的。……但是如东汉政府这样由于度田而激起大规模的社会骚动，则在中国历史上是罕见的。这说明了在东汉初期，豪强地主已经形成了同中央集权相抗衡的政治力量。"① 东汉初年地方豪强大姓对光武帝新政的反抗如此激烈，也许是出于自西汉末年反抗王莽侵犯自身利益的一种心理惯性。据上文可以发现光武帝解决此次事件的态度，与其最初推行度田时大相径庭，在很大程度上，光武帝是利用了人们大乱初平、人心思定的心态，对乱民采用了分化瓦解的怀柔政策，对地方官吏令长采取了最大限度的争取和宽容，最终平定了此次叛乱。既往研究对这次叛乱的主力军有不同的理解：其中一派认为这次叛乱的主力军是底层小民，另一派认为这次叛乱的主力军是地方豪强。② 纵然最终平息了叛乱，但不可否认的是光武的这次"度田"的努力，虽然有所成效，但终究还是失败了。③ 因为，王朝新立之时，光武帝必须既要对豪强限制又要不至于激怒豪强，面对天下日益汹涌的反抗浪潮，光武帝只能采取开明的妥协。因此，《后汉书·五行志》之文：

---

① 田昌五，安作璋主编：《秦汉史》，北京：人民出版社2008年，第328–329页。

② 前者如杨联陞：《东汉的豪族》，北京：商务印书馆2011年，第9页。指出"官吏度田不实，农民横被侵夺，起来暴动"，并认为光武对豪强、大地主的态度是"半推半就下不即不离"（第10页）；后者如田昌五，安作璋主编：《秦汉史》，北京：人民出版社2008年，第328–329页。以及（台湾）邹纪万《两汉土地问题研究》，《台湾大学文史丛刊》之五十八1981年，第139页。指出"这些郡国大姓自认利益受到侵犯，于是纷纷聚众造反"。据《后汉书·刘隆列传》可知地方令长勾结豪强欺压小民之事当为不假，而后光武帝斩杀京师及周边郡国的阿曲官吏却更激起青、徐、幽、冀等若干州郡的叛乱浪潮，可知当时叛乱的主力当为地方豪强而非小民。小民叛乱似间或有之，但绝不可视为这股叛乱的主流。

③ 对光武度田是否失败存在两种观点：一种传统观点认为是失败的，见瞿同祖：《汉代社会结构》，上海：上海人民出版社2007年，第206页。（台湾）邹纪万《两汉土地问题研究》，《台湾大学文史丛刊》之五十八1981年，第140页。田昌五，安作璋主编：《秦汉史》，北京：人民出版社2008年，第330页。另一派如袁祖亮主编，袁延胜著：《中国人口通史·东汉卷》，北京：人民出版社2007年，第108–116页。有《刘秀"度田"考述》进行专章陈述和论证，认为如果从"抑强"的角度出发，那么接下来国家地方府库丰盈的事实都有力地证明刘秀"度田"是成功的。

> 十七年二月乙未，晦，日有蚀之，在胃九度。胃为廪仓。时诸郡新坐租之后，天下忧怖，以谷为言，故示象。

如若简单依据这条史料就径直认为，光武帝的"度田"新政得到了彻底的贯彻，则未免对东汉初年的社会现实缺乏深入体会。概而论之，光武帝的"度田"新政是起到了一定的效果，客观凭借着个人高超的统御手段遏制住了豪强的兼并势头，然而这种遏制并未从根本上对豪强阶层做出任何实质性的削弱。所以，起到作用并不等同于获得成功，豪强再次大肆兼并小民也只是个时间问题而已。东汉章帝朝之后的情况实实在在地证明了这一点。

总之，东汉开国的这次"度田"风潮影响之大几乎到了动摇国本的程度。因此，也就可以理解"在东汉，师丹和王莽的土地改革建议已成绝响；朝廷甚至连规范或者限制私人占有田产数量的想法都没有了"。① 所以，也就可以体会到为何东汉王朝要等到再次国本不保时，才会有荀悦、司马朗、仲长统等人站出来触碰这一敏感问题了。

应该注意的是，仲长统虽然在制定政策时极力避免触碰到豪强的既得利益，甚至在文辞上还有些承认和保护的味道，但是这种"局部井田"的策略在大方向上最终还是限制豪强的，且仲长统这一思想较之司马朗要更为明确。简而言之，司马朗在言说中已经将限制豪强的思想隐藏其中了，而仲长统的言说则是冒着触怒豪强的风险更将限制豪强的态度再次申明，这种明知有百害而无一利的"多此一举"，不能不说恰是仲长统率性倜傥、敢于直言、狂生品性的直接展现。②

至此，两汉以来从董仲舒至仲长统"限田"思想演进的脉络已梳理清楚。绵延两汉近四百年的"井田"抑或"限田"思想，质而论之即如何在尽最小可能触及豪强利益的前提下，尽最大可能保证小民拥有土地，不致沦为流民。仲长统的论说，综合了前人的优劣，为该思想的演进做出了阶段性的总结。但对以上诸人的"限田"思想，应当有较为客观的认识，尤其是荀悦、司马朗和仲长统，他们借助井田而提出的抑兼并政策实际上都是一种消极的策略，

---

① 瞿同祖：《汉代社会结构》，上海：上海人民出版社2007年，第206页。
② "统性俶傥，敢直言，不矜小节，默语无常，时人或谓之狂生"，见范晔《后汉书·仲长统列传》卷四十九。

是一种治标不治本的办法。在论说中都过分地注重土地因买卖的自由流通而最终为豪强大家所兼并囤积的表面因果关系。基于此种认识，就单纯地从流通的角度加以限制，剥夺了个人对土地的所有权或者交易权，并坚定地认为一旦土地不存在买卖，也就不存在破产和兼并了。若按此思维继续思考下去的话，试问如果小民因生活窘迫走投无路且土地又不得售卖，那结果当然是不会出卖土地，而是出卖家中除土地外的一切可卖之物，甚至包括妻子和儿女了。

之所以造成这种治标不治本的局面，是因为两汉赋税负担过重，普通农户在丰年仅能维持自存，一旦遭遇水旱蝗螟只有听天由命——"就像站在深过下颌的水流之中，一有风浪就面临灭顶之灾。"①

当然，以上包括仲长统在内的诸家言说，虽然都针对土地兼并问题提出了各自的解决方案，但都是围绕着如何在现有情况下将土地重新分配给失去土地的人，而同处于东汉中后期的崔寔则给出了一套全新的解决方法：

> 故古有移人通财，以赡蒸黎。今青、徐、兖、冀人稠土狭，不足相供，而三辅左右及凉、幽州内附近郡，皆土旷人稀，厥田宜稼，悉不肯垦发。小人之情，安土重迁，宁就饥馁，无适乐土之虑。故人之为言瞑也，谓瞑瞑无所知，犹群羊聚畜，需主者牧养处置，置之茂草则肥泽繁息，置之硗卤则零丁耗减。是以景帝六年诏郡、国，令人得去狭，就肥宽。至武帝，遂徙关东贫人于陇西、北地、西河、上郡、会稽，凡七十二万五千口，后加徙猾吏于关内。今宜复遵故事，徙贫人不能字业者于宽地，此亦开草辟土振人之术也。②

解决土地兼并问题无非从"人"和"地"这两个方面入手。传统的做法都是在原有土地和人口的前提下考虑如何能够给无田之人分配土地。而时代略早于仲长统，且深受仲长统敬佩和赞许的崔寔却另辟蹊径，从"人"的方面入手，径直将大量流民迁徙至地广人稀的边鄙之地，并且还征引了景帝、武帝故事以为佐证。不能不说，崔寔的设想是极其大胆且富于理想性的。将内地大量的过

---

① 李山：《中国文化史》，北京：北京师范大学出版社 2007 年，第 407 页。
② 崔寔著，孙启治校注，《政论校注》，北京：中华书局 2012 年，第 166-167 页。

剩人口迁往边地,在理论上固然是成立的,但在现实操作中的效果会如何呢?并且,需要注意的是,崔寔引为佐证的案例是西汉景帝、武帝时期的案例。这一时期,尚属于第一次大规模土地兼并前期,社会上并未出现较为普遍的豪强阶层。而崔寔再次提议时,已经是东汉晚期了,社会上的豪强阶层已然普遍存在且处于不可控遏的态势。另外,三辅之地屡遭羌乱,社会经济遭到重创,民生早已凋敝不堪,这种情形下再重复西汉故事,无异于将大量破产之小民置于死地。许倬云在《汉代农业》一书中就曾依据对两汉时期农民战争爆发地点的总结分析认为:

> 这些起义,除了三个例外(两个在畿辅地区,一个在陈留),都发生在核心经济区以外。最容易爆发起义的地区是在今天的河北、山东、安徽和湖北等省的地区,它们都处于陕西——河南中心地带的边缘。这种起义现象与土地极端集中现象的互相排斥,使得我们有可能得出这样的解释,即核心经济区里集中了大型的都市中心和大量的消费者,农民在此容易利用发达的市场体系,所以生计是可以得到贴补的。①

因此,许倬云得出这样的结论:"核心经济区域里先进的农业设施和活跃的市场经济,可能在某种程度上弥补了土地兼并对农民造成的损害。"②这一结论从经济学的角度上来看自然是十分正确的,但是从社会的客观现实出发又不可否认大凡人口稠密、经济发达的社会区域,其相应的政治、军事配属都要强于其他地域,因此现实层面上政治和军事的双重影响亦不容忽略。如若单纯从经济层面分析而忽略其他社会因素,那么分析出的结论也亦不会令人信服。不过,

---

① 许倬云:《汉代农业》南京:江苏人民出版社 2012 年,第 142 页。对此结论,抛开单纯经济学的分析外,更应该看到所谓的"核心地区"不仅经济发达,并且还是国家的政治、军事中心,因此鉴于政治和军事意义上的双重核心身份,客观上又保证了该地区的社会环境比其他地区相对稳定。当然,不可否认,在核心地区由于大量人口的存在、市场经济的发展,存在吸纳一定劳动力的可能。不过,更应当看到,在这些核心地区豪强大族依靠兼并土地而建立起的庄园经济,也在很大程度上吸纳着这些从土地上剥离下来的劳动力。与此同时,这些被迫从土地上被剥离下来的劳动力,在走投无路之时也希望借助豪强的庇护以求能维持生计。

② 许倬云:《汉代农业》,南京:江苏人民出版社 2012 年,第 144 页。

此处仅以强调市场对小民的重要性来看，当为不误。

汉代的农业是以五口之家为基础的精耕细作农业，虽然在现实的商品交换中从某种意义上讲处于被动地位，但在汉代赋税制度的强迫下这种生产形式又无法彻底离开市场。纵然许倬云所转引的两汉农民起义发生地点的表格（140-142年）中并未出现三辅、幽、凉等州，但可以想见，大量破产小民被徙居于此后，当地萎缩乃至几近消失的市场经济又如何能担当得起汉代税赋制度下沉重的负担呢？更要注意的是，三辅、幽、凉等州处于边鄙之地，东汉末年本已战乱不断，客观上已不大可能维持农民日常的稳定生产，即便能够维持日常生产，边地税赋徭役的繁重又会直接砸到这些小民的头上，使其永无翻身之日。因此，可以看出崔寔徙民之策虽源自西汉故事，但是时过境迁，此种策略实已无益于东汉末年的土地兼并问题。

另外，据《汉书·武帝纪》卷六所载原文：

> 四年冬，有司言关东贫民徙陇西、北地、西河、上郡、会稽，凡七十二万五千口。县官衣食振业，用度不足，请收银、锡造白金及皮币以足用。①

可知，即便将以上诸多经济因素抛开不讲，这种大规模的人口迁徙在两汉国库最为充盈、中央集权最为有力的武帝时期尚且略感财力不支，更何谈国用连年不足、帝室衰微的东汉中后期呢？换而言之，这种在政府意志下的大规模人口迁徙是需要两个必要条件的：其一，边地不仅自然条件适合农耕，并且社会环境也要相对安定，至少不会妨碍到正常的农业生产；其二，政府要有雄厚的财政力量作为后盾，不仅能给迁居边地的百姓以必要的生活、生产资料，而且还要以较为切实的利益刺激吸引百姓迁居于此。如果不能满足以上两点，那么所谓"徙民"就是不折不扣的"虐民"。然而，这两条西汉武帝时期尚且无法企及，若想在东汉末年重蹈旧事实属奢望。②因此，沿着这条线索继续分析下去，不

---

① 班固《汉书·武帝纪》卷六。
② 对于两汉时期流民的迁徙与安置，（台湾）罗彤华《汉代的流民问题》中"移徙政策"一节有详细总结和论说，见罗彤华：《汉代的流民问题》，台北：学生书局1989年，第221-228页。

难看出"徙民"政策自身逻辑上的悖谬。即国家在边境安定、财政宽裕的状况下，就通常情况而言社会上几乎不会存在太多的流民。而一旦流民大量出现成为社会症结时，势必不是因为外患就是因为天灾，府库也相应地会为之耗竭，此时政府只能慨叹开支的巨大与囊中的窘迫了。

综上所述，在对两汉以来抑制土地兼并的诸家言说及其演变轨迹进行了全面分析后，可以看出仲长统的"局部限田"说，实是基于社会的客观条件、借鉴前人经验，在"限田"思想的大框架内，对东汉土地兼并的难题给出了理论层面的"最优解"。

以上从单纯思想史的角度，对仲长统抑兼并的"局部限田"改革设想进行了分析，认为仲长统的土地改革政策是理论层面上的"最优解"。那么，这一"最优解"真的能解答汉末社会现实的土地问题吗？更确切地说，仲长统的抑制兼并政策究竟是否适用于其所处的那个时代？具有多大的现实价值？这些问题的答案，可以从其所处时代的代表人物观点和社会主流思想的比较中寻得答案。

仲长统通过自身特殊言说模式所表达的思想，无论从形式上，还是从思想上都与其所处时代的主流言说模式和思想存在着巨大的差别。比如，同为山阳高平之人、同生活于建安之世且为"建安七子"之一的王粲，诗赋成就暂且不言，仅就政论散文而言，就可以看出明显的差别，以王粲的《务本论》为例：

> 古者之理国也，以本为务；八政之于民也，以食为首，是以黎民时雍，降福孔皆也。故仰司星辰以审其时，府耕籍田以率其力。封祀农稷以神其事，祈谷报年以宠其功。设农师以监之，置田畯以董之，黎稷茂则喜而受赏，田不垦则怒而加罚。都不得有游民，室不得有悬耜。野积逾冬，夺者无罪；场功过限，窃者不刑。所以竞之于闭藏也。先王籍田以方，任力以夫，议其老幼，度其远近，种有常时，耘有常节，收有常期，此赏罚之本。种不当时，耘不及节，收不应期者，必加其罚。苗实逾等，必加其赏也。农益地辟，则吏受大赏也；农损地狭，则吏受重罚。夫火之灾人也，甚于怠农；慎火之力也，轻于秬耘。通邑大都，有严令则火稀，无严令则烧者数，非赏罚不能济也。

> 末世之吏，负青幡而布春冬，有观农之名，无赏罚之实。①

王粲与仲长统同属建安年间之人，同样见证了北方广大地区自黄巾之乱至官渡大战以来人口大量减少、抛荒耕地大片出现的客观现实。尽管仲长统对这一现实也有着清醒的认识：

> 以及今日，名都空而不居，百里绝而无民者，不可胜数。②
> 今者土广民稀，中地未垦。③

然而，仲长统给出的却是理念完全不同的另外一套措施：

> 今者土广民稀，中地未垦；虽然，犹当限以大家，勿令过制。其地有草者，尽曰官田，力堪农事，乃听受之。若听其自取，后必为奸也。④

不难看出，建安十三年（208年）后北方广大地区基本上再无战乱，在这一大的时代背景下，在对待国之根本的农业和土地问题上，王粲和仲长统的持论是完全不同的。前文在论及仲长统的抑兼并思想时已经明确地分析过，仲长统的抑兼并思想是基于现实的考虑，对两汉以来的井田抑或限田思想做出了巧妙的改良。他的这种土地政策实际上是一种"局部限田"政策，是一种在最大限度上不触及豪强既得利益的前提下，实现限制豪强兼并的土地政策。其施政矛头尽管经过重重修饰，但其核心思想并不是限民，而是抑强！这种思想就汉魏之际的具体社会情况而言，不仅显得不合时宜甚至未免有杞人忧天之嫌。因为，仲长统所处时代经大乱之后所剩人口已为历史上的最低点，仲长统在《理乱篇》中也正是因为注意到了这一点才产生了绝望的时代观。《后汉书·仲长统列传》中《理乱篇》载录李贤注文：

---

① 严可均：《全后汉文》，北京：商务印书馆1999年，第920–921页。
② 严可均：《全后汉文》，北京：商务印书馆1999年，第891页。
③ 严可均：《全后汉文》，北京：商务印书馆1999年，第894页。
④ 严可均：《全后汉文》，北京：商务印书馆1999年，第894页。

> 孝平帝时，凡郡国一百三，县邑一千三百一十四，道三十四，侯国二百四十一。地东西九千三百二里，南北一万三百六十八里。人户一千二百二十三万三千六十二，口五千九百五十九万四千九百七十八。此汉家极盛之时。遭王莽丧乱，暨光武中兴，海内人户，准之于前，十才二三，边方萧条，略无孑遗。孝灵遭黄巾之寇，献帝婴董卓之祸，英雄棋峙，白骨膏野，兵乱相寻三十余年，三方既宁，万不存一也。①

已经深刻地指出了人口锐减的社会现实。与此同时，《中国人口通史·东汉卷》也指出"人口在汉魏之际又降到了历史上的一个低谷"。②当然，著者也认为该结论是以理推知，缺乏有力史料以资佐证。这种情况是很容易理解的，国家大乱三十余年，与天下户数、人口、钱粮赋税直接相关的上计制度只得中断，所以自然不会留下什么确凿的"证据"了。按照仲长统的言说和李贤的注文，我们似乎可以得出这样一个结论：至仲长统所处的时代，社会人口已经降低至西汉中期以来的历史最低点了。也就是说，建安十二年（207年）仲长统入许为官以来北方渐趋安定，由于连年兵乱造成了人口锐减，所剩无几之人口和大量抛荒之土地形成了强烈的反差。如果仅就人口数量和耕地面积而论，仲长统写作《昌言》的时代应该是两汉历史上土地兼并最弱的时期。所以，最为迫切的时代和社会问题是如何垦辟土地、发展农业、增殖人口、广开税源等等。王粲《务本论》中的言说就表达了这种思想，所论内容无外乎农为国之本，当上敬鬼神下尽人事，赏以劝农、罚以禁末等儒家传统观念。这种"王朝初兴"之时的重农劝农思想不仅暗合时代发展的脉搏，更代表着那个时代思潮的主流。这种重农归本、兴业劝民以致太平的思想在徐干《中论》的《民数篇》亦有体现：

> 治平在庶功兴，庶功兴在均事役，均事役在民数周，民数周为国之本也。故先王周知其万民众寡之数，乃分九职焉。九职既分，则劭劳者

---

① 范晔：《后汉书·仲长统列传》，北京：中华书局1965年，第1650页。
② 袁祖亮主编，袁延胜著：《中国人口通史·东汉卷》，北京：人民出版社2007年，第32页。此外，该问题唐长孺《魏晋时期人口的减耗》亦有专节论述，见唐长孺：《魏晋南北朝隋唐史三论》，北京：中华书局2011年，第20页。

可见,怠惰者可闻也,然而事役不均者,未之有也。事役既均,故民尽其心,而人竭其力,然而庶功不兴者,未之有也。庶功既兴,故国家殷富、大小不匮、百姓休和、下无怨疚焉,然而治不平者,未之有也。①

徐干侧重兴庶功,王粲侧重劝务农,本质上都是要发展民力,更准确地说就是鼓励当下的小民尽可能多地去开垦土地、发展生产,使社会经济尽快得到恢复,这种观点既符合儒家的重农思想又切合当下的社会需要。所以,王粲的务本之论实际上是代表了当时社会的主流思想,而仲长统的限田、抑兼并之论则明显是不合时宜的。此外,如果细读王粲的言说会发现在某些具体问题上表达的态度甚至立场与仲长统的观点存在严重的冲突。王粲为了劝农,尽最大可能激发小民的生产热情甚至征引"野积逾冬,夺者无罪;场功过限,窥者不刑"②的故事来说明应当调动一切因素使小民尽量广辟土地、尽力农事,甚至标榜"农益地辟,则吏受大赏也;农损地狭,则吏受重罚"③,将治下民人垦辟土地的规模和速度与地方官吏的赏罚直接挂钩。全文洋溢着浓烈的重本劝农气息,甚至支持毫无限制的开垦,土地开垦得越多就越会得到政府的褒奖,文中鼓励乃至放任的思想颇为明显而无一丝一毫的限制之意。这与通过提倡"限民"进而实现"限豪强"的仲长统土地改革思想产生了根本的冲突。

当然,在看待这一问题上也要看到王粲是从劝农的角度出发的,而仲长统则是从抑兼并的角度出发的。一个是从思想上调动小民的生产积极性,一个是从制度上抑制豪强兼并的必然性。尽管二人考虑的是两个层面的问题,但是两者的思想最后都要作用在具体的农业生产中。而农业生产又是与土地的分配情况紧密相连的,因此看似两个层面的思想,最终都会对土地分配格局造成深远的影响。

在讨论二人思想对土地分配格局会造成何种深远影响之前,有必要对二人所处的建安年间深刻的社会现实做一番简述。经过了长达三十余年的动乱,东汉以来形成的豪强势力从某种意义上看反而变得更加强大了。连年的灾荒和兵乱使大量小民破产乃至死于非命,而地方豪强无论在政治、经济乃至军事方

---

① (日)池田秀三:《徐干中论校注》,《京都大学文学部研究纪要》1984年,第196页。
② 严可均:《全后汉文》,北京:商务印书馆1999年,第920—921页。
③ 严可均:《全后汉文》,北京:商务印书馆1999年,第920—921页。

面都拥有着一定的力量，处于乱世之中豪强多足以自存。关于这一点可以从一种汉晋间特殊的建筑类型——坞堡数量的增加予以证明。台湾学者金发根在其《坞堡溯源及两汉的坞堡》一文中通过对史料分析统计指出，"黄巾之乱时豪右大姓已开始修建坞堡自保，在汉末三国时期坞堡在内郡已非常多见，到西晋永嘉之乱后，留在关中关东的豪右大姓藉以自保的建筑或屯聚之地则多以坞堡为名了。"[1]遭逢社会混乱局面之时，豪强以其军事和经济上的优势使自身得以保存下来，纵然有少部分未能幸免，但相对于所剩无几的小民而言，乱离之后豪强的势力确实是变得更加强大了。借用前文中讨论仲长统抑兼并思想中的表述便是：兵乱平息了、人口骤减了，但是导致土地兼并的"加速度"还在，并且这股"加速度"不但没有削弱，反而还变得更强了。因此，鉴于当时特殊的社会现实，反观王粲和仲长统的言说，孰优孰劣一目了然。王粲之说，固然是出于发展民力、恢复经济的良好初衷，但是"民之于利也，若水于下也"，[2]一心求利的不只有小民，更有豪强。如果一旦推行听任民力之政，那么劫后幸存之小民势必会再次沦为各地豪强的俎上之肉。这一残酷的现实恰如唐长孺在《西晋田制试释》中指出的那样："荒芜的无主之田是谁有力量谁占。所谓力量包括政治上与经济上的。于是大小军阀、豪门大族广占土地，同时纷纷招来失去了土地的农民来耕种这些荒田。"[3]小民卑微的政治地位和窘困的经济状况，如何能够抵抗竞相逐利之军阀与豪强呢？因此，可以说建安年间王粲等人所代表的务本重农、激发民力之论，势必再次加速土地的兼并和王朝的灭亡，所以断不可行！当然，行文至此，还应当注意到另一个不容忽视的问题，这其中颇值得玩味的是王粲出身世家，《三国志·魏书·王粲传》载："曾祖父龚，祖父畅，皆为汉三公。"[4]可见王粲属于世家大族出身。王粲持此观点，或出于对儒家学说的深刻信奉，或出于对自身阶层利益的维护。当然，在对待较难把握的心态问题上不可妄加臆断，但只要注意到一点即可，

---

[1] 金发根：《坞堡溯源及两汉的坞堡》，《中研院历史语言所集刊论文类编》，北京：中华书局2009年，第219页。
[2] 蒋礼鸿撰：《商君书锥指·君臣》，北京：中华书局1986年，第131页。
[3] 唐长孺《西晋田制试释》，见唐长孺：《魏晋南北朝史论丛》，北京：中华书局2011年，第35–36页。
[4] 陈寿：《三国志·魏书·王粲传》，北京：中华书局1982年，第597页。

即王粲的这种观点会使他所处的这个阶层获得切切实实的利益。

仲长统所持之论相比王粲等人的主流观点要切中时弊得多。纵然社会现实情形是地广人稀，但仲长统深刻地意识到了兼并土地的"中坚力量"仍然大量存在，且从某种意义上讲似乎较之过去更加强大了。因此，仲长统观点的高妙之处在于能够"未雨绸缪"，在问题尚未大量出现之前就有所防范了。并且，在前文仲长统抑兼并思想研究一节中就已指出，仲长统的抑兼并政策是两汉以来，在理论上最为切实稳妥的，在不触及豪强利益的前提下，推行"局部限田"既防旧豪强之兼并，又止新豪强之产生，实为两全其美之法。年长仲长统三十余岁的荀悦在《汉纪》中面对豪强兼并之烈，无可奈何之下唯有慨叹两汉开国之君值宜行之世而未行当行之法：

> 由是观之，若高帝初定天下，及光武中兴之后，民人稀少，立之易矣。就未悉备井田之法，宜以口数占田，为立科限，民得耕种，不得买卖，以赡民弱，以防兼并，且为制度张本，不亦宜乎！虽古今异制，损益随时，然纪纲大略，其致一也。①

至此，可以发现仲长统在一个全新时代即将开启之际，已经深刻地领会了荀悦这种万般无奈之下唯有苛责前世开国君主之失的鉴戒意义。因此，可以说仲长统的抑兼并理念是在现实层面上将荀悦求诸过往的设想一丝不苟地付诸实践，以期天下后世不会再承受豪强兼并之苦了。以上便是对仲长统抑兼并的土地改革思想通过与其所处时代的主流思想做了纯粹理论层面的比较后，证明了仲长统思想较之以王粲《务本论》为代表的时代主流思想更为深刻且富于远见。那么，仲长统的抑兼并思想在现实层面的价值又有多少呢？或者更为直白地说，仲长统的抑兼并思想究竟能否付诸实践？如果付诸实践又会造成什么样的影响呢？对于这些问题，还应当再次回到仲长统所处的那个时代的主要矛盾上来。

仲长统所处建安时代的社会主要矛盾已经不再是东汉王朝与豪强阶层的矛盾了，因为汉末之乱东汉王朝已经名存实亡，而豪强阶层又凭借其自身经济、

---

① 荀悦撰，张烈点校：《汉纪·孝文皇帝纪下》，北京：中华书局2002年，第114—115页。

军事上的优势得以自存且其阶层实力在乱离之后又有所增益。此消彼长间，豪强阶层已实难统御了，新兴的曹魏政权也只能以拉拢的方式争得豪强的支持。①尽管曹操也曾打压过一些豪强，②但是曹操这一政策从本质上看，实际是借裁抑豪强之名行剪除异己之实，被打压的豪强多曾隶属于敌对阵营抑或本阵营中的异己势力，如袁绍部下之豪强、刘表门下之大姓、弘农杨氏一宗等等，其打压之豪强无外乎以上情形。所以，曹操纵然有推行专制全面裁抑豪强之心，但在现实中迫于豪强阶层的强大势力只得采取拉拢与收买的政策，况且军旅连年征战于外，更不希望因触动豪强的利益而使其苦心经营的后方再次陷入混乱。因此，汉末豪强势力的发展以及曹操对待豪强的态度和政策，都可以明白地看出曹魏是不可能推行一套触及豪强根本利益的全新土地制度的。而仲长统的抑兼并思想，纵然经过重重巧妙的伪装和掩饰，但是都无法回避其抑制豪强兼并的思想核心。因此，可以从现实层面对仲长统抑兼并思想做出这样的理解，其抑兼并思想针对的是当时社会在政治上、经济上最为强大的阶层，仲长统力主解决的问题恰恰是那个时代的当权者所不愿解决、更无法解决的问题。这些都深刻地说明了仲长统的抑兼并思想在其所处时代，因为冲击到了最强大阶层的根本利益，所以注定不会得到当权者的采用。

上面是从政治的角度分析仲长统抑兼并思想不会得到采用的原因。那么，仲长统依托抑兼并思想而提出的赋税改革思想，在现实层面上又会对当时的社会经济复苏起到怎样的作用呢？换而言之，仲长统的土地和赋税改革思想是否能够满足其所处时代的社会经济发展之需要呢？要回答这一问题，还要回到对当权者政治意图的准确把握上。

行文至此，暂将问题讨论的中心由仲长统转移到建安年间有实而无名的当权者——曹操的身上。曹操虽然处于一个豪强林立的时代，但这并没有动摇曹操一统天下的强烈愿望。而统一天下依靠的是强大的军事实力和雄厚的经济

---

① 关于该问题可参看《汉魏之际的青徐豪霸》《关于曹操的几个问题》《曹袁之争与世家大族》等。见田余庆：《秦汉魏晋史探微》（重订本），北京：中华书局2011年版。此外，毛汉光《三国政权的社会基础》亦有同样论断，见毛汉光：《中国中古社会史论》，上海：上海书店出版社2002年。

② 关于这一点可参看周一良《要从曹操活动的主流来评价曹操》，见周一良：《魏晋南北朝史论集》，北京：北京大学出版社2010年，第294页。

基础，简而言之：一要有兵，二要有粮！然而，现实恰恰与此相反，自董卓之乱以来三十余年人口锐减、民生凋敝，人口所剩无几，社会农业生产濒临崩溃。《三国志·魏书·武帝纪》建安元年十月条下注文：

> 《魏书》曰：自遭荒乱，率乏粮谷，诸军并起，无终岁之计，饥则寇略，饱则弃余，瓦解流离，无敌自破者不可胜数。袁绍之在河北，军人仰食桑椹。袁术在江淮，取给蒲蠃。民人相食，州里萧条。①

各路军阀在解决粮食问题上都表现得捉襟见肘，因此广积粮草便成了曹操要解决的首要问题。所以，就现实情况而言，曹操急需的是一种能够充分利用人力且最大限度征课粮食、布匹等产品的农业生产组织形式。按仲长统的赋税改革思想，每年国家的粮食收入将会是东汉税制收入的三倍，再按旧制男丁每年服三日徭役，逢战出征无战则免。这种赋税制度下的国家收入是远远无法支撑曹操连年统一战争对人力和物力的巨大消耗的。仲长统的土地改革思想看似将国家的粮食收入增加到了之前的三倍，但究其本质而言，并没有对国家收入做根本性的增加。因为，两汉推行三十税一之法，仲长统增为汉制三倍便是十而税一，然而依靠这种租税制度征课粮食的收入仍无法满足统一战争巨大的耗费。光武帝统一天下时，天下亦是推行这种十而税一的制度但仍颇感不足，故推行屯田之法以足国用。汉末人口又少于两汉之际，故而推行仲长统十而税一之法自然无法满足当下统一战争对粮食的巨大需求。质而论之，仲长统设计的土地制度和赋税制度实是适用于和平年代的保足用之道，而非适用于战争年代的急耕战之法。所以，回归原典，可以看到曹操自建安元年以来便推行了更为切实的屯田制度。《三国志·魏书·武帝纪》建安元年十月条下注文：

> 公曰："夫定国之术，在于强兵足食。秦人以急农兼天下，孝武以屯田定西域，此先代之良式也。"是岁，乃募民屯田许下，得谷百万斛。于是州郡例置田官，所在积谷，征伐四方，无运粮之劳，遂兼灭群贼，

---

① 陈寿：《三国志·魏书·武帝纪》，北京：中华书局1982年，第14页。

克平天下。①

这一政策并非曹操制作，而是得益于枣祗的建议和任峻的推行。《三国志·魏书·任峻传》注文引《魏武故事》所载史料，清楚地记录了枣祗向曹操反复进言之事：

> 及破黄巾定许，得贼资业，当兴立屯田，时议者皆言当计牛输谷，佃科以定。施行后，祗白以为僦牛输谷，大收不增谷，有水旱灾除，大不便。反覆来说，孤犹以为当如故，大收不可复改易。祗犹执之，孤不知所从，使与荀令君议之。时故军祭酒侯声云："科取官牛，为官田计。如祗议，于官便，于客不便。"声怀此云云，以疑令君。祗犹自信，据计画还白，执分田之术。孤乃然之，使为屯田都尉，施设田业。其时岁则大收，后遂因此大田，丰足军用，摧灭群逆，克定天下，以隆王室。②

足见曹操采用屯田制也是认真听取干臣反复进言的结果。深知兴农积粮的重要性固然重要，但如何制定一套行之有效的政策则显得更为迫切。枣祗设计的政策，可以说是为当时的曹魏政权量身定制的。一方面没有触动豪强阶层的既得利益，与此同时也实现了民力动员和产品积累的最大化。究其根本，枣祗建言的核心全在于"分田之术"四字。乍看之，不明其意，翻检《汉书·食货志》（卷二十四上）"而豪民侵陵，分田劫假"之注有：

> 师古曰："分田，谓贫者无田而取富人田耕种，共分其所收也。假，亦谓贫人赁富人之田也。劫者，富人劫夺其税，侵欺之也。"③

也就是说，所谓的屯田制就是让控制范围内的无土之民耕种国家的土地并按照一定比例上缴收获粮食的一种大规模的生产组织形式。唐长孺在《曹魏屯田制的意义及破坏》一文中将这种生产组织形式的特点归纳为："这种屯田制度的

---

① 陈寿：《三国志·魏书·武帝纪》，北京：中华书局 1982 年，第 14 页。
② 陈寿：《三国志·魏书·任峻传》，北京：中华书局 1982 年，第 490 页。
③ 班固：《汉书·食货志》，北京：中华书局 1982 年，第 1144 页。

主要特点首先是所有屯田户都是政府的带着农奴性质的佃农。他们由政府配给土地、农具，一部分还配给耕牛，每年要向政府缴纳总收获量的百分之五十至六十的租课；其次屯田户直属农官，不属地方官管理；他们也不服兵役。"① 因此，唐长孺认为这种制度"只是汉代边郡屯田以及官田出租办法的推广"。② 这种办法虽然是承袭西汉"故事"，但其推行力度与规模应当都是空前的。因此，质而论之，曹魏政权推行屯田制度，使政府成为了那个时代最大的豪强！遵循这一逻辑推导出的结论，恰好符合当时社会豪强林立现状下的游戏规则——欲统领众多豪强，必先成为最大之豪强！枣祗屯田之策，不仅适合那个特殊的时代，而且正中曹操下怀。致太平之王道不得不让位于急耕战之霸道！

分析至此，可以看出真正符合那个时代需要的是枣祗提出的屯田制，这一制度可以最大限度地将小民整编为农业生产集体，并依靠强硬手段征缴大量粮食和农副产品，是一种与豪强阶层不存在冲突的、收效最快且积累最多的农业生产组织形式。而相比之下仲长统的土地和赋税改革思想，不仅触碰到了豪强阶层的利益，并且见效慢、积累薄，因此自然不会得到当权者的采用。

第二节　仲长统赋税改革思想研究

仲长统除对困扰两汉王朝的土地兼并问题给出了自己的对策外，还对两汉王朝的赋税制度提出了自己的改革设想。当然，无论是土地改革还是税制改革，都是围绕着广开税源以足国用的中心展开的。

仲长统首先注意到了东汉王朝自中期以来，由于频繁的自然灾害和连年边患使得国家财政陷入极度困窘乃至崩溃的现实：

> 盗贼凶荒，九州代作，饥馑暴至，军旅卒发，横税弱人，割夺吏禄，

---

① 唐长孺《曹魏屯田制度的意义及其破坏》，见唐长孺：《魏晋南北朝史论丛》，北京：中华书局2011年，第34页。另外，收获粮食的分配比例来源于《晋书·慕容皝载记》卷一百零九"持官牛田者官得六分，百姓得四分，私牛而官牛者与官中分"。

② 唐长孺：《魏晋南北朝史论丛》，北京：中华书局2011年，第34页。

所恃者寡，所取者猥，万里悬乏，首尾不救，徭役并起，农桑失业，兆民呼嗟于昊天，贫穷转死于沟壑矣。①

东汉王朝自中期之后，天灾频仍，边患不止。其中，仅就天灾而论，当以安帝永初元年（107年）为分界线：

是岁，郡国十八地震；四十一雨水，或山水暴至；二十八大风，雨雹。②

从该年之后，东汉王朝进入了自然灾害的频发期，大批流民随之产生且流民规模之小大与受灾面积广狭、程度轻重相关联。面对此种情形，东汉王朝疲于赈济灾民，国家财政日渐艰难。东汉王朝急于摆脱这种财政困窘的被动状况，因而盲目地采取了一系列"急躁"的措施。这些措施主要包括横征暴敛、减少官俸、卖官鬻爵、入缣帛赎罪等。然而，仲长统指出恰恰又是这些"急躁"的措施造成了许多严重的社会问题。在仲长统看来，东汉王朝所惯用的两条"急躁"措施：一个是"横税弱人"，另一个是"割夺吏禄"。此二者给东汉王朝带了极坏的影响。所谓"横税弱人"便是横征暴敛，国家一旦财政不足，便对小民税外加税、赋外加赋。并且，这种肆无忌惮的盘剥并非都是事出有因，即便在内有天灾、外有边患的时候，帝王也会为了满足一己之私而大肆搜刮小民：

时灵帝欲铸铜人，而国用不足，乃诏调民田，亩敛十钱。③

这些都使小民的境地每况愈下，而"割夺吏禄"所带来的危害则要更为深远。因为东汉王朝高级官吏俸禄丰厚，而更广大的低级官吏却俸禄微薄。作为开国之君的光武帝就洞察到了这一问题，并做出了一些调整：

二十六年（春）正月，诏有司增百官奉。其千石已上，减于西京旧制；

---

① 严可均：《全后汉文》，北京：商务印书馆1999年，第893页。
② 范晔：《后汉书·孝安皇帝纪》，北京：中华书局1965年，第209页。
③ 范晔：《后汉书·陆康列传》，北京：中华书局1965年，第1113页。

六百石已下，增于旧制。①

当然，这种调整也只是适当的增补而已，并未给广大低级官吏微薄的俸禄以显著地提升，而国家财政一旦出现不济的时候，还要克扣百官俸禄。这一办法，从东汉中期安帝朝后似乎已成常例：

安帝朝
　　永初四年春正月，丙午，诏减百官及州郡县奉各有差。②

顺帝朝
　　汉安二年冬十月，甲辰，减百官奉。③

桓帝朝
　　延熹四年秋七月，减公卿以下奉，贷王侯半租。④

　　延熹五年，八月庚子，诏减虎贲、羽林住寺不任事者半奉，勿与冬衣；其公卿以下给冬衣之半。⑤

虽然在仲长统所处的献帝朝，没有明确的"减奉"诏令，但可以从其他史料"逆向"推知，自从建安元年（196年）献帝迁都于许后，曾对各级官吏都给予赏赐：

　　建安九年十二月，赐三公已下金帛各有差。自是三年一赐，以为常制。⑥

　　建安十年秋九月，赐百官尤贫者金帛各有差。⑦

结合汉末社会动乱的史实和史传中关于这个流离失所"小朝廷"的记载，可以知道这两次所谓的赏赐，其实只是对各级官员借赏赐之名行赈济之实。尤

---

① 范晔：《后汉书·光武帝纪下》，北京：中华书局1965年，第77页。
② 范晔：《后汉书·孝安皇帝纪》，北京：中华书局1965年，第214页。
③ 范晔：《后汉书·孝顺皇帝纪》，北京：中华书局1965年，第273页。
④ 范晔：《后汉书·孝桓皇帝纪》，北京：中华书局1965年，第309页。
⑤ 范晔：《后汉书·孝桓皇帝纪》，北京：中华书局1965年，第310页。
⑥ 范晔：《后汉书·孝献皇帝纪》，北京：中华书局1965年，第383页。
⑦ 范晔：《后汉书·孝献皇帝纪》，北京：中华书局1965年，第384页。

其是第二条"赐百官尤贫者金帛各有差",可以推知在当时供职于汉廷的官员中生活贫困者不乏其人,且亦不在少数。这些材料都在指向一个问题,即东汉时期低级官吏的俸禄本来就相对微薄,朝廷不但不增加俸禄反而一旦财政紧张就拖欠克扣,这种手段只能令众多低级官吏的生活境况雪上加霜。因为,低级官吏的俸禄本就微薄,维持自身生活已经十分困难,早于仲长统的崔寔对这一点就曾明确地指出:

> 一月之禄,得粟二十斛,钱二千。长吏虽欲崇约,犹当有从者一人,假令无奴,当复取客。客佣一月千,刍膏肉五百,薪炭盐菜又五百,二人食粟六斛,其余财足给马,岂能供冬夏衣被、四时祠祀、宾客斗酒之废乎?①

既然俸禄本来就不足用,且朝廷又有减无增,单纯地赋予"权"而并未赋予与之相匹配的"利",于是这些底层官吏为了维持与其地位相对应的生活方式,只得转过头来盘剥小民了。用仲长统的表述方式便是"使豺狼牧羊豚,盗跖主征税,国家混乱,吏人放肆"。仲长统的这种"厚禄"思想虽然无法杜绝因个人私欲膨胀而导致搜刮民脂民膏的现象,但至少开始从制度上思考满足底层官吏的生活必须与防治腐败的关系,且在理论层面上对防治官吏盘剥下民是有一定作用的。

不难看出,仲长统的税制改革思想首先是注意到了东汉王朝自中期以来长期国用不足的严重问题。当然,也不能否认,作为尚书郎的仲长统,似乎也会较为切身地体会到作为"小朝廷"中尚书郎俸禄微薄的清苦②。所以,才会一面希望国家广开财源,另一面大声疾呼要提高低级官吏的俸禄。在国用、身给皆感不足的情况下,仲长统提出了他的税制改革思想。其税制改革思想的

---

① 崔寔著,孙启治校注:《政论校注》,北京:中华书局2012年,第149页。
② 按,仲长统时为尚书郎,尚书郎之禄秩据《秦汉官制史稿》考证当为四百石,见安作璋、熊铁基:《秦汉官制史稿》,济南:齐鲁书社2007年,第275页。又按,禄秩四百石据《续汉志百官受奉例考》可知月俸为钱2500、谷15斛(按延平例),见日本学者宇都宫清吉、薮内清:《续汉志百官受奉例考》,《东洋史研究》五卷四期1940年,第34页。此数目与上述崔寔所述底层官吏拮据之状况颇为相符,可以推知仲长统在许为官时期生活并不宽裕。

核心是"租税十一，更赋如旧"①。"租税十一"，也就是要恢复到理想井田制下的什一而税的租税制度；"更赋如旧"绝非更和赋要一如"两汉之旧"，而是要恢复到井田什一时期轻徭薄赋的更、赋标准。仲长统在其言说中对两汉以来长期实行的"三十税一"制度给予了深刻的批判，认为国家蓄积微薄，赈灾无粮、戡乱无饷的根本原因在于"三十税一"的轻税政策使得国家蓄积不足，以至于每每遭逢灾荒边患只得"横税弱人，割夺吏禄"了。

仲长统的税制改革思想，就本质而言，其实只是对东汉王朝的地租制度进行清算和改革。在两汉时期，税收主要包括三大类：一、地租；二、算赋（包括成年人的算钱和未成年人的口钱，妇女亦征收算钱）；三、更赋（包括各种徭役和因免服兵役所缴之折费）。仲长统鉴于长期国用不足之状况，建议应当将田租的比例由最初承袭西汉的"三十税一"提升到"什而税一"。东汉王朝的税制基本上承袭西汉，且两汉四百年间并无较大变动。

关于两汉田租的比例大致上经历了以下几个阶段的变动。西汉开国，高祖刘邦提倡轻徭薄赋政策，推行"什五而税一"②，之后迫于立国之初国用不济的现状，似乎又有所提升；至惠帝元年（前194年）将田租恢复到了"什五税一"③；文帝十三年（前167年）甚至直接宣布全部免除田租④；此后，经过了十三年的无田租时期，至景帝二年（前155年）"令民半出田租，三十而税一也。"⑤，至此"三十税一"成为西汉常制。东汉开国，光武帝鉴于连年征战用度不足也曾经恢复过"什一而税"的制度，后因军士屯田在一定程度上缓解了用度不足，于是在建武六年（30年）宣布恢复"三十税一"制度，此后"三十税一"亦为东汉常制。

仲长统的税制改革就是针对这种两汉以来已成定制的"三十税一"田租制度。仲长统首先在论说过程中直陈两种税制带给国家积累的巨大差别。如果

---

① 严可均：《全后汉文》，北京：商务印书馆1999年，第894页。
② 班固：《汉书·食货志》，北京：中华书局1962年，第1127页。
③ 班固《汉书·惠帝纪》卷二有"减田租，复十五税一。"之语，见班固：《汉书·惠帝纪》，北京：中华书局1962年，第85页。
④ 班固《汉书·食货志》卷二十四上有"上复从其言，乃下诏赐民十二年租税之半。明年，遂除民田之租税"之语，见班固：《汉书·食货志》，北京：中华书局1962年，第1135页。
⑤ 班固：《汉书·食货志》，北京：中华书局1962年，第1135页。

单纯进行数学上的推理，且抛开在征收、转运、储备过程中粮食的损耗以及一些操作过程中的人为偏差外，在天下人口数和田亩数一定的情况下推行"租税什一"政策，一年国家收获的粮食总量就是实行"三十税一"时的三倍！这也便是仲长统所说的：

> 今通肥饶之率，计稼穑之入，令亩收三斛，斛取一斗，未为甚多。一岁之间，则有数年之储，虽兴非法之役，恣奢侈之欲，广爱幸之赐，犹未能尽也。①

在这种税制的保障下，国家一年的田租收入就是旧税制时的三倍，国家财政拮据的状况也会得以彻底扭转。其次，仲长统虽未明言但在言辞中借助孟子之意，对"三十税一"的制度再次予以批判。孟子曾经在与白圭的对话中，明确地表达了对"什一而税"制度的肯定：

> 白圭曰："吾欲二十而取一，何如？"
> 孟子曰："子之道，貉道也。万室之国，一人陶，则可乎？"
> 曰："不可，器不足用也。"
> 曰："夫貉，五谷不生，惟黍生之。无城郭、宫室、宗庙、祭祀之礼，无诸侯币帛饔飧，无百官有司，故二十取一而足也。今居中国，去人伦，无君子，如之何其可也？陶以寡，且不可以为国，况无君子乎？欲轻之于尧舜之道者，大貉小貉也；欲重之于尧舜之道者，大桀小桀也。"②

仲长统亦有言：

> 二十税一，名之貊，况三十税一乎？③

---

① 严可均：《全后汉文》，北京：商务印书馆1999年，第893页。
② 焦循，沈文倬点校：《孟子正义·告子下》，北京：中华书局1987年，第855–858页。
③ 严可均：《全后汉文》，北京：商务印书馆1999年，第894页。

可以看出仲长统在这一问题上承袭孟子的脉络是十分清晰的,更可以看出仲长统对三代圣制的肯定与坚信。当然,《昌言》中仲长统就此而畅言道:"虽兴非法之役,恣奢侈之欲,广爱幸之赐,犹未能尽也。"对此不可以径直从字面出发,简单地理解为仲长统对统治阶层肆意役使小民、穷奢极欲、赏赐无度的赞同和肯定,而是要明白这是仲长统藉此来说明推行"租税什一"政策可使国用充足、财用无忧,是一种心态上对"租税什一"制度充分自信的体现。依据当下的史料,虽然无法知道两汉王朝具体的财政收支状况,但是从理论上讲,仲长统的这种设想可以令国家仅田租收入一项就达到旧制下的三倍之多,这种巨大的增长无疑会对东汉王朝拮据的财政起到相当的缓和作用。

然而,现实中国家蓄积的切实增长并不是依靠田租税率由"三十税一"上升到"什而税一"的简单浮动,而是依靠现实从事生产的小民,即汉帝国赋税的直接来源、现实生产中的最小单元——五口之家。国家征收田租是按户来计算的,每户又都应在理论上具有一定数目的土地。在这种逻辑推理的环节中,如果小民失去了土地沦为破产农民,那么一切便失去了意义。所以,问题似乎又回到了如何保证小民拥有土地且不至于破产的层面上。而如何保护小民使其能够保有一定数量的土地,或对破产小民重新授田,恰恰又是仲长统"抑兼并"思想中"局部限田"策略所要解决的主要问题。

至此可以看出,仲长统田租制度改革思想是以其"抑兼并"思想中的"局部限田"策略作为依托的。"局部限田"就是在有限的公田范围之内推行近似井田的政策,而后再根据推行的井田政策,向小民征收相应的田租。"井田"和"什一"本就互为一体,"井田"使户户有田且户户均田,而"什一"的税制又是基于此种土地制度而产生的田租制度。至两汉之时,董仲舒、王莽、荀悦等都将"井田"与"什一"并论。至东汉时期,士人们在言说时仍习惯将此二者相提并论,从《后汉书·祭祀志》注中引杜林上疏之文便可窥见一二:

> 臣闻营河、雒以为民,刻肌肤以为刑,封疆画界以建诸侯,井田什一以供国用,三代之所同。[1]

---

[1] 范晔:《后汉书·祭祀志》,北京:中华书局1965年,第3160页。

可知"井田"即是"什一"税制产生的制度基础，而"什一"税制则是基于"井田"制度而产生的课税方式，此二者互为表里，实为一体。也就是说，在汉代人的观念中"井田"并不是一种简单的土地分配和生产制度，而是土地制度和税收制度的集合体。然而仲长统在阐述其思想时，却将这二者分开来讲，仲长统的这一做法是有其深刻原因的。东汉晚期，儒学思想已现盛极转衰之势，儒学或困于僵化章句，或流于空疏清谈。如若只简单地重复"井田什一"之说，既不能开僵化者之耳目，又不能去空疏者之浅薄。更重要的是，陈陈相因的言说方式已经无益于解决严峻的现实问题。所以仲长统分别借助"局部限田"策略，率先使得在一定程度上推行井田成为可能；而后又以国用不足作为开端，引出推行"租税什一"制度的迫切性和可能性。实则仲长统的"抑兼并"思想和"租税什一"思想就是对儒家"井田什一"圣制如何付诸当下实践做了最为恰当的取舍。这种打破传统思维结构的陈述方式，实是仲长统行文的一大特色，该问题会在后面章节中作专题论述。

前文曾有交代，两汉对小民征课的赋税主要有三种：田租、算赋（包括口钱和算钱）、更赋（包括各种徭役和因免服兵役所缴之折费）。仲长统的"租税什一"是针对旧有的田租"三十税一"而提出的。那么仲长统有没有对旧有的算赋和更赋制度提出自己的见解呢？对于这个问题，因现存《昌言》中相关文字本就有限，所以多数人在阅读《昌言》时往往会忽视仲长统对算赋和更赋制度的态度。回归原典，纵然没有发现大段的相关论述，但仲长统已经在简短的文字中表露了对东汉王朝现行的算赋、更赋制度改革的态度和目标：

租税十一，更赋如旧。[①]

简短的八个字，已经将东汉王朝的田租、算赋和更赋制度全部包含其中了。"更赋如旧"之"更"当指"更赋"而言，而"更赋如旧"之"赋"当指"算赋"而言。那么，"更赋如旧"之"旧"又指向了何时之旧制呢？

如果抛开《昌言》中仲长统改革思想的完整性，单纯地从字面理解很容易理解为"更赋如旧"便是更赋一如两汉之旧制。不过，尽管仲长统在此处文

---

① 严可均：《全后汉文》，北京：商务印书馆1999年，第894页。

辞甚简，但如果能回到《昌言》的文本之中细细品读，便会发现这种理解未免过于简单了。

首先，仲长统的税制改革思想中已经对东汉王朝的税制积弊予以深刻揭露，曾明确指出：

> 盗贼凶荒，九州代作，饥馑暴至，军旅卒发，横税弱人，割夺吏禄，所恃者寡，所取者猥，万里悬乏，首尾不救，徭役并起，农桑失业，兆民呼嗟于昊天，贫穷转死于沟壑矣。①

这里所指的"横税弱人"，便指国家因财用不足而对小民横征暴敛。在这种状况下，如果征敛的形式是粮食，那便租外加租；如果征敛的形式是货币，那便是算外加算，也可以理解为赋外加赋了。征收的情况不一，往往要依据国家抑或帝王要达到的目的而选取征课形式。《后汉书·陆康列传》载录了东汉灵帝欲铸铜人而征课天下"亩收十钱"之事。虽然明言是按亩征课，但可以想见东汉末年朝政大坏，地方豪强与令长勾结逃避税赋之事已为常态，尚未破产小民之田亩数又相对较少且小民田亩数间差异亦不甚明显。所以，虽有按亩征课之名，实际上对小民而言就是变相增加了人头税——算钱。

至于更赋中的徭役和一些杂税，一旦国家有风吹草动，大肆征发徭役便不可避免，致使百姓有违农时，严重妨碍了农业生产。即便在国家没有外患的情况下，地方官吏也会想尽一切办法逞其私欲，裱糊政绩，残虐小民。凡所遇之事无论大小，皆税外加税、赋外加赋、力役无度，此类事件在东汉中期之后已成平常：

> 县当孔道，加奉尊岳，一岁四祠，养牲百日，常当充肥，用谷粟三千余斛，或有请雨斋祷，役费兼倍，每被诏书，调发无差。②（光和二年179年）

---

① 严可均：《全后汉文》，北京：商务印书馆1999年，第893页。
② 《樊毅复华下民租田口算碑》见洪适：《隶释·隶续》，北京：中华书局1986年影印洪氏晦木斋刻本，（排印页码）第28页。此文亦为严可均收录于《全后汉文》卷八十二樊毅条下，见严可均：《全后汉文》，北京：商务印书馆1999年，第825页。

因此，仲长统《昌言》中的揭露文字虽然简短，但是这其中已经深刻地揭示出了东汉传统赋税制度的种种深重弊端。所以，仲长统似不大可能明知旧制有百弊而又力主重归两汉旧制。

其次，从仲长统所提倡的制度上来看。"井田"与"什一"互为表里，井田制度是什一而税的土地制度之保障，而什一而税又是井田制度的典型特征。并且在这种土地制度和租税制度之外，井田制度还有一套与之相配的更、赋制度。前人在言说中对此已有明确说明，并且在说明的同时还表达了对后来（汉代）赋税制度的强烈不满。董仲舒对此就有较为详细的表述：

> 古者税民不过什一，其求易共；使民不过三日，其力易足。民财内足以养老尽孝，外足以事上共税，下足以畜妻子极爱，故民说从上。至秦则不然，用商鞅之法，改帝王之制，除井田，民得卖买，富者田连仟伯，贫者亡立锥之地。又颛川泽之利，管山林之饶，荒淫越制，逾侈以相高；邑有人君之尊，里有公侯之富，小民安得不困？又加月为更卒，已复为正，一岁屯戍，一岁力役，三十倍于古；田租口赋，盐铁之利，二十倍于古。或耕豪民之田，见税什五。①

在董仲舒的言说中，可以窥见一些井田制度下的赋税征课模式。对小民而言以实物形式缴纳"什一"之税外，似乎只用再出三日力役即可。董仲舒在文中指责秦自商鞅以来国家大肆盘剥、税目重出、滥征力役，这其中似乎也透露着些许对西汉税制的不满之意。毕竟在赋税制度上，秦汉是一脉相承的。而至西汉末年的王莽，则借井田什一圣制历数西汉税制的种种弊端，将西汉与暴秦相提并论之意已显露无遗：

> 古者，设庐井八家，一夫一妇田百亩，什一而税，则国给民富而颂声作。此唐虞之道，三代所遵行也。秦为无道，厚赋税以自供奉，罢民力以极欲，坏圣制，废井田，是以兼并起，贪鄙生，强者规田以千数，弱者曾无立锥之居。又置奴婢之市，与牛马同阑，制于民臣，颛断其命……

---

① 严可均：《全汉文》，北京：商务印书馆1999年，第238页。

> 汉氏减轻田租，三十而税一，常有更赋，罢癃咸出，而豪民侵陵，分田
> 劫假。厥名三十税一，实什税五也。父子夫妇终年耕耘，所得不足以自存。
> 故富者犬马余菽粟，骄而为邪；贫者不厌糟糠，穷而为奸。①

王莽的言说更加直接，称颂"井田什一"圣制的同时对秦、汉王朝的赋税制度进行了全面的批判。在此应当冷静地看到，纵然王莽有为自身政治阴谋大肆鼓吹之嫌，但是他对汉代赋税制度的批判还是较为中肯的。前人已经对汉代赋税制度的弊端痛斥到如此地步，仲长统似乎不大可能不顾前人痛陈利弊而再执意恢复两汉旧制。

再次，就汉代的国家财政收入而言"田租自当为三种中之最重要者"②。仲长统认为，只要按其"租税什一"的田租税率征课后，国家最主要的田租收入可增至旧制下的三倍，结果必定是府库充盈、财政宽裕。在这种国用充足的情况下，国家再依照两汉旧制去征课更赋和算赋便失去了意义，因此便没有必要再去额外盘剥小民了。

另外，任何提倡税制改革者近乎都是力主减轻当下（税制下）小民之负担的，尽管最终都会落入"税外加税——改革并税——再税外加税——再改革并税"的恶性循环中，但没人会在改革之初就以加重赋税来获取支持。如果真的将"更赋如旧"理解为将更赋制度保持两汉旧制的话，那么在此基础上再推行"租税什一"——将田租提高到原来的三倍，无疑是极其露骨地将小民逼上绝路。因此，"更赋如旧"断不可作此解！

至此，可以透彻地理解为何仲长统不厌其烦地陈述"租税什一"之制，而对更赋改革仅仅寥寥数语了。因为，在仲长统看来租税是国家的根本所在，通过"租税什一"的改革后，国用丰足。此时，从某种意义上讲，汉代旧有的更、赋制度也就几乎没有存在的必要了。所以，便轻描淡写地用"更赋如旧"这四个字来说明更赋征课完全可以回到与"井田什一"相应之旧制了。

综合仲长统"抑兼并"思想一章的分析可以看出，仲长统在田制改革的问题上主张推行"局部限田"，这一措施是十分谨慎且稳妥的。然而在更赋制

---

① 严可均：《全后汉文》，北京：商务印书馆1999年，第607页。
② 李剑农：《中国古代经济史稿（上）》，武汉：武汉大学出版社2011年，第295页。

度改革的问题上则显得举重若轻。但是如果说仲长统只着力于恢复"井田什一"制度而没有意识到两汉更赋制度的弊端,这点在常理上似乎很难说通。因为单就文本而言,如今所见之《昌言》已经是"亡者盖十八九"之后的辑录之作了,以现存《昌言》中所见之观点来机械地逆推仲长统某些观点的有无,则未免过于僵化和可笑。至少《理乱篇》中所涉及的租税问题都是围绕井田什一来谈的,更赋制度并不是主题。所以,可以说现存文献中未见仲长统关于汉代赋税制度的论述,但不能说仲长统对汉代的赋税制度不曾有过思考。

此外,和仲长统行年存在交集且年长仲长统三十余岁的荀悦,就已经开始察觉到了两汉税制的严重问题:

> 古者什一而税,以为天下之中正也。今汉民或百一而税,可谓鲜矣,然豪强富人,占田逾侈,输其赋太半,官收百一之税,民收太半之赋,官家之惠优于三代,豪强之暴酷于亡秦,是上惠不通,威福分于豪强也。今不正其本,而务除租税,适足以资富强。①

荀悦的这种思考,虽然只是通过揭露豪强压榨小民的现状来指出汉代三十税一的轻税政策并没有实现真正意义上的养民。尽管在分析的过程中没直击导致小民破产的根本原因,但是这段文字至少说明自董仲舒、师丹、王莽至荀悦,已经不断有人开始对两汉以来的赋税制度产生了质疑和反思。然而,两汉四百年间质疑者不在少数,提倡直接恢复井田的也不乏其人,但像仲长统这样公开提出"更赋如旧"的人似乎没有第三个(王莽曾试图全面推行井田古制)。在此,有必要先对两汉的更、赋制度作细致介绍。

算赋,是一种依据人丁征收的人头税,从较为宽泛的意义上讲包括"口赋"(口钱)和"算赋"(算钱)。究其根本而言,口赋和算赋是对一个人在不同年龄时期征收的人头税。口赋,据《汉书·昭帝纪》元凤四年春正月条下注:

> 如淳曰:"《汉仪注》民年七岁至十四出口赋钱,人二十三。二十

---

① 荀悦撰,张烈点校:《汉纪·孝文皇帝纪下》,北京:中华书局2002年,第114页。

钱以食天子。其三钱者，武帝加口钱以补车骑马。"①

又《后汉书·光武帝纪下》建武二十二年九月条下注：

《汉仪注》曰："人年十五至五十六出赋钱，人百二十，为一算。又七岁至十四出口钱，人二十，以供天子；至武帝时，又口加三钱，以补车骑马。"②

又《汉书·惠帝纪》六年冬十月条下注：

应劭曰："汉律，人出一算，算百二十钱，唯贾人与奴婢倍算。"③

这种税制实肇端于西汉高祖四年（前203年）。考《汉书·高帝纪》四年冬十一月条：

八月，初为算赋。④

且该条下注文：

如淳曰："《汉仪注》民年十五以上至五十六出赋钱，人百二十为一算，为治库兵车马。"⑤

这一针对人丁课税的方式一直延续到东汉末年，可谓绵延两汉之世。综上，可以看出东汉社会之小民，在七岁到十四岁的时期每人每年要缴纳二十钱；在

---

① 班固：《汉书·昭帝纪》，北京：中华书局1962年，第230页。
② 范晔：《后汉书·光武帝纪下》，北京：中华书局1965年，第74页。
③ 班固：《汉书·惠帝纪》，北京：中华书局1962年，第91页。
④ 班固：《汉书·高帝纪上》，北京：中华书局1962年，第46页。
⑤ 班固：《汉书·高帝纪上》，北京：中华书局1962年，第46页。

十五岁到五十六岁的时期每人每年要缴纳一百二十钱。① 并且，这种针对人丁课税的制度对妇女并不网开一面，这一点是很有必要澄清的。章帝元和二年春正月乙酉诏曰：

> 《令》云："人有产子者复，勿算三岁。"今诸怀妊者，赐胎养谷，人三斛；复其夫，勿算一岁。著以为令。②

由此可见，东汉王朝已有旧令在先，妇女生产后可免去三年算赋。章帝又在此基础上有所增益，对怀胎之妇女赐予一定数量的粮食，并免去其丈夫一年算赋。这些法令恰好也从另外一面说明了，对没有怀胎、生产的女性也是一样要征课算赋的。因史传中皆用一"算"字表述，且未予额外说明，似当等同于男丁所征课之数目。因此，以常理推知："五口之家，如有三个成年人，两个未成年人，就得出 400 文。"③ 此外，还有更赋。据《汉书·昭帝纪》元凤四年春正月条下注：

> 如淳曰："更有三品，有卒更，有践更，有过更。古者正卒无常人，皆当迭为之，一月一更，是谓卒更。贫者欲得顾更钱者，次直者出钱顾之，月二千，是谓践更也。天下人皆直戍边三日，亦名为更，律所谓繇戍也。虽丞相子亦在戍边之调。不可人人自行三日戍，又行者当自戍三日，不可往便还，因便住一岁一更。诸不行者，出钱三百入官，官以给戍者，是为过更也。律说，卒践更者，居也，居更县中五月乃更也。后从尉律，卒践更一月，休十一月也。《食货志》曰：'月为更卒，已复，为正一岁，屯戍一岁，力役三十倍于古。'此汉初因秦法而行之也。后遂改易，有谪乃戍边一岁耳。遒，未出更钱者也。"④

---

① 每人每年一百二十钱的常制是经过漫长的变动而最终确定下来的，当然即便常制已经确定，但随年景丰歉、国用是否充足还会出现一定的变动。详见加藤繁：《关于算赋的小研究》，《中国经济史考证（上）》，北京：中华书局 2012 年。
② 范晔：《后汉书·孝章皇帝纪》，北京：中华书局 1965 年，第 148 页。
③ 李山：《中国文化史讲义》，北京：北京师范大学出版社 2007 年，第 407 页。
④ 班固：《汉书·昭帝纪》，北京：中华书局 1962 年，第 230 页。

又《后汉书·孝明皇帝纪》中元二年秋九月条下注：

> 更，谓戍卒更相代也。赋，谓雇更之钱也。《前书音义》曰："更有三品：有卒更，有践更，有过更。古正卒无常，人皆当迭为之。有一月一更，是为卒更。贫者欲得雇更钱，次直者出钱雇之，月二千，是为践更。古者天下人皆当戍边三日，亦名为更。不可人人自行三日戍，当行者不可往即还，因住一岁，次直者出钱三百雇之，谓之过更。"①

据上文可知更赋包括卒更、践更和过更。卒更、践更皆属徭役范畴；过更当属兵役范畴。按照国家要求，成年男丁都有为国家服徭役一个月的义务——卒更，如果不想亲自服徭役则可花钱雇人代替自己来服一月徭役——践更。然而，雇佣他人的价格政府已经明确指定为两千钱。②另外，成年男丁都有服兵役戍边三日的义务，但由于诸多原因导致"不可人人自行三日戍"，所以还要花钱雇人代替自己服三日兵役，雇佣他人的价格政府亦明确指定为三百钱。这样一来，一个五口之家若有两个成年男丁的话，每年又要缴纳六百钱。加之之前的四百钱算赋就是一千钱。"无论年景好坏，什么事情也没有，就得上缴1000文左右的钱款给政府。本来小农脆弱，天灾人祸都可以使之破产。现在又这样1000文大钱横在那里，小农就像站在深过下颌的水流之中，一有风浪就面临灭顶之灾。"③为什么这样说呢？因为根据汉代一个普通的五口之家拥有七十亩耕地来计算，④除去自然灾害不提，每亩土地的收入按照仲长统《昌言》中推算其所处时代的平均产量：

> 今通肥饶之率，计稼穑之入，令亩收三斛。⑤

---

① 范晔：《后汉书·孝明皇帝纪》，北京：中华书局1965年，第98页。
② 此项费用对小民而言颇为巨大，且属自愿而非强制，故依常理推之小民当多服徭役而少缴钱款。
③ 李山：《中国文化史》，北京：北京师范大学出版社2007年，第407页。
④ 该家庭类型和土地数量均采自许倬云《汉代农业》中第三章《农民的生计》所推算之数目，见许倬云：《汉代农业》，南京：江苏人民出版社2012年，第57-80页。
⑤ 严可均：《全后汉文》，北京：商务印书馆1999年，第893页。

拥有七十亩土地的农户每年收入的粮食当为二百一十斛左右。而在这二百一十斛的粮食收入中还要扣除这个五口之家的全年口粮，许倬云将史传中提供的文字材料和居延汉简所提供的信息相结合，对一个五口之家的口粮消耗做出了如下统计：

> 一个成年男子一个月的粮食消费量为3斛，一个成年家属为2.1斛，一个未成年人1.2斛。据此，我们在上面虚构的那个五口之家，每一个月要消费粮食11.4斛，或者说每年约消费140斛粮食。①

也就是说，在全部二百一十斛粮食中必须扣除这用于糊口的一百四十斛。所剩仅七十斛而已。而这七十斛中还要再拿出一部分用于折钱去缴纳更、赋之钱，按在正常年景下一斛粮食大约可以换得六十钱的话，那么一千钱就要折掉将近十七斛的粮食。至此，这个五口之家在完税之后所剩粮食只有五十三斛了。所剩这五十三斛粮食对这一个五口之家又是一个什么概念呢？如果进行纯粹理论层面的推算，这个五口之家在之后的一年中没有任何地方政府发起的宗教祭祀活动②、没有任何婚丧嫁娶、没有任何衣服器用采购、没有任何疾病、没有任何生产工具需要更新或维护、没有任何地方政府的苛捐杂税滥征徭役，且还需按最少数额为来年每亩留足一斗的粮种后，这个五口之家所剩余的粮食只有四十六斛了。

然而，盘剥并未完结，这些还只是这个家庭缴纳了更、赋之费后的剩余。此时，所剩粮食本已不多，但还需缴纳直接以实物形式征课的"三十税一"之田租。按照二百一十斛的收入，应该缴纳七斛。此时，这个五口之家在纯然理论层面上推算仅仅就剩下三十九斛粮食了。也就是说农夫在外辛辛苦苦劳碌一年所得的收成除了缴纳各种赋税和保留全家糊口之粮外，所剩的粮食数量不过相当于这个家庭三个月的口粮而已。至此，又可以证明仲长统的"更赋如旧"说绝不可能是在维持东汉王朝旧有的更赋制度下再推行"租税什一"的。因为，

---

① 许倬云：《汉代农业》，南京：江苏人民出版社2012年，第68页。
② 这一点似乎是不大可能的，据班固《汉书·食货志上》卷二十四上"石三十，为钱千三百五十，除社闾尝新春秋之祠，用钱三百，余千五十"之语，可知宗教祭祀当为小民一年中不可避免之支出。

如果再推行"租税什一"制度，那么小民上缴的田租就不是七斛而是二十一斛了。按此推算，这个五口之家就只剩下二十五斛粮食了。仲长统身为尚书郎，鉴于其所处职位的特殊性：

  尚书郎四人：一人主匈奴单于营部，一人主羌夷吏民，一人主天下户口土田垦作，一人主钱帛贡献委输。①

似不可能不对东汉王朝的土地和赋税制度的积弊全然不察。若当真作此解，则无异于直接操刀杀人了。所以，将"更赋如旧"理解为保持汉代旧有的更、赋税收制度的观点是极其荒唐的。

  以上对东汉王朝一个五口之家在粮食收获后，经过重重赋税征课后的结果进行了推算，当然这些都还只是理论层面的推测。此外，还需要注意的另一个问题是，每年岁末官吏征课赋税之急又会加剧大量粮食在短期内集中投放到市场：

《后汉书·孝安皇帝纪》元初四年条下注：

  《东观记》曰："方今八月案比之时。"谓案验户口，次比之也。②

可知，每年在秋收临近之时地方官吏都会核查户口，统计人口数目，而这么做的目的就是为了掌握准确的人丁数目以便按人丁征课赋税。

  又《后汉书·百官志》有：

  岁尽遣吏上计。③

且该条下注：

---

① 《汉官仪》卷二，见孙星衍等辑，周天游点校：《汉官六种》，北京：中华书局1990年，第142页。《汉官仪》载录之制当属西汉，尽管光武对尚书系统在人员上进行了改革，但在职能和处理事务的性质上似不会有太多改变。
② 范晔：《后汉书·孝安皇帝纪》，北京：中华书局1965年，第227页。
③ 范晔：《后汉书·百官志》，北京：中华书局1965年，第3621页。

卢植《礼注》曰："计断九月，因秦以十月为正故。"①

上计实际上是一种地方向中央定期汇报制度，据《汉书·武帝纪》元光五年注：

师古曰："计者，上计簿使也，郡国每岁遣诣京师上之。"②

而汇报内容又是什么呢？据《汉书·武帝纪》太初元年十二月注：

师古曰："受郡国所上计簿也，若今之诸州计账。"③

可知，地方郡国每年要在八月秋收之前对当地的人口数目进行核定，而后在粮食收获之后按人丁征课各种赋税，租税征收完毕后，将所辖地方的人丁数目、田亩面积、征课的钱粮数目一一登名造册，而这一切都要在九月结束前完成。从八月到九月，在两个月的时间里，小民要完成粮食收获、缴纳田租、以粮折钱、缴纳算赋等事项。纵然假设地方政府在办理过程中尽最大限度节省时间，尽最大可能不征发徭役，但在如此短的时间内小民被迫将大量粮食集中投放市场用于折钱，在这一环节中虽然没有了赤裸裸的盘剥和征课，但地方豪强的存在则会凭借其政治经济地位的优势，一次次地上演着另一种隐性的盘剥。豪强凭借自身雄厚的财力，乘着供求关系几近扭曲的机缘对小民再次盘剥了一番。东汉以来丰年本就不多，但即便是丰年足岁小民还要遭受"谷贱伤农"的困扰。因此，在两汉时代真正摧垮脆弱小农经济的幕后黑手正是汉代的赋税制度，而绝非什么摆在台面上的天灾频仍。有些学者认为，导致汉代小民大量破产的主要原因是自然灾害频发，这种说法何异于"刺人而杀之，曰：'非我也，兵也。'"④在两汉王朝这种畸形的赋税制度下，小民是注定要面临破产的。在这种境况下，天灾只不过依仗着"税祸"成为压垮小民的最后一根稻草而已。破产之后的小民出于生计考虑，为躲避人头税的盘剥，多寻求豪强庇

---

① 范晔：《后汉书·百官志》，北京：中华书局1965年，第3622页。
② 班固：《汉书·武帝纪》，北京：中华书局1962年，第164页。
③ 班固：《汉书·武帝纪》，北京：中华书局1962年，第199页。
④ 焦循撰，沈文倬点校：《孟子正义·梁惠王上》，北京：中华书局1987年，第61页。

护而沦为豪强的佃农乃至奴隶。这样一来，以人丁课税的制度便失去了征课的对象。要之，在汉代社会拥有土地且从事农业生产的小民既是物质的生产者，同时又是国家财富的提供者，传统中国社会中小农的社会职能是非常"尴尬"的，就像台湾学者邹纪万总结的那样："自耕农是一个具有双重性质的阶层，一方面他们是土地的直接生产者，一方面又是政府赋税徭役的主要提供者。"①而两汉帝国的赋税制度，则直接将小民置于破产的边缘。法国学者弗朗斯瓦·魁奈就曾直言不讳地指出中国农业社会中长久以来存在的"人头税"之弊端：

> 据说在中国，除了土地税以外，还有某些非正规的赋税，诸如一些地区的关税和通行税，以及一种人头税形式的对人身征课。如果这些说法属实，则表明在这一点上，这个国家对于他的真实利益，尚未真实明了。因为一个国家的财富来自土地，而上述这些赋税破坏了税制本身从而对国家税收造成危害。这一事实可以用数学方法无可置疑地显示出来，不过却难以用推理方式加以把握。②

这也许就是长久以来困扰两汉王朝"今法律贱商人，商人已富贵矣；尊农夫，农夫已贫贱矣"③这一怪圈产生的根本原因。伴随着社会经济的发展，供求关系等经济规律已开始发挥作用。畸形的赋税制度凭借强硬的国家意志不容挑战，而小民只能任人压榨。就好比一部简单的杠杆式榨油机，供求关系等经济规律构成了它的支点，依靠国家意志推行的畸形税制是它的强硬杠杆，而小民便是容器中蒸炒之后等待压榨的大豆。国家并没有糊涂到要把小民压扁、榨干，但兼具官员和商人双重身份的豪强，利用了国家畸形税制的强硬杠杆和经济规律的有力支点，在巨大利益的驱使下毫不留情地按下了杠杆，而后不仅要从中分得大量油水，还要将这些被压扁、榨干的"豆饼"施放到自家的庄园中用来"肥田"。

汉代的更、赋弊端重重，从现存的文献来看，仲长统的改革方法是想直

---

① 邹纪万：《两汉土地问题研究》，《台湾大学文史丛刊》之五十八 1981 年，第 236 页。
② （法）弗朗斯瓦·魁奈：《中华帝国的专制制度》，北京：商务印书馆 1992 年，第 107–108 页。
③ 班固：《汉书·食货志》，北京：中华书局 1962 年，第 1133 页。

接回到与"井田什一"相配合的更、赋制度。也就是说在缴付"租税十一"之后，只要再为国家服三日徭役即可。然而，这种制度并不反对国家因边患或财用不足时也会额外缴纳税赋，而这些赋的形式也多半以粮食或布匹等形式缴纳。正所谓"有军旅之出则征之，无则已"①。

这样的赋税制度，在仲长统所处的时代于小民而言确实有着许多积极意义，但这样的改革却断掉了国家"钱"的收入，而"钱"的收入对两汉王朝则关系甚大。因为赋中的口赋，在某种程度上可以看做汉王朝帝室的私财。②中兴之后，光武省官减职将国家财政和帝室财政合二为一，建武六年六月辛丑诏文可以说明这一点：

> 六月辛卯，诏曰："夫张官置吏，所以为人也。今百姓遭难，户口耗少，而县官吏职所置尚繁。其令司隶、州牧各实所部，省减吏员。县、国不足置长吏可并合者，上大司徒、大司空二府。"于是条奏并省四百余县，吏职减损，十置其一。③

即便帝室私用和国家公用合二为一，但帝室在财政支出的种类和形式上似当无甚变化。另外，值得注意的是光武省减的多为地方之州郡令长，而对帝室内部却无甚省并。所以，从某种意义上讲，自东汉以来算赋在名义上是收归国有的，但是在实际上近乎可以认为是由帝室掌握的。仲长统"更赋如旧"的政策，认为应当从根本上取消掉这种以人丁为本的人头税。如果真的实行了仲长统设计的这一政策的话，帝室的财政收支体系以及一切围绕这一体系所建立起来的整套制度都将被彻底打破。这种魄力对积重难返的东汉王朝而言，似乎显得太过迅猛。所以，可以推想，仲长统在畅谈"租税什一"可以令国家

---

① 徐元诰撰，王树民、沈长云点校：《国语集解·鲁语下第五·季康子欲以田赋》，北京：中华书局2002年，第207页。

② 该问题详见加藤繁：《汉代国家财政和帝室财政的区别以及帝室财政的一斑》，《中国经济史考证》，北京：中华书局2012年，第25–126页。帝室的支出主要包括膳食费、被服费、器物费、舆马费、医药费、乐府及戏乐的费用、后宫费、铸钱费、少府和水衡的杂费、赏赐的费用等，且以上所有耗费皆以货币形式支出。

③ 范晔：《后汉书·光武帝纪下》，北京：中华书局1965年，第49页。

府库丰盈无困窘之忧后,将这一重大的赋税改革问题于有意无意间一笔带过,极有可能是出于某种难言之隐。

通常研究都会将其改革思想与其所处的时代作简单联系,认为仲长统极其清楚地明白,如果推行这样一套强有力的改革方案,依靠现有苟延残喘的东汉王朝是不可能的,只能"以俟制度可也"了。当然,也不能完全排除,仲长统简单地认为"租税什一"已够国用,其他更赋皆无必要的这种可能。但以仲长统思想之独到,目光之犀利,论说之透彻,及其思维"离经叛道"之特质,似不大可能如此。就如制定抑兼并政策时,巧妙地对"公田"定义做了修改,含而不露地承认了豪强大家的既得利益,推出了较为稳妥的"局部限田"政策一样,看似一笔带过,实则行文颇多推敲。那么,为何仲长统要全部取消东汉的更、赋制度呢?这是因为在现实的社会经济生活中,两汉旧有的赋税对小民伤害最大,是直接导致小民破产、土地兼并的根本原因。然而,如此重大的改革牵涉层面过多,而这种牵涉的层面并不止于经济层面,应该还有更深层面的纠葛。

在此,很有必要引入关于仲长统行年考证的一些结果。仲长统是自建安十二年(207年)出任尚书郎的。《昌言》当作于其出任尚书郎期间。在仲长统出任尚书郎前的建安九年(204年),曹操已经在河北冀州地区推行了全新的赋税制度:

(建安九年)九月,令曰:"河北罹袁氏之难,其令无出今年租赋。"重豪强兼并之法,百姓喜悦。[①]

且该条下亦有注文:

《魏书》载公《令》曰:"有国有家者,不患寡而患不均,不患贫而患不定。袁氏之治也,使豪强擅恣,亲戚兼并;下民贫弱,代出租赋;炫鬻家财,不足应命。审配宗族,至乃藏匿罪人,为逋逃主。欲望百姓亲附,甲兵强盛,岂可得邪!其收田租亩四升,户出绢二匹、绵二斤而已,

---

[①] 陈寿:《三国志·魏书·武帝纪》,北京:中华书局1982年,第26页。

他不得擅兴发。郡国守、相明检察之，无令强民有所隐藏而弱民兼赋也。"①

据此可知，建安九年（204年）袁氏大势已去，冀州之地即将平定。曹操为收复民心、恢复生产，制定了全新的租税制度。可以看出，曹操的赋税政策已经完全不同于两汉旧有之税制。首先，田租更轻。两汉实行"三十税一"的轻税政策，而曹操推行的"田租亩四升"政策比汉家还要轻。以每亩征课四升大胆逆推，可知曹操对其所征课的冀州土地之平均产量估算为每亩四斛左右。对四斛收成征课四升的田租比率，恰好是"百一而税"可谓至轻！其次，征课形式由粮食、绢帛和绵等实物形式构成，小民在缴纳赋税时不再担心承受折费之盘剥。最后，绢帛、绵等实物的征课又都是以户为对象，而不再以人为对象。这一办法不仅有利于小农家庭的手工业发展，更有利于该类家庭的人口增殖。曹操此番改革，可谓一举多得。如果暂且抛开尚存的豪强问题，甚至可以直言不讳地说，困扰两汉王朝的土地兼并及赋税制度等问题都被曹操的"新政"一并解决了。质而论之，较之两汉税制曹操的赋税政策颇为简省有效：

其收田租亩四升，户出绢二匹、绵二斤而已，他不得擅兴发。②

二十三个字，将两汉赋税制度的种种弊端全部回避掉了，获得了广大世家和小民的认可。仲长统行年杂考中已经考证出其于建安十年（205年）曾过并州刺史高干。且仲长统曾"游学青、徐、并、冀之间"③所以仲长统在游学之时不会不对发生于建安九年（204年）如此重大的土地及赋税制度改革全然不知，更不会对这一改革给百姓带来的福祉浑然不觉。然而，在仲长统的文字中找不到些许的提及和赞许，不能不说这种情形是值得深思的。

因此，在考虑这一点时，除去单纯地考虑经济层面的利弊之外，更不能抛开言说者的政治立场。前章仲长统生卒行年杂考中已经对仲长统的政治立场有所交代，无论是从荀彧僚属还是友朋，抑或从哪个角度来揣测，都会发现荀彧和仲长统的政治立场是一致的。尽管东汉王朝已来日不多，但皆尊君奉汉不

---

① 陈寿：《三国志·魏书·武帝纪》，北京：中华书局1982年，第26页。
② 陈寿：《三国志·魏书·武帝纪》，北京：中华书局1982年，第26页。
③ 陈寿：《三国志·魏书·刘劭传》，北京：中华书局1982年，第620页。

曾动摇，所以自然不能接受僭越篡逆之企图，更何谈为之颂赞鼓吹呢？从仲长统历数王朝世代兴衰，可以看出仲长统不仅熟读史传之文，更洞悉兴替之理。"殷鉴不远，在夏后之世。"同样，在仲长统看来本朝之鉴亦为不远，恰恰就在西汉后之世。王莽仅有复古改制之名，便受到了广大士人的支持和追捧，在天下人赞颂的鼓噪声中实现了篡汉。而此时，已"有人"推行改革之实，并深得民心拥护，那么接下来发生的事情自然是仲长统所不愿意看到的。一心尊君奉汉的仲长统，明知这种改革是除旧布新、流惠下民，而只字不提，实是透露了其心中的某种隐忧。这种隐忧是担心曹氏通过土地和赋税制度改革借为汉朝重拾人心之机，实现为一人造僭篡之势。分析至此，方才透彻地领悟到为何全新的土地和赋税制度已经推行并获得好评之时，仲长统不作一字评骘之语，而是依旧祖述井田圣制，仍在两汉王朝的土地和税制的框架内进行修修补补。纵然大加损益但仍不会斩断旧制和新法之间的联系，在言辞中依然有租、更、赋的字样。这其实是仲长统在疗救奄奄一息的东汉王朝时，于重症与猛药的取舍间被迫寻得的一种平衡。纵然他对这个时代已经绝望，但在情感上并不希望大汉王朝就这样"顺理成章"地被取代。所以，才会对曹操的土地和赋税制度改革没有丝毫反响，没有加入到鼓吹盛赞的行列中，而是依旧我行我素地坚持着自己的一套。因此，王夫之在《读通鉴论》中对仲长统的批评是不恰切的：

> 虽然统知惩当时之弊而归责于君，亦不待深识而知其然者；而推论存亡迭代，治乱周复，举而归之天道，则将使曹氏思篡之情，亦援天以自信而长其逆。故当纷乱之世，未易立言也。①

王氏持论未免有苛责之嫌，曹氏思篡逆已久，又何待一尚书郎之论为其张本？王氏有此结论也许是将仲长统超越现实的天命观强加了政治功用的意义，而对仲长统有助政治功用的赋税改革又忽略了其内在隐含的政治情愫。

其实，回过头来，比较曹操与仲长统的赋税思想，可以看出两人思想在大方向上是相同的——都取消了直接向小民征课货币形式的赋税。只不过两人的区别在于，当仲长统还在竭尽全力对汉代赋税制度作修补的时候，曹操早已

---

① 王夫之：《读通鉴论》，北京：中华书局1975年，第251-252页。

将两汉旧制一并推倒并建立起一套全新的制度了。

至此，在对仲长统的赋税改革思想进行了全面论析之后，很有必要沿着这条线索将两汉赋税制度之弊端、造成小民破产的种种原因及豪强大户兼并土地的几个问题串联起来，全面地进行分析。鉴于两汉四百年以来的土地兼并问题，确有必要做深入的检讨。究竟为何长久以来，土地兼并问题始终是困扰两汉王朝的重症顽疾？这个问题的直接原因并不是通常学者们所说的源于土地私有制度那么简单。[①] 这种说法颇类似于，之所以有剥削现象，是因为雇佣关系的确立。这种推断是全然正确的，但在解决具体问题上则是全然无意义的。在分析两汉王朝的土地兼并问题时，首先要注意到，东汉一朝几乎可以算是中国历代王朝中贫民最多的朝代了，大量的破产贫民成为了东汉各帝纪不可或缺的一笔。马非百在其《秦汉经济史资料》系列中就曾尖锐地指出："贫民最多的时代，尤莫如东汉。我们每一翻读东汉各帝王的本纪，几乎没有一页没有关于赈济贫民事实的铺叙；这在一方面，固然赈济贫民可以说是皇帝们的发政施仁的表现，但在又一方面，赈济贫民的次数越多，更是证明农民赤贫化的程度越厉害。"[②] 贫民的大量出现，实则是病态的赋税制度最终加速了小民阶层的全面破产！汉代小民的一生要承受租——田租，即实物地租；更——徭役和雇佣他人戍边所用之钱；赋——未成年称"口钱"、成年称"算赋"的重重盘剥。这一切的征收制度都是以人丁为基础的。当社会中的全体小民都拥有一定数量耕地时，这一制度尚可执行，但每年除去上缴实物和货币形式的赋税外家中已经所剩无几了。所以，一旦遭遇水旱螟蝗，小民只有出卖土地和妻儿了。这样就出现了大量的剩余土地和失去土地的大量劳动力。所以，这种赋税制度就好像一只无形的巨手，将大量小民从土地上剥离，然后将数量庞大的因破产而衍生的廉价劳动力和低价的土地推到了豪强的面前，而后豪强大肆兼并土地不过是顺理成章之事了。

那么，在此层面上不免会再次追问，为何两汉王朝推行的赋税制度会如

---

① 如台湾学者邹纪万持此观点认为导致土地兼并的直接原因是土地私有制度，见邹纪万：《两汉土地问题研究》，台湾大学文史丛刊之五十八 1981 年，第 180 页。且持有此种观点者颇多，在此不复列举。

② 马非百：《秦汉经济史资料（三）——农业》，《食货》半月刊第三卷第一期 1935 年，第 9 页。

此伤农呢？这还要从赋税的征收方式说起。汉代的"三十税一"堪称中国历史上轻赋薄敛的典范，然而最终造成小民破产的根本原因是落实到人头的算赋和更赋。在典型的农业社会，小农的家庭生产方式是男耕女织。在这种生产方式下，产品是粮食和布匹（或丝织品）。然而上缴的税赋中很少的一部分是以实物形式来支付的，其他绝大部分都是要以货币形式来支付的。并且，上缴时间一般都定在秋收之后的一月之内。丰年之时，农民由于迫切需要换取货币，故而在短时间内将粮食大量地投放到市场中用于换取货币，粮食的价格只得一跌再跌。而粮食价格腾跃之时，则注定是灾歉之年，纵然粮价腾跃，但小农手中又何来出售之余粮？又能拿什么来换取货币去交更、赋之钱呢？如果此时手中所耕之田又是不得买卖的"公田"，那么就只能出卖妻儿了。

　　造成这一切症结的深刻原因在于两汉王朝畸形的赋税制度。两汉王朝直接向从事农业生产的小民征收大量货币形式的赋税。沉重的赋税本已可憎，而"昂贵"的货币形式赋税更将小民推向了无底的深渊。除去供求关系影响下的价格波动外，小民因其生产能力有限和社会地位卑微，往往成为现实经济行为中被压榨的对象。每年为了缴纳货币形式的赋税，小民的社会身份都被迫要从直接的实物生产者转化为商品的出售者。国家重农"禁民二业"①，实则在畸形的赋税制度下小民都被迫兼具物质生产者和商品交换者的双重身份。由于小民自身社会地位的卑微，导致其往往无从享受这双重身份带来的正面影响，却常常背负这双重身份所带来的负面影响。自然灾害常常和供求关系紧密相连，好似一对组合拳，一旦天灾来袭小民往往应声倒下毫无抵抗之力。

　　综合前文，可知汉代对小民伤害最大的并不是单纯意义上的算赋，而是按人丁征课的货币形式赋税（主要包括算赋和践更之费）。然而，即便像中唐以来实行"两税法"按田产征收赋税，无论从初衷上还是从结果上，都并未改变小民的被动地位，有时候对小民的压榨甚至让那些善于玩文字游戏的诏令撰写者们都无从落笔了，就像黄永年在《论建中元年实施两税法的意图》中指出的那样："还有一点也值得注意。唐人在发布的诏令里是很喜欢做文章的，尤其在如何爱惠优恤百姓上常常大做其文章……但在建中元年正月五

---

① 范晔《后汉书·刘般列传》卷三十九有"郡国以官禁民二业，至有田者不得渔捕"之语，见范晔：《后汉书·刘般列传》，北京：中华书局1965年，第1305页。

日赦文、二月十一日起请条以至杨炎请作两税法奏疏里都没有两税法如何减轻赋敛，如何恤民之类的话头。这正是因为实施两税法时本没有从减轻赋敛、缓和阶级矛盾上来考虑，以致擅长撰写恤民文字的诏令代言人也无从在这方面着笔。"① 因此，从客观的角度来看"建中元年之实施两税法，确实是一项向地方争夺财政的重大措施"。② 在一定程度上减轻了小民的负担，但小民仍需向政府缴纳货币形式的赋税。从本质上来看，并未彻底改变小民的艰难处境。可是，伴随着社会经济的发展，作为一般等价物的货币开始出现，"钱"和"粮"开始分别扮演着国家财政两个不可或缺的重要部分。因此，国家在征课赋税时又必须兼顾"实物"和"货币"这两种形式。其中尤其是货币形式的赋税，对小民而言，由于受"自然灾害"和"供求关系"两种因素的双重影响颇大，所以常常令小民的处境困苦不堪。

如若再做更进一步的追问，如何才能为汉代的小民觅得活路呢？至少在理论层面上来说，方法其实很简单——税、赋分化，也就是将征课实物形式的税和征课货币形式的赋分化开来。将这两种形式的赋税，分别向两种不同身份的人去征课。国家对粮食、布匹的需求，直接向单纯从事农业生产的小民征收实物形式的田租，其他概不征课。让小民只承担粮食生产的职责而不再额外负担将粮食折取货币的职责。这样一来，小民所生产的粮食在属性上就发生了根本性的变化，由原来的商品属性直接回归为物品属性，小民生产的实物至少在面对赋税征课时仍属于物品而非商品。在这种情况下，小民用直接生产出的粮食和布匹交税。这样小民就可以避免在缴税之时因急于用农产品兑换货币而遭受奸商恶贾的欺凌与压榨。而日常生活所需之物品，又可依据自身需求及合理利用供求关系，选择较为适合的时间用实物折换货币后再去购买。

那么，"钱"又从何而出呢？毕竟社会经济发展到了一定阶段，货币已然成为社会经济中无法回避的环节。答案很简单——商业！从小农身上直接抽取货币形式赋税以足国用，固然在最大程度上方便了国家的财政管理。但是在以家庭为单位组成的庞大农业社会中，这一政策间接等于将小农置于奸商

---

① 黄永年：《论建中元年实施两税法的意图》，《陕西师大学报》（哲学社会科学版）1988 年第 3 期，第 83 页。

② 黄永年：《论建中元年实施两税法的意图》，《陕西师大学报》（哲学社会科学版）1988 年第 3 期，第 88 页。

恶贾的刀俎之下任人宰割,谷贱伤农之事自然屡屡上演,破产亦不可避免。国家应该像从农业中直接抽取粮食和布匹一样,从工商业中征课货币。所以,如果想征课货币形式的赋税,那么直接从商业流通领域中抽取即可。商业流通领域中商品的自由交换和大量货币的流通,是征课货币形式赋税最理想的源泉。这样不仅减轻了小民的负担,更可以依靠税率的杠杆调节促进商业的良性发展。并且,如果能够引导民间工商业合理发展,进而在商品流通领域抽取适当货币形式的赋税,还会促使民间经济更好地发展,并且税源也会伴随着经济的繁荣而日益充足。此外,工商业的繁荣势必会在一定程度上促进农业生产工具的改进以及生产技术的革新,从根本上又会促进农业的发展,进而最终增加国家的田租收入。当然,这只是一种基于汉代社会经济情况做出的理想假设,或者可以更大胆地认为,伴随着社会客观上经济的发展,汉代的财税制度应当具备这种良性发展的可能。

然而,历史是不容假设的,西汉开国以来仰仗中央"无为"政策蓬勃发展起来的民间工商业,在武帝一朝受到了重大打击。武帝通过盐铁专卖、均输平准、算缗告缗等一系列强硬政策,对民间自由发展起来的工商业阶层给予了沉重的打击。用强硬的行政手段将曾属民间经营的工商业统统收归国有,纳入行政体制之内。因此,朝廷税源虽然获得了短暂性的充足,但是扼杀了一度繁荣的民间经济。从长远角度来看,一旦官僚体制走向腐败,这些统制经济所带来的收入必然会急剧萎缩。而这种由官府掌控的经济运行模式,注定会因权力的膨胀而导致腐败,并最终导致侵吞国家收入、加速盘剥小民,使得小民因生活困窘无力购买官营产品,最终使国家收入锐减。

而这些众所周知的事实又只是表象而已,因为西汉以来的财政和税收制度在设立上很大程度借为国家广开税源之名,行为帝室聚敛财富之实。西汉以来,国家财政和帝室财政是彼此相互独立的(至少在形式上)。天下的田租和算赋(不包括口钱)归国家财政,由大司农掌管;而"山泽鱼盐市税"是由少府掌管的(且其中征课仍不都以货币形式,难得或大宗之物亦皆以实物形式征课)。历经西汉末年和东汉初年的桓谭曾记录过这一情况:

汉宣以来,百姓赋钱一岁为四十余万万,吏俸用其半,余二十万万藏于都内，为禁钱。少府所领园地作务之八十三万万①，以给宫室供养诸赏赐。②

另据，西汉末年王嘉在奏折中有言：

> 孝元皇帝奉承大业，温恭少欲，都内钱四十万万，水衡钱二十五万万，少府钱十八万万。③

据此，不妨做个简单的逆推，据王嘉提供的信息，大司农的剩余之钱（都内钱）为四十万万，而属于帝室的水衡和少府剩余之钱分别为二十五万万和十八万万。据桓谭提供的信息，大司农的剩余之钱为二十万万，而属于帝室的少府剩余之钱为十三万万。

综合之前的种种分析，单纯从国用之钱与帝室之钱数量的关系来看，可以得出这样的结论："武帝时，盐铁的收入移归大司农，因此少府的收入暂时减少，可是因为口赋的创设，很多公田池籞的设立，并且随着一般经济的发展，市税、矿山税、渔业税的收入也增加起来，结果少府的收入大大增加，到汉末元帝时，少府、水衡的剩余钱数超过了大司农的剩余钱数，它的收入也几乎可以和大司农匹敌。"④这些分析，都在说明着一个深刻的问题——纯粹从财政的收入和支出而言，西汉王朝有能力依靠从工商业等货币流通领域征课货币形式的赋税用以弥补日渐不足的国用。然而，从工商业等货币流通领域征课上来的钱却直接用来满足帝室日益膨胀的开销，乃至"国家财政有时虽告穷困，但帝室财政却是富裕的，拥有巨额的剩余钱数"。⑤也就是说，在国用与私用之间，

---

① 此处"八十三万万"似当为"八十八万万"之误。
② 严可均：《全后汉文》，北京：商务印书馆1999年，第125页。注：该条注文严可均《全后汉文》采录，而《新编诸子集成续编》之桓谭撰，朱谦之校辑：《新辑本桓谭新论》，北京：中华书局2009年。则未予收录。
③ 班固：《汉书·王嘉传》，北京：中华书局1962年，第3494页。
④ （日）加藤繁《汉代国家财政和帝室财政的区别以及帝室财政的一斑》，见（日）加藤繁著，吴杰译：《中国经济史考证》，北京：中华书局2012年，第124页。
⑤ （日）加藤繁《汉代国家财政和帝室财政的区别以及帝室财政的一斑》，见（日）加藤繁著，吴杰译：《中国经济史考证》，北京：中华书局2012年，第124页。

帝室从来关注的都是自己如何生而不在乎他人怎样活。因国用不足而实行盐铁专卖、均输平准，从本质上讲，不过是不愿削减帝室的财政收入而另外盘剥小民罢了。东汉以来，虽然光武帝省官节用，将帝室财政与国家财政合并为一，这种财政制度，在君主清明时固然有益国用，然而一旦遭逢庸主，那么国用之财便注定难逃被帝室之费大肆侵吞的命运了。

以上属于纯然财政层面上的分析。一切的分析都旨在说明，帝室本就不具备真正意义上的"为黎民计"之精神，更何尝设身处地从小民角度改革赋税制度呢？

另外更为严重的一点，武帝以来的强硬政策推垮了民间自由发展的经济业态，主观地凭借强硬政治手段消灭了这种可能。其影响之深远，远远超出了西汉王朝历史跨度本身。"始作俑者"的问题并不仅仅在于他所犯的错误，更在于他为后人开创了一个并不值得称颂的先例。西汉开国以来至武帝时期，政府奉行"无为"政策，民间经过长期发展产生的一大批从事商业经营的"素封之家"被武帝的算缗、告缗手段几乎消灭殆尽，一面推行重农抑商国策，一面国家出手将社会工商业近乎全部纳入体制内部。前文中说少府税收之增加，并非源于社会经济的良性发展，实则是源于帝室统制经济规模的扩大。从此之后的民间社会有交易而无贸易，有地主而无富商。在史传中的一个鲜明表征便是《史记》中有《货殖列传》，《汉书》中亦有《食货志》，而至《后汉书》与现存后汉诸多史料中皆无民间纯然从事大宗贸易的富商巨贾之笔墨，以及工商豪富之文字。[①]取而代之的是基于权力而形成的高度自给自足的庄园经济。西汉末年，豪强林立的局面已经确立，东汉光武帝开国曾有借"度田"推行土地改革的尝试，然而举国骚乱的风潮使其不得不退回到原有制度上来，在兼顾豪强和小民的两难中凭借其高超的政治手腕维持着脆弱的平衡。开国之主尚且如此，似乎倾颓之势已然注定了。所以，至东汉各地豪强依托坞堡各据一方时，已经几乎不存在什么民间的自由经济了。即便政府改革赋税制度，然而征课对象已经消失，改革本身也便失去了意义。

再次，自武帝之后，每逢国家财政不足，君主就总想复武帝"故事"。

[①] 现存辑录本《东观汉记》中亦无相关记录，据刘珍等撰，吴树平校注：《东观汉记校注》，北京：中华书局 2008 年。

东汉章帝就曾在建初六年（81 年）力排众议恢复了盐铁专卖制度：

> （章帝）建初六年，（郑众）代邓彪为大司农。是时肃宗议复盐铁官，众谏以为不可。诏数切责，至被奏劾，众执之不移。帝不从。①

而后，在章和二年（88 年）和帝又将此制度废止：

> （和帝）章和二年夏四月……诏曰："昔孝武皇帝致诛胡、越，故权收盐铁之利，以奉师旅之费。自中兴以来，匈奴未宾。永平末年，复修征伐。先帝即位，务休力役，然犹深思远虑，安不忘危，探观旧典，复收盐铁，欲以防备不虞，宁安边境。而吏多不良，动失其便，以违上意。先帝恨之，故遗戒郡国罢盐铁之禁，纵民煮铸，入税县官如故事。②

此后，在君臣的内心中，每逢国用不足时，总会有人认为这种手段是天经地义的补充国用之策，朝臣中更有人认为此事属"西京故事"，故而当属常例：

> 是时谷贵，县官经用不足，朝廷忧之。尚书张林上言："谷所以贵，是钱贱故也。可尽封钱，一取布帛为租，以通天下之用。又盐，食之急者，虽贵，人不得不须，官可自鬻。又宜因交阯、益州上计吏往来市珍宝，收采其利，武帝时所谓均输者也。"③

两汉王朝皆自中期之后国用开支日益庞大，使得赋税连年增加。尤其是东汉中期之后，由于羌患频仍加之赏赐无度使国用不足渐成常例，致使赋税日益繁重，使得东汉王朝在税制弊病丛生的道路上越走越远，已无力另图更生之建树了。

以上，都是围绕仲长统的赋税改革思想作理论层面的分析，包含了其思想与两汉旧制的优劣比较，更包含了其思想能够得以推广的理论分析。那么仲

---

① 范晔：《后汉书·郑众列传》，北京：中华书局 1965，第 1225-1226 页。
② 范晔：《后汉书·孝和皇帝纪》，北京：中华书局 1965 年，第 167 页。
③ 范晔：《后汉书·朱晖列传》，北京：中华书局 1965 年，第 1460 页。

长统的赋税改革思想,在现实层面是否适合东汉末年的社会现实呢?也就是说,仲长统的赋税改革构想能够成为解决其所处时代问题的答案吗?关于这些的回答,还要回到具体的历史现实,抛开个人的主观情感,进行理性分析。在此还要注意之前提及的曹操推行全新赋税制度的重要举措。在仲长统入许出任尚书郎的三年前,也就是建安九年(204年)曹操在河北冀州地区推行了全新的赋税制度:

(建安九年)九月,令曰:"河北罹袁氏之难,其令无出今年租赋。"重豪强兼并之法,百姓喜悦。①

且该条下有注文:

《魏书》载公令曰:"有国有家者,不患寡而患不均,不患贫而患不定。袁氏之治也,使豪强擅恣,亲戚兼并;下民贫弱,代出租赋;炫鬻家财,不足应命。审配宗族,至乃藏匿罪人,为逋逃主。欲望百姓亲附,甲兵强盛,岂可得邪!其收田租亩四升,户出绢二匹、绵二斤而已,他不得擅兴发。郡国守、相明检察之,无令强民有所隐藏,而弱民兼赋也。"②

据此可知,建安九年(204年)袁绍败局已定,冀州之地将平。曹操出于收复民心、恢复生产的双重目的,制定了全新的租税制度。曹操推行的"田租亩四升"政策比汉家的"三十税一"还要轻。以每亩征课四升推之,按冀州土地之平均产量应为每亩四斛左右,故恰好是"百一而税"!③再有,征课的形式由粮食、绢帛和绵等实物形式组成,小民在缴纳赋税时不再担心遭受豪强奸贾之盘剥。最后,所有实物的征课都是以户为对象,这一办法不仅有利于小农家庭的生存

---

① 陈寿:《三国志·魏书·武帝纪》,北京:中华书局1982年,第26页。
② 陈寿:《三国志·魏书·武帝纪》,北京:中华书局1982年,第26页。
③ 对于亩收四升的税率问题,唐长孺在《魏晋户调制及其演变》中认为"大概和三十税一不会差好远",见唐长孺:《魏晋南北朝史论丛》,北京:中华书局2011年,第55页。但即便按照仲长统的"今通肥饶之率,计稼穑之人,令亩收三斛"来计算的话,"亩收四升"来计算乃是七十五税一,比三十税一轻一倍有余,可以说比两汉旧制要轻了许多。

和发展，更间接促进了该类家庭的人口增殖。曹操此番改革，可谓一举多得。如果暂且抛开尚存的豪强问题，可以直言不讳地说，困扰两汉王朝的土地兼并及赋税制度问题都被曹操的新政一并解决了，并且在某种意义上首开西晋"户调制"先河。

因此，无论是曹操建安元年（196年）推行的屯田制，还是建安九年（204年）推行的户调制，都满足了不同的目的。屯田制的高效率和高收益实现了农业产品短期内的大量累积，户调制的轻徭薄赋笼络了冀州地区广大豪强和小民的人心。相比之下，仲长统的土地和赋税思想，在短期内大量积累农业产品的效率上远不如屯田制，而在轻徭薄赋收买人心上又不如户调制来得直接。因此，抛开动摇豪强阶层利益不论，无论从经济目的还是政治目的，仲长统的思想都颇不切用。所以，仲长统的土地及赋税改革思想，纵然在思想上深刻而富于远见，但在现实层面上却无益于当下实际。不过，仲长统深刻地注意到了豪强阶层依旧大量存在的社会现实，并预见到如果不加限制便会带来更为严重的后果，这种对社会矛盾的正确把握是不容抹杀的。

第三节　仲长统抑君权思想研究

仲长统的思想杂糅儒法诸家之学，对经济、政治、法律等方面的社会问题皆有涉及。上两节仲长统的抑兼并思想研究和仲长统赋税改革思想研究，都是围绕着仲长统的土地制度和赋税制度改革设想来谈的，在宏观上都属于社会经济思想研究的范畴。在分析过了经济方面的改革思想之后，再将目光转移到社会政治领域研究的范畴，分析仲长统在政治制度方面对东汉王朝存在的问题做出了哪些批评，又给出了哪些改革的举措。要想更深入地了解这些思想还要回到《昌言》中的相关论述，尤其是对《法诫篇》的言说要进行细致的考察。

当然，在全面分析仲长统《法诫篇》中的抑君权思想之前，有必要对东汉一代该类思想的源流做简单的梳理。须知，东汉开国光武帝便推行了"虽置三公，事归台阁"①的权力制度改革，使得大权独揽而外朝三公之位彻底沦为虚职。光武帝刘秀的这一作为绝非是源于一时冲动，而是于建武二十七年（51年）"三公去大"②这一看似变革旧有官职、制度复古的事件"表面上是复古，实际上是防止三公的声望超过皇帝所能容忍的限度"。③光武帝一面削弱外朝权力的同时，一面加强尚书台的权力。加强的方式即包括尚书令的禄秩由西汉时期的"六百石"飙升为东汉时期的"二千石"，又包括西汉时期的"四曹"增加为东汉时期的"六曹"。这一切的改革看似将权力由外朝三公转移到了内朝尚书台，质而论之就是掌握到了皇帝一人手中。而这种天下大权系于君主一身的政治制度，在遭逢英明之主时，自然能最大限度地发挥其优势，然而一旦遭逢庸暗之主，君主的权力便注定为其身边近习之人瓜分殆尽。

要之，在君主专制的国家体制中，理论上能够分享权力的不外乎四类人：宗室、朝臣、外戚和宦官。在汉代，宗室的皇子皇孙纵然爵位上要比外戚乃至汉末的宦官高，通常都是封王的，但是绝大多数是不被允许为官的，几乎都被屏蔽在了权力体制之外。④而西汉武帝对宰相制度的破坏和东汉光武帝对三公制度的破坏，最终使重臣"尊"而"不重"，亦从权力体制中被剥离出来。所以，能够染指皇权的就只剩下外戚和宦官了。鉴于理论上的分析，在君主专制的政体中能够制约外戚和宦官权力者似乎就只有外朝重臣了。东汉历史上，对外朝重臣（也就是三公）权轻之弊亦有往来辩驳之论。

东汉新立之时，光武朝之陈元有驳大司农江冯"宜令司隶校尉督察三公"之议。因《后汉书·陈元列传》中史料有限，以及《后汉书》中"大司农江冯"在《后汉书》中似出现仅此一次，故无法具体推断陈元上疏时间，只知该事件当发生在建武年间。不过从《后汉书·陈元列传》提供的一个细节可以对上疏的时间稍加廓清。陈元上疏文中有"方今四方尚扰，天下未一"之语，据东汉

---

① 严可均：《全后汉文》，北京：商务印书馆1999年，第894页。
② 范晔《后汉书·光武帝纪下》卷一下，二十七年五月丁丑诏曰："昔契作司徒，禹作司空，皆无'大'名，其令二府去'大'。"又改大司马为太尉。另，该条注有："朱祐奏宜令三公并去'大'名，以法经典，帝从其议。"之语，见范晔：《后汉书·光武帝纪下》，北京：中华书局1965年，第76页。
③ 田昌五，安作璋主编：《秦汉史》，北京：人民出版社2008年，第312页。
④ 参看瞿同祖《汉代社会结构》"外戚"条，见瞿同祖：《汉代社会结构》，上海：上海人民出版社2007年，第172页。

初年的社会形势来看,东汉王朝基本上扫平各方敌对割据势力,而统一天下是在建武十六年(40年)。因此,据"方今四方尚扰,天下未一"可以大致推定上疏时间不晚于建武十六年(40年)。

另外,《后汉书·陈元列传》载:

> 元以才高著名,辟司空李通府。时大司农江冯上言,宜令司隶校尉督察三公。事下三府。元上疏曰:"……"①

可知陈元评议的是大司农江冯的进言,而大司农江冯的行年问题,清人万斯同在其《东汉九卿年表》中对此已略加断定,推定江冯居大司农一职当在建武七年(31年)至建武十年(34年)之间(含建武十年)②。也就是说,这场辩论发生的时间是在真正剥夺三公之权——建武二十七年(51年)的前二十年。行文至此,我们似乎可以这样理解,思虑周密、行事谨慎的光武帝在真正剥夺三公之权的二十年前,意欲限制三公的心思就已经被其臣下所揣摩到了,足见光武夺三公大权之念绝非一朝一夕。③ 而大司农江冯的建议马上遭到了陈元的反驳:

> 臣闻师臣者帝,宾臣者霸。故武王以太公为师,齐桓以夷吾为仲父。孔子曰:"百官总己,听于冢宰。"近则高帝优相国之礼,太宗假宰辅之权及亡新王莽,遭汉中衰,专操国柄,以偷天下,况己自喻,不信群臣。夺公辅之任,损宰相之威,以刺举为明、徼讦为直。至乃陪仆告其群长,

---

① 范晔:《后汉书·陈元列传》,北京:中华书局1965年,第1233页。
② 万斯同《东汉九卿年表》,见熊方等撰:《后汉书三国志补表三十种(中)》,北京:中华书局1984年,第644-645页。
③ 纵观后汉史料,光武行事以周密谨慎见称,且其所做重大决策"皆赖臣下建言",从上尊号、到恢复三十税一、到"三公去大",皆是通过采纳能够窥见其真实心意的臣子建言来完成变革的。建武年间朱祐等人曾经"荐复宜为宰相,帝方以吏事责三公,故功臣并不用",可见光武在内心对宰辅制度的反感,而这种心思为朱祐所窥见,因而后来才有朱祐在政见上的巨大转变,不但不再提恢复宰辅制度反而径直上疏建议"三公去大",前事见范晔《后汉书·贾复列传》卷十七。由此观之,可见身为九卿的大司农江冯似乎已经窥探到了光武有意限制三公权力之心思,故而上言。

子弟变其父兄。网密法峻，大臣无所措手足。然不能禁董忠之谋，身为巨戮。故人君患在自骄，不患骄臣；失在自任，不在任人。是以文王有日昃之劳，周公执吐握之恭，不闻其崇刺举、务督察也。方今四方尚扰，天下未一，百姓观听，咸张耳目。陛下宜修文武之圣典，袭祖宗之遗德，劳心下士，屈节待贤，诚不宜使有司察公辅之名。①

陈元以儒家圣制、前汉故事为论证依据，又直言王莽专权之败，以"失在自任，不在任人"之理和文王、周公之事再次说明宰辅三公宜尊、宜重，而督察三公既不合于礼法又无益于治国。陈元上疏时的具体情形是天下未定，光武帝是实际的权力掌握者，三公在这个时候的权力已经是不完整的了。至于后来天下平定后光武有没有将权力转交于三公，还是径直建立起一套台阁制度，这些都不得而知，但是从建武初年大司农江冯督察三公的建议以及建武二十七年"三公去大"等事情来看，光武帝似乎从东汉开国伊始就在不停地削弱三公之权，也就是说三公在东汉开国以来就没有行使过真正意义上的三公之权。从这一大的历史趋势来看，陈元并没有深刻地意识到光武帝的这一打算，而是以"就事论事"的态度纵论古今指责督察三公的不当。质而论之，陈元的思想更偏重于"尊三公"而非"重三公"。但陈元发论之时，三公的现实状况应当是"尊"且"稍重"的。鉴于臣下对简单而直接的督察三公办法的抵触，于是光武帝酝酿出"托古改制""三公去大"的措施也就顺理成章地封住了儒士们的嘴了。

至东汉中期的安帝朝，陈忠有论：

> 时三府任轻，机事专委尚书，而灾眚变咎，辄切免公台。忠以为非国旧体，上疏谏曰："臣闻君使臣以礼，臣事君以忠。故三公称曰冢宰，王者待以殊敬，在舆为下，御坐为起，入则参对而议政事，出则监察而董是非。汉典旧事，丞相所请，靡有不听。今之三公，虽当其名而无其实，选举诛赏，一由尚书，尚书见任，重于三公。陵迟以来，其渐久矣。臣忠心常独不安，是故临事战惧，不敢穴见有所兴造，又不敢希意同僚，以谬平典，而谤谗日闻，罪足万死。近以地震策免司空陈褒，今者灾异，

---

① 严可均：《全后汉文》，北京：商务印书馆1999年，第183页。

复欲切让三公。昔孝成皇帝以妖星守心，移咎丞相，使贲丽纳说方进，方进自引，卒不蒙上天之福，徒乖宋景之诚。故知是非之分，较然有归矣。又尚书决事，多违故典，罪法无例，诋欺为先，文惨言丑，有乖章宪。宜责求其意，割而勿听。上顺国典，下防威福，置方圆于规矩，审轻重于衡石，诚国家之典，万世之法也。"①

东汉中期，三公权轻的弊端逐渐呈现出来，最为明显的弊端便是"灾眚变咎，辄切免公台"，陈忠的言说也正是围绕这一点展开的。论述过程无外乎征引典籍、援引故事，但其言说所针对的问题较之建武年间的陈元已经有明显的"退而求其次"之嫌了。东汉开国之初，陈元因江冯进言欲推行督察三公之制而上疏直言。其进言是为使三公免遭督察之束缚，并得到了光武帝的采纳。至东汉中期陈忠上疏的时候，已经要面对为三公切实改变屡遭"切免"的不利境地。也就是说，陈忠所处时代的三公地位已经无法与陈元所处时代的三公地位相提并论了。三公地位至东汉中期已经既无"重"又无"尊"了，且更为严重的是连官位都会因灾异而被肆意褫夺。陈忠所处时代三公的真实处境应当是，不"重"、不"尊"，更常有不保之忧。所以，陈忠的言说是针对当下三公的现实状况而提出的。因此范晔在《后汉书·陈宠列传》中评价陈忠之论"忠意常在褒崇大臣，待下以礼"。所以，陈忠之论亦是秉承"就事论事"的思路，甚至在言说中已经不言三公当重，转而只言三公当"尊"了。

东汉晚期桓帝朝太尉杨秉劾奏中常侍侯览弟之事：

奏劾侯览

　　臣案国旧典，宦竖之官，本在给使省闼，司昏守夜，而今猥受过宠，执政操权。其阿谀取容者，则因公褒举，以报私惠；有忤逆于心者，必求事中伤，肆其凶忿。居法王公，富拟国家，饮食极肴膳，仆妾盈纨素。虽季氏专鲁，穰侯擅秦，何以尚兹！案中常侍侯览弟参，贪残元恶，自取祸灭。览顾知衅重，必有自疑之意，臣愚以为不宜复见亲近。昔懿公刑邴歜之父，夺阎职之妻，而使二人参乘，卒有竹中之难。《春秋》书

---

① 范晔：《后汉书·陈宠列传》，北京：中华书局1965年，第1565页。

之以为至戒。盖郑詹来而国乱，四佞放而众服。以此观之，容可近乎？览宜急屏斥，投畀有虎。若斯之人，非恩所宥，请免官，送归本郡。书奏，尚书召对秉掾属曰："公府外职而奏劾近官，经典汉制有故事乎？"

    使掾属对尚书诘劾侯览事

  （秉使对曰）《春秋》赵鞅以晋阳之甲，逐君侧之恶。传曰："除君之恶，唯力是视。"邓通嫚慢，申屠嘉召通诘责，文帝从而请之。汉世故事，三公之职，无所不统。①

上面引用的文字，并非是对三公处境的客观表述，而是桓帝朝太尉杨秉劾奏中常侍侯览弟一事，因与文章前后存在较多关联故悉引于此。这则文字的意义和价值在于能够帮助我们较为深刻地理解东汉末年三公之权已经到了"至轻"的境地。尚书召对秉掾属之语颇值得玩味——"公府外职而奏劾近官，经典汉制有故事乎？"这句话的深层意义就是，根据现在东汉王朝制度，最高权力已经尽归台阁近官，奈何有三公外府之官劾近官之理？此时台阁虽为直接向皇帝负责的权力机构，但在实质上已经成为了宦官行使权力的专属部门了，所以"尚书"这一问是一种居高临下的反问。不料杨秉掾吏径直跳出东汉范围，征引西汉故事以为佐证，这一巧妙的回答只得令尚书哑口无言。但是从中可以看出，东汉晚期三公在现有制度下已经完全位居内朝尚书和宦官宠臣之下了。唯有跳出这一制度征引前朝故事，才能打破这种不对等的"游戏规则"。

  综上所述，可以对东汉以来散见的"重三公"言说进行细致的分析。纵观东汉之世，自开国以来三公制度便遭到君权的一再打压，使得三公之位在王朝新立之初便以一种畸形的形态呈现——有"尊位"而无"重权"！因此，三公之位因失去了"重权"的保护，"尊"也渐次地失去了其应有的光环。至此，可以看到东汉以来朝中有识之士总是在为三公争取相应之"尊"，而结果往往是今不如昔。如果说两汉小民常常陷入"尊农夫，农夫已贫贱矣"的怪圈；那么东汉的三公也常常陷入了"尊三公，三公已轻微矣"的怪圈。有识之士总是在三公之"尊"的破坏上，以节节退让的方式进行抗争。偏执于"尊"的维护，

---

① 严可均：《全后汉文》，北京：商务印书馆1999年，第522-523页。引用文字范晔《后汉书·杨秉列传》卷五十四原为一段，严可均《全后汉文》录为两段，见范晔：《后汉书·杨秉列传》，北京：中华书局1965年，第1773-1774页。

而并不奢求对维护"尊"背后的"重"进行思考。所以，不能从根本上抓到问题的关键与核心，三公之所以不"尊"实是因为三公不"重"，而三公不重的根本原因在于权归内朝。

所以，较之东汉士人的些许评述，仲长统《法诫篇》的言说还是颇有见地的。现将仲长统《法诫篇》全文转引于此：

> 《周礼》六典，冢宰贰王而理天下。春秋之时，诸侯明德者，皆一卿为政。爰及战国，亦皆然也。秦兼天下，则置丞相，而贰之以御史大夫。自高帝逮于孝成，因而不改，多终其身。汉之隆盛，是惟在焉。夫任一人则政专，任数人则相倚。政专则和谐，相倚则违庚。和谐则太平之所兴也，违庚则荒乱之所起也。光武皇帝愠数世之失权，忿强臣之窃命，矫枉过直，政不任下，虽置三公，事归台阁。自此以来，三公之职，备员而已；然政有不理，犹加谴责。而权移外戚之家，宠被近习之竖，亲其党类，用其私人，内充京师，外布列郡，颠倒贤愚，贸易选举，疲驽守境，贪残牧民，挠扰百姓，忿怒四夷，招致乖叛，乱离斯瘼。怨气并作，阴阳失和，三光亏缺，怪异数至，虫螟食稼，水旱为灾，此皆戚宦之臣所致然也。反以策让三公，至于死免，乃足为叫呼苍天，号咷泣血者也。又中世之选三公也，务于清悫谨慎，循常习故者。是妇女之检柙，乡曲之常人耳，恶足以居斯位邪？势既如彼，选又如此，而欲望三公勋立于国家，绩加于生民，不亦远乎？
>
> 昔文帝之于邓通，可谓至爱，而犹展申屠嘉之志。夫见任如此，则何患于左右小臣哉！至如近世，外戚宦竖，请托不行，意气不满，立能陷人于不测之祸，恶可得弹正之哉！曩者任之重而责之轻，今者任之轻而责之重。昔贾谊感绛侯之困辱，因陈大臣廉耻之分，开引自裁之端。自此以来，遂以成俗。继世之主，生而见之，习其所常，曾莫之悟。呜呼，可悲夫！左手据天下之图，右手刎其喉，愚者犹知难之，况明哲君子哉！光武夺三公之重，至今而加甚，不假后党以权，数世而不行，盖亲疏之势异也。母后之党，左右之人，有此至亲之势，故其贵任万世。常然之败，无世而无之，莫之斯鉴，亦可痛矣。未若置丞相自总之。若委三公，则宜分任责成。夫使为政者，不当与之婚姻；婚姻者，不当使之为政也。

如此，在位病人，举用失贤，百姓不安，争讼不息，天地多变，人物多妖，然后可以分此罪矣。或曰："政在一人，权甚重也。"曰："人实难得，何重之嫌？昔者霍禹、窦宪、邓骘、梁冀之徒，藉外戚之权，管国家之柄，及其伏诛，以一言之诏，诘朝而决，何重之畏乎？"今夫国家漏神明于蝶近，输权重于妇党，算十世而为之者八九焉，不此之罪而彼之疑，何其诡邪！①

从上面引述的《法诫篇》来看，仲长统对东汉乃至两汉王朝在政治制度方面存在的弊端予以了深刻的揭露。诚如仲长统指出的，造成两汉王朝衰败的直接原因是"权移外戚之家，宠被近习之竖"，即外戚和宦官势盛扰乱朝政、暴虐下民，使国家处境每况愈下。而造成外戚、宦官势盛的更为根本的原因便是君权过强。也就是说，仲长统认为君权过强的结果势必会造成君主身边近习之人，或为外戚、或为宦官，借助强大的君权使自身的势力迅速扩大。仲长统看到了造成东汉王朝大权旁落制度层面的深层原因。因此，较之上文中引述的陈元、陈忠之论，仲长统的思想都要更为深刻和实际。那么，同样目睹东汉变乱的王符、崔寔和荀悦，他们的思想与仲长统的思想又有何关联呢？

时代相对较早的王符，同样看到了东汉自中期以来的社会混乱、奸佞丛生的乱象，王符救治时弊的思想在出发点上首先承认君主都有治理好天下的意愿——"凡有国之君，未尝不欲治也。"而没有治理好的原因是"而治不世见者，所任不贤故也。"由此引出了王符治国救弊的思想核心是使君主拥有一种"公"的心态：

夫国君之所以致治者公也，公法行则轨乱绝。佞臣之所以便身者私也，私术用则公法夺。②

引出了君主治理国家的一种"公"的心态后，王符亦对国家权力组织形式提出了自己的设想：

---

① 严可均：《全后汉文》，北京：商务印书馆1999年，第894–895页。
② 王符著，汪继培笺，彭铎校正：《潜夫论·潜叹》，北京：中华书局1985年，第97页。

> 王者法天而建官，自公卿以下，至于小司，辄非天官也？是故明主不敢以私爱，忠臣不敢以诬能。夫窃人之财，犹谓之盗，况偷天官以私己乎？以罪犯人，必加诛罚，况乃犯天，得无咎乎？[①]

据此可以看出，王符的救世思想是以君主心中尚有澄清天下、励精图治之念为前提的。王符以此为本，设想的仍然是上有明君、下有贤臣的政治模式，可见仍没有跳出传统儒家思想的范式。所以在政权组织形式上依照两汉以来儒生设计的"天子——公卿——小吏"的结构，且仍遵循汉儒的天人思想，将权力结构中的官职设置认为是法天而得。因此，这一结构也便是上承天意下顺民心的了。所以，在王符的言说中看不到对权力体制进行改革的构想。

崔寔又较王符的思想有了些许的变化，崔寔因为身居权力体系之中，自然对现实中的政治问题有着深刻的体会。因此，面对国家变乱的情形，崔寔已经对君主不抱有什么期望了。崔寔在《政论》中开始称呼君主为"世主凡君"。因而客观上求诸君主的开悟已不可得，那么只能求诸贤臣了，因此崔寔《政论》中的一条主线就是"贤人救世"。也正是因为寄希望于贤人政治，所以并未对现存国家政治权力结构的问题有过多的考虑。

至仲长统时，两汉王朝兴衰的历史脉络已经开始呈现在士人面前，这使得仲长统从较为宏观的角度对两汉以来造成社会变乱的原因作深入探究。也就是说，处于东汉王朝中期的王符和处于东汉王朝中后期的崔寔，因为身在局中，所以在客观上不能对王朝大的历史兴衰有全面的把握。另外，在心态上亦对现状尚存有些许希望，因此儒士的救世之策自然多是基于现存体制而少有创见了。从根本上讲这是一种时代的必然。

总而言之，身处汉魏之际的仲长统，有幸逢着历史于纷乱之后逐渐走向尘埃落定的机缘，所以，两汉兴衰、一理而然——西汉亡于外戚，东汉亡于宦官！而为何外戚、宦官可以"手握王爵，口含天宪"[②]，这一切的原因都在于政治权力的组织结构出现了问题。也就是说，外戚、宦官势盛是皇权过强所必然产生的"副产品"，所以仲长统政治改革的思想核心就是抑君权。

[①] 王符著，汪继培笺，彭铎校正：《潜夫论·忠贵》，北京：中华书局1985年，第108页。
[②] 范晔：《后汉书·朱穆列传》，北京：中华书局1965年，第1471页。

仲长统抑制君权的办法简单而传统，即通过恢复宰辅制度使权归外朝，或由宰相一人总之，或由三公分而治之。这样就能最大程度地降低因君权过强而带来的外戚、宦官权重问题。另外，还提醒君主不得与宰辅重臣联姻以防止宰辅重臣再次转变为外戚。这些政治改革设想，在理论上都是周密而合理的。然而这些设想在解决现实的社会问题上能起到多大作用？有何积极意义呢？关于这些，还要回到仲长统想要解决的问题，及其所处的那个时代。

仲长统的主要思想便是通过官制改革来去除东汉以来外戚、宦官势盛的根本原因——君权过强。仲长统想依靠恢复外朝权重来实现对君权的削弱，进而达到间接制约外戚、宦官势力的目的。仲长统《法诫篇》中的相关论述因在前文中已有征引故在此不复赘言。纵观东汉之世，不只仲长统一人意识到了这一严重的制度问题。关于这一问题在仲长统抑君权思想研究专节中已对东汉以来重三公观念做了梳理，光武朝之陈元、安帝朝之陈忠、桓帝朝之杨秉皆有尊三公或重三公之议，然而以上诸人言说在本质上都是缘事而发，即都是具体针对某一事件而阐发的思想，并不是因为看到了东汉王朝在权力架构上出现了严重的问题而进行专题陈述，所以自然不会对这一问题形成的根本原因及造成的危害有相对系统的阐发。如陈忠重三公之议与其说意在"重三公"莫不如说是意在"尊三公"，陈氏进言的目的在于"在褒崇大臣，待下以礼"。[①]因此，既然在对待问题上没有系统而深刻的认识，那么在解决问题上自然毫无建树了。所以在讨论仲长统抑君权思想时，不必遵循前文讨论土地和赋税思想的路数，不必先在思想层面将其思想与他人作高下比较后再在现实层面讨论其思想的社会价值如何，可以径直对仲长统抑君权思想的现实价值进行分析。

《法诫篇》中所表达的抑制君权思想，仅在思想上并没有多大创见，仲长统认为将国家最高权力的组织形式由彻底的君主专制恢复到君主专制下的宰辅制即可。就其思想本质而言，是要将两汉王朝经过两次"破坏"，即从外朝攫取来的权力还归外朝。因为东汉时期君主大权独揽的局面并不是一蹴而就的，而是经历了从西汉武帝到东汉光武帝，由破坏宰相制度再到破坏三公制度

---

① 范晔：《后汉书·陈忠列传》，北京：中华书局1965年，第1566页。

的漫长历程。① 因为伴随着君主专制政体中君权的加强，宰辅制度的破坏是一种不可改变的历史必然。对于该问题徐复观有颇为深刻的阐发：

> 官制是权力与义务的一种分配和组织。但古今专制者的心理，因为把天下当作自己私人的产业，觉得政治是网罗天下的人力物力以向他的安富尊荣负责，而不感到他是应对天下（人民）负责。于是便总是从权力方面去看官制，而绝不从义务方面去看官制。既是只从权力方面去看官制，于是官制的客观化，感到即是权力的客观化。权力的客观化，感到即是权力离开了他（专制者），而使他感到危险。所以破坏官制的客观化，破坏官制能客观地发挥作用，这是古今专制者所不知不觉地采取的共同路线。形成官制的首脑与骨干的是宰相。宰相一职，在事实上是不可无；但一旦成为制度，即赋予了若干的客观存在的意义。因此，通过两千多年的专制，都是循环地破坏宰相在制度上的客观地位，而以皇帝身旁地位低微的人去执行宰相实权。执行久了，原来在地位上本是与宰相悬隔的，也慢慢地被承认其为宰相，因而取得官制上的若干客观地位。于是后起的专制者又把它虚悬起来，重新使低微的近臣代替。②

徐复观的这段文字可谓深刻地把握到了专制君主的隐秘心理，从这种防备他人的心理出发自然不可能接受宰辅作为一种客观制度的存在，因此揭示了君主专制社会宰相制度遭到破坏的必然。并且在此基础之上更看到了君主本身只会让身边亲信近臣充任宰相之实，而后代君主又会出于同样的考虑再让自己身边的亲信近臣充任宰相之实。有鉴于此，徐复观在对这种政治现象的表述上引用了和田清《支那官制发达史上的特色》中的"波纹式的循环发生"来

---

① 关于该点可参看徐复观《汉代一人专制政治下的官制演变》，见徐复观：《两汉思想史》（第一卷），上海：华东师范大学出版社 2001 年。
② 徐复观《汉代一人专制政治下的官制演变·光武对宰相制度进一步的破坏及尔后在专制下官制演变的格局》，见徐复观：《两汉思想史》（第一卷），上海：华东师范大学出版社 2001 年，第 159 页。

予以再次说明。①也就是说，在君主专制的权力组织结构中，君权与相权的矛盾是不可调和的，因此从这一点来看，仲长统恢复传统宰辅制度的设想是过于理想或者不切实际的。然而，如果将仲长统的观点放入他所处的那个时代，也许会得到不一样的结论。

据仲长统生卒行年考章考证结论，仲长统是在建安十二年（207年）入许出任尚书郎的。当时许地的政治背景是"时政移曹氏，天子恭己而已"②，献帝不过是名义上的皇帝而已，政权的真正核心是曹操。而曹操又是以何职位统御朝臣的呢？曹操首先通过建安元年"自为司空"、建安十三年"自为丞相"，从司空到丞相，曹操完成了"权归外朝"的改革。正如万绳楠在《魏晋南北朝史论稿》中评价的那样："曹操对东汉的官制，进行了改革，建立了以丞相为首的外朝的台阁制，消除了中央权移外戚、宦官，地方权移州牧的弊端。"③曹操的努力使得权归外朝，从制度上彻底消除了外戚、宦官势盛的可能。如若单纯从制度上来看，曹操的作为可以说为汉家扫除积弊，但从汉家王朝安危的角度来说，曹操权重则汉家必危。因为从现实层面来看，曹操手中权归外朝之权已经不只是相权，甚至可以近乎等同于君权了。所以单纯从制度的变动上讲，曹操所推行的一整套制度上的改革，都与仲长统《法诫篇》中的政治蓝图相"契合"。另外，据仲长统生卒行年考章所得结论，《昌言》篇章（至少就其主体而言）当写于仲长统出任尚书郎之后，也就是建安十二年（207年）之后。可以这样理解，仲长统入许为官大约一年后，曹操便恢复了被汉家废置已久的宰相制度。对于仲长统的《法诫篇》究竟作于何时，由于史料匮乏而无从知晓，但可以依据现存史料做出一个相对大胆的猜想。

《昌言》中的《法诫篇》主要针对两汉以来君权极重所带来的外戚、宦官之害问题，进而提出恢复宰辅制度、权归外朝，以期从制度上彻底消灭外戚、宦官问题。严可均《全后汉文》中辑录的除《理乱篇》《损益篇》《法诫篇》外尚有一些残篇，而这些残篇有些是源自唐初魏征等辑的《群书治要》，该

---

① 徐复观《汉代一人专制政治下的官制演变·光武对宰相制度进一步的破坏及尔后在专制下官制演变的格局》，见徐复观：《两汉思想史》（第一卷），上海：华东师范大学出版社2001年，第160页。

② 范晔：《后汉书·荀悦列传》，北京：中华书局1965年，第2058页。

③ 万绳楠：《魏晋南北朝史论稿》，合肥：安徽教育出版社1983年，第22页。该

书卷四十五的"仲长子《昌言》"条，其中就有两则仍然痛陈外戚、宦官不可用的言说。在此不妨做个假设，《法诫篇》中在直言外戚、宦官之祸后，盛赞宰辅制度之优！也就是说，按前文中分析仲长统的行文风格来看，至少在政论散文中，仲长统一贯有破有立。那么《群书治要》中辑录了仲长统痛陈外戚、宦官之害，且两者皆备，却独缺盛赞宰辅制度之文，对此可以做两重推想：或者，称颂宰辅制度部分散佚了，未得以流传下来；又或者，仲长统《昌言》中《法诫篇》之后的政论散文中就没有再称颂过宰辅制度，也就是说只言重用外戚、宦官之害，而不言宰相、三公之利了。个人认为，第一种可能性较大。因为根据仲长统的行文风格必然有破有立，破者悉数得以传承而立者不见踪影，似乎是不大可能的。另外，还要从《群书治要》编撰的时代背景来谈，《群书治要》编纂的时代背景是一个"平章事"权重的时代，没有理由对仲长统肯定宰辅制度的文字"视而不见"。因此，便有了第二种可能，就是仲长统自《法诫篇》之后便没有再盛赞过宰辅制度的文字了，而针对外戚、宦官的问题他开始寻求其他的解决办法，而这种办法或许要显得荒诞不经得多，故而没有得以流传。或者至《群书治要》编纂时因并不契合"务乎政术""本乎治要"之宗旨而被略去了。综上，也就是说在《法诫篇》之后，仲长统在其政论散文中面对同样的外戚、宦官问题而没有一如《法诫篇》那样以宰辅制度、外朝权重作为解决问题的方法。这些变化都在隐蔽地指向一个更深层次的问题，即仲长统内心对宰辅制度的动摇，而造成动摇的根本原因不能不说与建安年间曹操权力日盛、献帝已经名存实亡有关。分析至此，似乎可以做出这样一个推论：饱含仲长统对宰辅制度盛赞之情的《法诫篇》，在写作时间上当不晚于曹操"自为丞相"之时，或者从更为宽泛的意义来看，即便仲长统对丞相曹操的政治作为存在些许肯定态度的话，《法诫篇》的写作时间也不会晚于曹操进爵"魏公"之时，即建安十八年（213年）五月。而恰恰还是建安十八年（213年），对仲长统有知遇之恩的荀彧因反对曹操进爵"魏公"于是年春被逼自尽。此外，仲长统纵然在思想深处对宰相、三公制度存在一定的肯定，但对裂土封侯制度却是彻底否定的，这一态度在《损益篇》中前半部分已有明确表示。所以，在仲长统的思想中，因亲身经历曹操先为丞相、后为魏公的巨大变故，因而造成其思想前后矛盾之大、冲突之深是生活在普通时代之人所不可理解的。

所以，结合以上建安年间社会政治背景的分析，我们可以对仲长统《法诫篇》中的重宰辅、重外朝思想作如下理解。首先，可以大致推定该篇的写作时间当不晚于建安十八年（213年）。其次，建安元年（196年）汉廷迁居许地以来，从现实的角度来看，君权已经达到两汉以来"至轻"之极致，而三公之权、乃至宰相之权仍在"加重"之中，纵然两汉外戚、宦官之害尤甚，但此时还畅谈权归外朝、政任一人，无异于使东汉王朝本已惨淡不堪的处境雪上加霜，此种言语无疑又在客观上为曹操权重乃至实现日后篡汉提供了坚实的理论基础和良好的舆论氛围。不可否认，仲长统的思想更为深刻、目光更为长远，或可为万世之法，但是仲长统《法诫篇》的言说，不能不说在事实上为曹操权重、献帝式微的局面提供了理论支持。至此不能不感叹历史惊人的相似，西汉末年的儒生们高扬儒家圣人思想，最终却成为了王莽篡汉的滑稽鼓吹。而反观东汉末年建安年间仲长统《法诫篇》中的说辞，恰好又印证了"亡西汉者，儒生也！其实又何止是西汉？"①的深刻追问。最后，仲长统在《法诫篇》末也提出了对外朝权重的限制办法——不可联姻。也就是仲长统所说的："夫使为政者，不当与之婚姻；婚姻者，不当使之为政也。"② 其实这一举措从根本上讲还是意在避免外戚产生，希望通过抑制重臣与君主联姻而斩断重臣获得外戚身份的重要渠道，这样就实现了宰辅制度前提下彻底消灭了外戚产生的可能。重点还是在消灭外戚而不在如何制约宰相和三公。然而《法诫篇》中真正意义上言及如何防范或者说制约宰相、三公的措施，则显得"轻描淡写"得多：

或曰："政在一人，权甚重也。"曰："人实难得，何重之嫌？"昔者霍禹、窦宪、邓骘、梁冀之徒，籍外戚之权，管国家之柄，及其伏诛，以一言之诏，诘朝而决，何重之畏乎？今夫国家漏神明于媟近，输权重于妇党，算十世而为之者八九焉。不此之罪而彼之疑，何其诡邪！③

从这段文字可以看出，对于如何解决宰相、三公威胁君权的问题，仲长统其实并没有做正面回答或者说干脆没有回答。"或曰"之词是针对宰辅权重而发问

---

① 曲利丽，李山：《论西汉元成之际儒生的政治作为》，《徐州师范大学学报》（哲学社会科学版）2010年1月第一期，第63页。
② 严可均：《全后汉文》，北京：商务印书馆1999年，第895页。
③ 严可均：《全后汉文》，北京：商务印书馆1999年，第895页。

的，但仲长统的全部言说都不是在回答，而是在反问——宰辅重臣怎么可能会真正权重呢？由此观之，纵然仲长统杂取儒法诸家，但在思想深处亦难逃腐儒迂滞之气。他所处的时代外戚、宦官已悉数剪灭，而三公抑或丞相权力极重之情况已人尽皆知，而仲长统在文中对旧世之祸紧抓不放，对当世之弊则"轻描淡写"，这一思想与现实的巨大脱节，都再次证明了东汉末年包括仲长统在内的士人"谬通方之到，好申一隅之说"①缺乏对现实问题的清醒认识以及切实解决社会问题的能力。

纵观仲长统抑兼并和抑君权思想，就其思想与时代而言，都存在着严重的脱节问题；就方法与对象而言，都存在着没有抓住主要矛盾的问题。并且，客观上就仲长统给出的疗救社会的办法上来看，他给出的土地改革方案是"什一而税"，给出的政治改革方案是宰辅制度，单纯从办法上看，皆属儒家路数并没有什么个人的创见。而客观地讲，并不能否认仲长统又属于那个时代颇有真知灼见者。造成这种巨大反差的根本原因，在于仲长统的思想和学说纵然杂糅诸家，但却无法从根本上改变其儒生的本质，因此纵然他用道家和法家的目光能够洞悉两汉积弊所在，但他在现实层面解决问题时便又回到儒家经典中去寻找答案了。这就好比一位医生有着各种先进的检测设备，能够清楚地查清患者病灶，但到开出方剂时却和绝大多数资质平平的医生一样，仅仅开出几个大家都挂在嘴边的"草头方"而已。造成这一滑稽结局的内在原因并不是儒生之迂阔，而是汉代儒家思想之迂阔。分析至此，还可以对仲长统绝望的时代观有更深一层的把握。前文已经分析过，仲长统对时代的绝望不仅是对王朝循环变乱加剧的绝望，还是对个人前途命运的绝望。此处还可以再加上一重绝望，那便是对儒家思想以及百家思想的彻底绝望。恰如前文中分析的那样，一如西汉王莽按照儒生们设计的圣人形象成功篡汉一样，曹操的所作所为恰恰如同"心领神会"般按照仲长统设计的宰辅治国、政专一人的政治构想，先任司空、再任丞相，在客观事实上，再一次按部就班地成功实现了篡汉。仲长统不明白，为何自己精心设计的兴汉之说，却最终成了亡汉之论，这种精神层面的巨大打击对于一个尊君奉汉的儒生来说足以彻底摧垮他的精神世界。这种内心的沉重打击和思想上的深刻转变是可以从《后汉书·仲长统列传》中所引的第二首诗

---

① 范晔：《后汉书·王充王符仲长统列传》，北京：中华书局1965年，第1660页。

中体会出来的:

> 大道虽夷，见几者寡。任意无非，适物无可。古来绕绕，委曲如琐。百虑何为，至要在我。寄愁天上，埋忧地下。叛散《五经》，灭弃《风》《雅》。百家杂碎，请用从火。抗志山栖，游心海左。元气为舟，微风为柂。敖翔太清，纵意容冶。①

尤其是仲长统诗中所言的"百家杂碎，请用从火"表达的是对百家学说的彻底绝望。其实并不是诸子百家学说真的无补于事，而是东汉中期以来出现的王符、崔寔、荀悦、仲长统等汉末"小诸子"在思想上的"通病"导致了百家思想在解决现实问题中的"失灵"。这一"通病"的关键在于，"小诸子"皆是在儒家思想的根柢上有选择地吸收各家的思想，因此纵然他们思想中杂糅进了法家思想、道家思想以及其他诸家思想等等，可根本上占主导地位的还是儒家思想，即儒者的身份没有发生丝毫的改变。因此，种种"嫁接"的努力皆因无力克服儒家思想自身的瓶颈而宣告失败，最后免不了会产生一种对历来诸子百家思想的彻底绝望。诗中"百家杂碎，请用从火"便是这种心态的真实写照。②诗中透露出的因对现实失望而寄情山水自然的倾向甚为明显，这都暗示着仲长统内心的一种复杂转变正在生成，由关注天下国家到"至要在我"进而寄情山水的全新旨趣已然开始形成。

---

① 范晔：《后汉书·仲长统列传》，北京：中华书局1965年，第1645-1646页。
② 如若作"去粗取精，重新熔铸"解，见刘文英：《王符评传》附《仲长统评传》，南京：南京大学出版社1993年，第302页。似乎不仅与前文分析不合，又与仲长统后期内心陷入失落和绝望的情感基调不符，故暂作此解。

第五章 《昌言》文学研究

仲长统的主要论说都集中在《昌言》中。《昌言》作为一部产生于汉魏之际的政论散文合集，不仅包含了仲长统对诸多社会问题的独到见解，其文学方面的诸多特征也是值得关注和研究的。另外，还可以通过分析《昌言》篇章中蕴含的一些文学特征，进而更深入地了解那个时代的文学叙述与思想表达的内在关联。

第一节 简明的语言风格

如果系统地通读汉魏之际的文学作品，尤其是政论性质的散文，抛开个人的文风偏好不论，《昌言》总会带给人一种眼前一亮的通透之感。而这种感觉的形成自然是《昌言》文字中诸多因素混合作用的结果。但最为直观的一点是，《昌言》作为一部政论性质的散文合集，在很大程度上打破了两汉以来传统言说的惯用方式——引经据典。

这一点刘文英在《仲长统评传》中已经有所注意，"我们在《昌言》中还很容易看到这样一种现象，仲长统对有关问题的分析论证，很少像王符、崔寔那样动辄引用'子曰''《诗》云'，而总是直抒胸怀，放言高论，表现了他独立的人格和独立的品性。"[①] 综观现存《昌言》中最为完整的《理乱篇》《损益篇》《法诫篇》，可以看出《理乱篇》通篇无一处征引经典之语，而《损

---

① 刘文英：《王符评传》附《崔寔、仲长统评传》，南京：南京大学出版社1993年，第301页。

益篇》仅征引《易》一处；《法诫篇》亦征引《周礼》一处。东汉末年，在这种政论性质的散文中完全秉承"以实为实"而对儒家经典弃之不用的行文风格，确实给人以耳目一新的感觉。这一点并不用详细地对比论述来说明，翻看《全后汉文》时，即可不证自明。值得深思的是，仲长统究竟是故意回避两汉以来渐成范式的引经据典的言说方式，还是并不擅长这种言说方式呢？

其实这一点的答案很明显，仲长统之所以能够在许多问题上纵论古今、见解独到，不仅源于其思想的深刻，更源于其对史传经典的透彻把握。当然这些都是以理度之。那么，现存文献中有没有能够证明这一点的史料呢？范晔《后汉书·祭祀志下》中载录了一段仲长统与侍中邓义关于句龙究竟是"社主"还是"配"的辩说：

自汉诸儒论句龙即是社主，或云是配，其议甚众。后荀彧问仲长统以社所祭者何神也？统答所祭者土神也。侍中邓义以为不然而难之，或令统答焉。统答或且以义曰："前见逮及，敢不敬对。退熟惟省，郊社之祭，国之大事，诚非学浅思薄者所宜兴论重复，亦以邓君难，事有先渐，议则既行，可谓辞而不可得，因而不可已者也。《屯》有经纶之义，《睽》有同异之辞，归乎建国立家，通志断类也。意则欲广其微以宗实，备其论以求真，先难而后易，出异而归同乎？"难曰："社祭土，主阴气，正所谓句龙土行之官，为社则主阴明矣，不与《记》说有违错也？"答曰："今《记》之言社，辄与郊连，体有本末，辞有上下，谓之不错不可得。《礼运》曰：'政必本于天，殽以降命，命降于社之谓殽地，参于天地，并于鬼神。'又曰：'祭帝于郊，所以定天位也；祀社于国，所以列地利也。'《郊特牲》曰：'社所以神，地之道也。地载万物，天垂象。取财于地，取法于天，是以尊天而亲地。家主中霤，国主社，示本也。'相此之类，元尚不道配食者也。主以为句龙，无乃失欤？"难曰："信而此，所言土尊，故以为首，在于上宗伯之体，所当列上下之叙。上句当言天神、地祇、人鬼，何反先人而后地？上文如此，至下何以独不可，而云社非句龙，当为地哉？"答曰："此形成著体，数自上来之次言之耳，岂足怀使从人鬼之例邪？三科之祭，各指其体。今独摘出社稷，以为但句龙有烈山氏之子，恐非其本意也。案《记》言社土，而云何得之为句龙,则传虽言祀句龙为社,亦何嫌,反独不可谓之配食乎?《祭法》曰:'周人禘喾,郊稷,祖文王,宗武王。'皆以为配食者,若复可须,谓之不祭天乎?备读传者则真土,独据《记》者则疑句龙,未若交错参伍,致其义以相成之为善也。"难曰:"再特于郊牛者,后稷配故也。'社于新邑,牛一羊一豕一。'所以用二牲者,立社位祀句龙,缘人事之也。如此,非祀地明矣。以宫室新成,故立社耳。又曰'军行载社'者,当行赏罚,明不自专,故告祖而行赏,造社而行戮。二主明皆人鬼,人鬼故以告之。必若所云,当言载地主于斋车,又当言用命赏于天,不用命戮于地,非其谓也。所以有死社稷之义者,凡赐命受国,造建宫室,无不立社。是奉言所受立,不可弃捐苟免而去,当死之也。《易》句龙为其社,传有见文;今欲易神之相,令记附食,宜明其征。祀国大事,不可不重。据经依传,庶无咎悔。"答曰:"郊特牲者,天至尊,无物以称专诚,而社稷太牢者,土于天为卑,缘人事以牢祭也。社礼今亡,并特之义未可得明也。昭告之文,皆于天地,可独人鬼?此言则未敢取者也。郊社之次,天地之序也。今使句龙载冒其名,耦文于天,以度言之,不可谓安矣。土者,人所依以国而最近者也。故立以为守祀,居则事之时,军则告之以行戮,自顺义也。何为当平于社,不言用命赏于天乎?帝王两仪之参,宇中之莫尊者也。而盛一官之臣,以为土之贵神,置之宗庙之上,接之禘郊之次,俾守之者有死无失,何圣人制法之参差,用礼之偏颇?其列在先王人臣之位,其于四官,爵侔班同,比之司徒,于数居二。纵复令王者不同,礼仪相变,或有尊之,则不过当。若五卿之与冢宰,此坐之上下,行之先后耳。不得同祖与社,言俱坐处尊位也。《周礼》为礼之经,而《礼记》为礼之传,案经传求索见文,在于此矣。钧之两者未知孰是。去本神而不祭,与贬句龙为土配,比其轻重,何谓为甚?经有条例,《记》有明义,先儒未能正,不可称是。钧校典籍,论本考始,矫前易故,不从常说,不可谓非。孟轲曰:'予岂好辩哉,乃不得已也。'郑司农之正,此之谓也。"①

---

① 范晔:《后汉书·祭祀志下》,北京:中华书局 1965 年,第 3202–3203 页。

这段仲长统与侍中邓义之间的辩难，可以说在很大程度上较为真实地记录了仲长统论辩之语。而这些论辩之语与仲长统《昌言》中的言说风格存在很大差异。首先，最为直观的感受是，这段文字并没有一如《昌言》政论散文开门见山式的言说风格，而是在论说之前做好充分的蓄势和铺垫：

> 统答彧且以义曰："前见逮及，敢不敬对。退熟惟省，郊社之祭，国之大事，诚非学浅思薄者所宜兴论重复，亦以邓君难，事有先渐，议则既行，可谓辞而不可得，因而不可已者也。"①

究竟句龙是主还是配呢？荀彧令仲长统与侍中邓义二人相互辩难。仲长统作为首先陈述的一方，一改《昌言》中直抒胸臆的态势，而是先谦辞一番，不过这番谦辞已在不卑不亢中透射出了几分强硬与自信。在以退为进的开场白中，一句"诚非学浅思薄者所宜兴论重复"可谓铿锵有力作金石声。尽管在分析言说中所透射出来的情感时，要注意到《后汉书·祭祀志下》中这段注文与《昌言》之文的区别。毕竟《后汉书·祭祀志下》的注文是对仲长统与侍中邓义辩难的记录，在某种程度上可以等同于双方论辩的再现，是一种口头性言说的整理，而《昌言》则是政论散文的集成，本身就是书面性文章的集合。由于口头性言说和书面性表述的天然区别，所以无法进行较为客观的比较。但我们从中还是可以得到一些较为重要的信息。在仲长统生卒行年考章的结尾，曾就有限的生卒行年资料深入地进行挖掘，对仲长统入许为官之后气质性格是否存在变化做出了猜想。现在从《后汉书·祭祀志下》注文中载录的仲长统辩难之语似乎可以证明这种猜想是正确的。

仲长统在建安十二年（207年）入许为官出任汉廷尚书郎至延康元年（220年）离世，在这期间仲长统的气质性格似乎存在着一些微妙的变化。而这种变化便是由为官之前的"性倜傥，敢直言，不矜小节，默语无常"②，逐渐地呈现出一种打磨后的"光滑"。即便在针锋相对的论难场合，在论说之始仍在言辞上有所修饰和雕琢。这些微妙的变化都可以回过头来与缪袭"《昌言表》"

---

① 范晔：《后汉书·祭祀志下》，北京：中华书局1965年，第3202页。
② 范晔：《后汉书·仲长统列传》，北京：中华书局1965年，第1644页。

中透露出的些许隐微信息相佐证：

> 袭撰统《昌言表》，称统字公理，少好学，博涉书记，赡于文辞。年二十余，游学青、徐、并、冀之间，与交者多异之。并州刺史高干素贵有名，招致四方游士，多归焉。统过干，干善待遇之，访以世事。统谓干曰："君有雄志而无雄才，好士而不能择人，所以为君深戒也。"干雅自多，不纳统言。统去之，无几而干败。并、冀之士，以是识统。大司农常林与统共在上党，为臣道统性倜傥，敢直言，不矜小节，每列郡命召，辄称疾不就。默语无常，时人或谓之狂。汉帝在许，尚书令荀彧领典枢机，好士爱奇，闻统名，启召以为尚书郎。后参太祖军事，复还为郎。延康元年卒，时年四十余。统每论说古今世俗行事，发愤叹息，辄以为论，名曰《昌言》，凡二十四篇。①

据陈寿《三国志》中的相关史料可知缪袭为仲长统入许为官之后的好友。然而，从缪袭"《昌言表》"中可以看出这样一点，至仲长统离世时缪袭对仲长统气质性格的认知，与大司农常林所知晓的那个在建安十一年（206年）间一同避居上党的仲长统之气质性格当有较大不同。也就是说建安十一年（206年）间常林所结识的仲长统是"性倜傥，敢直言，不矜小节，每列郡命召，辄称疾不就。默语无常，时人或谓之狂"，完全是一个无所忌惮率性自我的狂生。而缪袭所熟知的仲长统则是"统每论说古今世俗行事，发愤叹息"，俨然一位博古通今心中饱含郁结之气不得抒发，只得默默著书立说，灵魂无比压抑的苦闷形象。不然，何至于在表述好友性格时要引用十余年前与其相处的第三方之评语？验之《全后汉文》，亦没有品评好友性情时强用他人评说之例。所以，综合以上的分析可以推知，仲长统在建安十二年（207年）入许为官之后，至延康元年（220年）离世，这段时间里其气质性格确实存在着一定程度的变化。那种初出茅庐"敢直言，不矜小节"的锐气，在入仕之后，至少在言行上，被逐渐地"打磨"得中规中矩了许多。但是这种率真的性情又不会就这样被彻底地压抑下去，所以，"补偿效应"开始以另一种形态产生了微妙的作用，即在现实的言行上

---

① 陈寿：《三国志·魏书·刘劭传》，北京：中华书局1982年，第620页。

逐渐地合乎常理，而在笔下的论述中则越发地犀利和愤激。然而，这种犀利与愤激又不再同于早年时的率性而发，在对东汉末年诸多社会乱象大加挞伐的同时，并没有忘记作为一位身居汉廷日食汉禄官员所应当做到的"曲笔"和"回护"。关于这一点，会在各章分述中通过对具体问题的讨论加以详细说明。

至此，在阐明了仲长统入仕后气质性格的变化，以及仲长统并非不晓典故，而是在论述过程中刻意回避大量征引经典。这种在政论散文中刻意回避大量征引典籍的著述态度是有着开创意义的，尤其是在东汉末年这种在行文中刻意回避儒家经典的写作心态，不仅仅是一种文学创作上主观挣脱经学束缚的尝试，质而论之实是在思想深处对已经彻底僵化的经学思想的反动："经生既在无关社会民生、政治治乱的根本处转饰骛说，经术士的政治见解则愈来愈迂腐可笑、弊败固陋。风气所坏，激起了儒学内部有识之士的一再不满。"[①] 因此，在注意到这种作为表象的文学性特征时，还应看到更深层次上的思想性的特征。在此基础上，才能更为准确地把握这个时代的文学特征。当然，还应当看到，在仲长统所处的那个时代，尤其是在朝为官的士人，毕竟如仲长统这样态度鲜明地回避引经据典的尚鲜有其人。也就是说，纵然汉魏之际狂生辈出，然而士人们因其自身位置的不同，其处世态度还是有着较为明显的区别。大体上看来在朝士人尚能维护儒家名教的正统地位，而在野士人则相对洒脱得多。

如果要对《昌言》中的政论散文作系统的文学性分析的话，就不得不面对《昌言》政论散文特殊的修辞手法了。

第二节 巧妙的修辞手法

《昌言》中的政论散文在文学修辞上多采用消极修辞的手法。尽管"消极修辞"属于现代汉语修辞范畴，但用它来分析古代文学作品亦未尝不可。前文在讨论仲长统的时代观中，已经在某些修辞问题上有所涉及。比如，仲长

[①] 于迎春：《汉代文人与文学观念的演进》，北京：东方出版社1997年，第177页。

统在行文中对指代君主意涵词汇的选择上多采用"愚主""下愚之主"①等词语。在思想上固然体现了仲长统对东汉以来日益强化的"王圣"思想的反动，而在修辞上已经属于消极修辞的范畴了。仲长统选用这些词汇来指代君主，并不是出于刻意的揭露和抨击，而是认识到作为历代王朝中前后相承的历代君主自然上智、下愚全都包括其中了：

> 又为政之理者，取一切而已，非能斟酌贤愚之分，以开盛衰之数也。②

同样，仲长统在指代那些处于社会底层被人压榨的小民时仍是使用该类字眼儿——"弱力少智之子"。由此看来，仲长统在对人的评价上秉承的是以实为实的观点，抛去每个人血统的贵贱、地位的高低，将每个人放在智和力的卡尺上客观地进行衡量。在仲长统所处的那个时代，这样评价小民是不存在问题的，但如果这样评价君主，那么便在客观上给人造成刻意揭露乃至有意诋毁的鲜明观感。

因此，接下来要从较为具体可感的修辞角度来探讨仲长统《昌言》中政论散文的文学特征。上文已经介绍了仲长统在行文中对指代君主意涵词汇的选择上采用了消极修辞手法。当然，在此有必要再申明一下何为消极修辞：

> 所以所用的语言，就要求是概念的、抽象的、普通的，而非感性的、具体的、特殊的。因为概念的、抽象的、普通的语言，才能使它的意义限于所说，而不含蓄或者混杂有别的意思；若用感性的、具体的、特殊的语言，那无论如何简单，也总有多方面可以下观察、下解释，而且免不了有各自经验所得的感想附杂在内，要它纯粹传达一个意思，实际非常为难。③

仲长统《昌言》中的文章在思想上挣脱了儒家思想的束缚，在心态上跳出了尊汉的套路，因此在当时看似离经叛道，实则无论在思想基础上还是在心态

---

① 严可均：《全后汉文》，北京：商务印书馆1999年，第890页。
② 严可均：《全后汉文》，北京：商务印书馆1999年，第890页。
③ 陈望道：《修辞学发凡》，上海：上海教育出版社1997年，第53页。

取向上都比同时代的作品更为客观和现实。所以,《昌言》在写作动机上虽然饱含着仲长统浓重且郁结的情感,但在实际的写作中恰恰因为这种特殊的情感使其在思想和心态上都挣脱了那个时代的束缚,以客观乃至冷峻的文字去剖析东汉王朝的种种积弊。因此,仲长统行文中的消极修辞手法,至少在写作态度上,使其作品成为了那个时代较之他人更为冷静、客观的文字。从现存《昌言》中的《理乱篇》《损益篇》《法诫篇》等篇目中都可以清晰地看到这一点。仲长统在分析历代王朝开国之君夺得天下时,也只是冷峻而平静地交代了豪杰夺得天下的简单过程:

> 豪杰之当天命者,未始有天下之分者也。无天下之分,故战争者竞起焉。于斯之时,并伪假天威,矫据方图,拥甲兵与我角才智,程勇力与我竞雌雄,不知去就,疑误天下,盖不可数也。角知者皆穷,角力者皆负,形不堪复伉,势不足复校,乃始羁首系颈,就我之衔绁耳。夫或曾为我之尊长矣,或曾与我为等侪矣,或曾臣虏我矣,或曾执囚我矣。彼之蔚蔚,皆夙詈腹诅,幸我之不成,而以奋其前志,讵肯用此为终死之分邪?①

在论述过程中并没有像两汉以来的儒士那样夹杂着太多的"情感因素"。既没有对开国之君盛德大业的赞美,也没有对天道、三统这些至高无上规律的膜拜,只是在文字中从切实的人事层面分析豪杰夺得天下的真正原因。(此类对比在仲长统的时代观章已有详述,故不复赘言。)仲长统《昌言》中的政论散文几乎都是秉承着这一风格撰写的。无论是对王朝新立夺得天命的总结,还是对历代君主制王权注定走向崩溃的分析,以及两汉以来的选举、赋税、官制、刑法等等,都是在以相对客观的态度进行冷静的分析并给出相应的应对策略或改革办法。完全看不到那种两汉儒士对儒家学说的虔诚推崇和对两汉王朝的无上尊奉。

---

① 严可均:《全后汉文》,北京:商务印书馆 1999 年,第 889 页。

第三节　独特的句式结构

  《昌言》中的政论散文在句式上亦有独到之处。以《昌言》中的《损益篇》为例，通篇三字句以上（含三字句）的各类句式数量为：三字句共 8 句，四字句共 354 句，五字句共 55 句，六字句共 54 句，七字句共 48 句，八字句共 30 句，九字句共 14 句，十字句共 3 句，十一字句共 3 句，十二字句共 4 句，十三字句共 2 句。

  从这些数字很容易看到，四字句占据了绝对优势，五字句和六字句数量近乎相同且皆居其次。这些数据似乎都在说明，仲长统在文章写作过程中，在文章体式的谋划上已经开始走向一定程度的自觉：

> 至于四言，最为平正，词章之内，在用宜多，凡所结言，必据之为述。至若随之于文，合带而以相参，则五言、六言，又其次也。①

四字句式从《尚书》到《诗经》再到秦并天下后的刻石之文，都是以平稳典雅见称。这种句式在汉代庄重场合的文辞中同样被广泛应用。至东汉末期，这种典雅庄重的句式仍被世人所沿用。相较之下，五言句式虽然只是多了一个字，但在节奏上则要明快得多，这种区别已为南朝时期的钟嵘所指出：

> 夫四言，文约意广，取效《风》《骚》，便可多得。每苦文繁而意少，故世罕习焉。五言居文词之要，是众作之有滋味者也，故云会于流俗。②

单纯从句式上来讲，四言句是典雅的，而五言句则是轻快且富有韵味的。那么为何在仲长统的文章中四言句已经占据了绝对的优势，从纯然的数量关系上并

---

① （日）遍照金刚：《文镜秘府论·定位》，北京：人民文学出版社 1975 年，第 158–159 页。
② 钟嵘著，曹旭集注：《诗品集注·序》，上海：上海古籍出版社 1994 年，第 36 页。

不少于同时代的其他文章，但缘何仲长统的文章读起来又让人有耳目一新甚至气血偾张之感呢？对于这些难以名状的作用，还应当再回到句式的基础上进行细致的分析。

仍以仲长统《昌言》中的《损益篇》为例，虽然四字句式在单纯的数量上占据了绝对优势，但有一个很重要的问题是不能忽略的，仲长统似乎是在有意地利用这种句式的自身特点而非被这种句式的特点所用。为什么这样说呢？回归原典，细细品读《损益篇》中的文字，尤其是其中的四言句式部分，不难发现，仲长统恰恰是利用这些句式来达到他消极修辞甚至是"消极陈述"的目的。《损益篇》直陈西汉初年诸王子弟骄奢淫逸、枉法虐民的事实乃至"罪证"时使用的是四言句组：

汉之初兴，分王子弟，委之以士民之命，假之以杀生之权。于是骄逸自恣，志意无厌。鱼肉百姓，以盈其欲；报蒸骨血，以快其情。①

在揭露汉王朝病态赋税制度带来的种种危害时仍用的是四言句组：

盗贼凶荒，九州代作，饥馑暴至，军旅卒发，横税弱人，割夺吏禄，所恃者寡，所取者猥，万里悬乏，首尾不救，徭役并起，农桑失业，兆民呼嗟于昊天，贫穷转死于沟壑矣。②

从这些巧妙的笔法可以看出，仲长统恰到好处地利用了这种句式的特点。四言句式本身固然典雅庄重，但这一切都有一个容易被人忽视的前提，就是一定要将这种句式与典雅庄重之意涵相结合。也许正是"常见则不疑"，从《尚书》到《诗经》再到秦纪功刻石，都是将这种节奏平稳的句式与典雅庄重的意涵相结合，而这种撰写习惯又为后人所承袭。长期的承袭之后，在人们的认知理念中四言句式便径直成了典雅之文的外化形式了。

不难发现，长久以来多与庄重典雅文辞相配合使用的四言句式一旦与饱

---

① 严可均：《全后汉文》，北京：商务印书馆1999年，第891页。
② 严可均：《全后汉文》，北京：商务印书馆1999年，第893页。

含揭露和否定之情的言辞相结合，在表达效果上便产生了微妙的变化。原来的典雅变成了直露，既往的庄重变成了犀利。原本传统的句式结构添加了全新意涵的词汇后，这一句式结构的作用也便发生了彻底的改变。那么在仲长统的政论散文中，又是哪种句式起到了画龙点睛的作用呢？答案是更富节奏感和韵律性的七言句式：

> 明版籍以相数阅，审什伍以相连持，限夫田以断并兼，定五刑以救死亡，益君长以兴政理，急农桑以丰委积，去末作以一本业，敦教学以移情性，表德行以厉风俗，核才艺以叙官宜，简精悍以习师田，修武器以存守战，严禁令以防僭差，信赏罚以验惩劝，纠游戏以杜奸邪，察奇刻以绝烦暴。①

这段文字可谓仲长统《损益篇》中改革构想的集中展现。这段文字中包含了编户齐民、抑制兼并、核定刑罚、重整朝政、重农抑商、敦德化俗、整饬荐举、防备边患、惩恶扬善、去邪杜奸、禁刻止暴等诸多方面。对仲长统而言，以上这些内容恰恰是其最为核心的思想且是其改革东汉诸多弊政的方案和蓝图。在表述上，仲长统并没有采用相对平稳和传统的四言句式，而是选择了更富活力且易为当下接受的七言句式，并将这些七言句式连缀成句组，使若干富有活力的句式结成一组更具气势的句群，使得文章的思想内涵和感染性在最大程度上得到了增强。全句群句式，在内容上严格遵守"以"字中心原则，即以"以"字为中心，"以"字前叙述的都属于方法和途径，"以"字后叙述的都是按此方法和途径所要达到的效果和目标。因此，在内容上给人以层次清晰、条理分明之感。当然，更值得注意的是全段整齐的七言句式。虽然七言诗的最终出现要晚于五言诗，但这并不能说明七言韵语或吟谣的流行也要晚于五言诗的产生。②更早的历史暂不追述，至少就两汉而言，七言句式自西楚霸王的《垓下歌》到汉高祖刘邦的《大风歌》就已经在两汉民间的吟唱中占据了一席之地。至东汉中期之后，这种七言句式又在党人的谣言中得到了广泛的应用：

---

① 严可均：《全后汉文》，北京：商务印书馆1999年，第892页。
② 关于该问题可以参看罗根泽《五言诗起源说评录》和《七言诗之起源及其成熟》，见罗根泽：《中国古典文学论集》，上海：上海古籍出版社2009年，第141-218页。

    天下模楷李元礼，不畏强御陈仲举，天下俊秀王叔茂。
    说经铿铿杨子行。
    问事不休贾长头。

  此类例证在《后汉书》中颇多载录，故不复征引。另外更应当注意一个结构上的细节，"东汉士人间互相称誉标榜、品评人物，好用四字评语，冠于其姓名之前，显然受到了他们所熟悉的官场考语之影响。这种七字歌谣，议题狭窄，语言格式化……但在统治阶层、知识群体中，却颇具舆论效应。"[①]从上面引述的材料中，我们似乎可以做出这样的分析。东汉士人在现有的评价举荐机制中，为了最大程度地兼顾谣言携带内容和传播效果，最终选择了这种语言组织形式。无论在选择的过程中是出于有意利用语言规律，还是出于一种不自觉的约定俗成，至少都可以说明一点——这种七言句式在士人间的传播是最为理想的谣言形态。另外，党人互相称颂谣言的七言句式近乎都是"4 + 3"结构，可见这种结构的七言句式在传播过程中又是七言句式中的最优秀者，也许这就是胡震亨所说的"七字句以上四下三为脉"[②]吧。

  回过头来再重新审视仲长统《损益篇》中这段颇具治国为政纲领性的文字，不难发现这组句式不仅都是整饬的七言句式，而且在句子结构上也由三字和四字两小节组合而成。稍有不同的是，它的组合结构是"3 + 4"[③]而不是"4 + 3"。至此，另一个值得深思的问题出现了，为什么七言谣言或者汉末七言诗歌的节奏感和韵律感是非常明显的，而仲长统《损益篇》中的这段文字同样也是七言，结构上也可以拆分成三字和四字两个独立小节，但在阅读感受上却存在如此大的不同呢？

  在解答这一问题时，还要重新回到这几类七言句式本身展开探讨。回顾上文引述的党人名士互相标举的谣言，这些谣言虽然在宏观结构上都是遵守着"4 + 3"的结构模式，并且无论在组合结构上还是在词语意涵上这种划分都毫无争议。但是需要注意的是前面四字部分，还可以从组合结构和词语意涵

---

  ① 吕宗力：《汉代的谣言》，杭州：浙江大学出版社2011年，第103–104页。
  ② 胡震亨：《唐音癸签》，上海：上海古籍出版社1981年，第31页。
  ③ 此结构只是一个较为宽泛的说法，下文中会对此结构做更为细致的分析。此种句式结构从诗句角度来看，虽非常例，且属"折腰"，但若对文辞精心雕琢也会克服结构上的缺欠。

上再划分为前后两个相对独立的"二字节"。因此，这种谣言的语言模式在一定程度上近乎可以直接等同于汉魏时期的七言诗句了：

> 秋风萧瑟天气凉，草木摇落露为霜。
> 群燕辞归雁南翔，念君客游多思肠。
> 慊慊思归恋故乡，君何淹留寄他方。
> 贱妾茕茕守空房，忧来思君不敢忘。
> 不觉泪下沾衣裳，援琴鸣弦发清商。
> 短歌微吟不能长，明月皎皎照我床。
> 星汉西流夜未央，牵牛织女遥相望。
> 尔独何辜限河梁。①

也就是说，虽然这些七言句式在大体上可以划分为"4＋3"的结构模式，但如果做更细致的切分的话，就会进一步划分为"2＋2＋3"的组合结构。而这种切分无论从组合结构上还是从词语意涵上都恰恰与此相契合，似乎用"诗有一句七言而三意者"②作此解也未尝不可。因此在诵读过程中，这种典型的七言歌谣或诗句都遵循"12-12-123"的诵读节奏③，使语句更富节奏感和韵律性。然而，反观仲长统《损益篇》中的这段纲领性文字，虽然同为七言句式但通读下来似乎并没有太过鲜明的节奏感。④其实，造成这种微妙差别的原因并不是七言句式，而是七言句式的内部组成结构的不同。

《损益篇》中的这段文字每句都是整齐的七言句，然而其句内结构已经与上文分析的七言歌谣或诗句完全不同。

明版籍以相数阅，审什伍以相连持，限夫田以断并兼，定五刑以救

---

① 逯钦立辑校：《先秦汉魏晋南北朝诗·魏诗》，北京：中华书局1983年，第394页。
② 杨万里《诚斋诗话》。
③ 本文借诗谈文，故不可全从刘大白《中诗外形律详说》中将七言诗的诵读分为四节之观点。
④ 此句意思并非否定仲长统《损益篇》中该段文字没有节奏感，而是意在申明这段七言句式构成的句群在节奏感上远过于四言句式的前提下，强调该段文字的节奏感尚不如七言谣言或诗歌那样节奏鲜明。

死亡，益君长以兴政理，急农桑以丰委积，去末作以一本业，敦教学以移情性，表德行以厉风俗，核才艺以叙官宜，简精悍以习师田，修武器以存守战，严禁令以防僭差，信赏罚以验惩劝，纠游戏以杜奸邪，察奇刻以绝烦暴。①

  细细观察此段文字，可以发现仲长统在撰文时虽然采用了节奏明快的七言句式，但却没有使用该种句式下的典型文字组合形式即"2+2+3"的组合结构。据上文分析，《损益篇》中的该段文字属于"3+4"结构。然而，这种区分尚处于语言组织结构层面，如果再对句子内部的词语意涵进行更进一步的划分还可以将句子划分为"3+1+3"的结构。由此语言组织结构而产生的诵读节奏应当为"123-1-123"。不妨将仲长统这段七言句群的诵读节奏模型与东汉晚期普遍存在的七言谣言和诗歌的诵读节奏模型进行比较，从"12-12-123"与"123-1-123"的对比可以看出，虽然都可以划分为三节，但是前者在诵读过程中更富于节奏感。因为，前者句式的节奏感在诵读过程中很容易造成一种递进增强的效果，而后者的句式结构虽然也是三节，但在诵读过程中却会造成一种"对称平衡"的效果。也就是说，《损益篇》中的这段七言句群中的每个七言句，都是以"以"字为中心将两个三字节连缀起来的。在这种结构下，表面上属于七言句式，实则可以看做两个三字节的对等组合。而每句话中前后两个三字节尽管都是方法与目的的关系，但处于中间作为纽带的"以"字又恰恰成为了不可或缺的"关节"。因此，在句子结构上会形成一种对称平衡的特殊效果。在这种对称平衡的七言句式中，节奏感和韵律性相对弱化了，而庄重和典雅性得到了增强。

  当然，这种语句结构模式并非仲长统首创，尤其在这种句式上，可以看出受到法家行文体式的影响。《韩非子》中《奸劫弑臣》篇目的核心观点便是用这种句式表达的"循名实而定是非，因参验而审言辞"②，《管子》中《牧民篇》这种句式也以句群形式出现：

---

① 严可均：《全后汉文》，北京：商务印书馆1999年，第892页。
② 王先慎，钟哲点校：《韩非子集解·奸劫弑臣》，北京：中华书局1998年，第100页。

> 仓廪实则知礼节，衣实足则知荣辱，上服度则六亲固，四维张则君令行。①

至与仲长统行年略有交集，且比仲长统年长的荀悦，这类句式的使用又得以扩充：

> 兴农桑以养其生，审好恶以正其俗，宣文教以章其化，立武备以秉其威，明赏罚以统其法律。②

然而，在两汉政论散文中像仲长统《损益篇》中这样如此大规模的以十六句之句群集中使用该种类型句式者亦尚属首例。此种组合结构的句式，是以"以"字为中心将前后两个相对独立的三字节连缀起来，所以在阅读上会存在一种前后对称平衡的感觉，虽然总体上还是七言句式，但在诵读时会给人一种平稳雅正之感。与此同时，将两个结构短小的三字节相连缀又克服了三字句式自身的缺欠。因为三言句式由于自身过于短小，往往在诵读时会使人感觉太过短促：

> 三言以还，失于至促。③

由此看来仲长统《损益篇》中的这段文字，恰恰是在七言句式的大框架内借助对称平衡的布局，将两个相对独立的三字节有机地结合起来。这种结合既回避了单纯三字节在诵读过程中流于短促的问题，又以对称平衡的结构消解了通行七言句式因节奏感过于明快而有失庄重的问题。从某种意义上似乎可以这样认为，仲长统将传统四言句式的平和雅正巧妙地施用在七言句式上并取得了成功。虽然在法家文献中，该类句式亦时有出现，但似乎尚属于一种不自觉的摸索阶段。像《损益篇》中在纲领性的核心段落该类句式大量集中出现，这都说明了仲长统在撰写该段文字时并非是率性而为，而是在主观上至少已经

---

① 《管子·牧民》卷一，四部丛刊景宋本。
② 荀悦撰，黄省曾注，孙启治校补：《申鉴注校补·政体》，北京：中华书局 2012 年，第 9—10 页。
③ （日）遍照金刚：《文镜秘府论·定位》，北京：人民文学出版社 1975 年，第 158 页。

存在了对句式结构问题的考虑并成功付诸实践。

仲长统《昌言》中政论散文的另一个特点是在叙述过程中注意到了将长短句式相互结合以赋予文章生气和活力。这一做法回避了东汉传统政论散文句式相对单一缺少变化的通病。下面就以与仲长统活动时代大体相近的王符、崔寔和荀悦的论述进行比较。在比较材料的选择上，因为各家言说内容都相对广博，所以在比较的过程中还应选取相同抑或相近的主题段落进行对比，这样的对比应该是较为合理的。下面分别是崔寔、荀悦、王符关于君主为政应当恩威并举、德刑相参的论述：

王符《潜夫论》中的论述：

议者必将以为刑杀当不用，而德化可独任。此非变通者之论也，非叔世者之言也。夫上圣不过尧、舜，而放四子；盛德不过文、武，而赫斯怒。《诗》云："君子如怒，乱庶遄沮；君子如祉，乱庶遄已。"是故君子之有喜怒也，盖以止乱也。故有以诛止杀，以刑御残。且夫治世者若登丘矣，必先蹑其卑者，然后乃得履其高。①

崔寔《政论》中的论述：

故宜量力度德，《春秋》之义。今既不能纯法八世，故宜参以霸政，则宜重赏深罚以御之，明著法术以检之。自非上德，严以则理，宽之则乱。何以明其然也？近孝宣皇帝明于君人之道，审于为政之理，故严刑峻法，破奸轨之胆，海内肃清，天下密如。喜瑞并集，屡获丰年。荐勋祖庙，享号中宗。算计见效，优于孝文。元帝即位，多行宽政，卒以堕损，威权始夺，遂为汉室基祸之主。治国之道，得失之理，于是可以鉴矣。②

荀悦《申鉴》中的论述：

---

① 王符著，汪继培笺，彭铎校正：《潜夫论笺校正·衰制》，北京：中华书局1985年，第242–243页。

② 严可均：《全后汉文》，北京：商务印书馆1999年，第463页。

> 致治之术，先屏四患，乃崇五政。一曰伪，二曰私，三曰放，四曰奢。伪乱俗，私坏法，放越轨，奢败制。四者不除，则政末由行矣。俗乱则道荒，虽天地不得保其性矣；法坏则世倾，虽人主不得守其度矣；轨越则礼亡，虽圣人不得全其道矣；制败则欲肆，虽四表不能充其求矣；是谓四患。兴农桑以养其生，审好恶以正其俗，宣文教以章其化，立武备以秉其威，明赏罚以统其法。①

仲长统《昌言》中的论述：

> 德教者，人君之常任也，而刑罚为之佐助焉。古之圣帝明王，所以能亲百姓，训五品，和万邦，蕃黎民，召天地之嘉应，降鬼神之吉灵者，实德是为，而非刑之攸致也。至于革命之期运，非征伐用兵，则不能定其业；奸宄之成群，非严刑峻法，则不能破其党。时势不同，所用之数亦宜异也。教化以礼义为宗，礼义以典籍为本。常道行于百世，权宜用于一时。②

综合以上四段论述，在每段文字的句式组成上，王符的言说段落句式组成为：11-6-8-7-7-4-6-4-4-4-4-4-9-5-6-4-9-6-7；崔寔言说段落句式组成为：6-4-8-6-9-7-4-4-4-6-11-6-5-5-4-4-4-4-4-4-4-4-4-4-4-4-4-8-4-4-6；荀悦言说段落句式组成为：4-4-4-3-3-3-3-3-3-3-3-4-6-5-9-5-9-5-9-5-9-4-7-7-7-7-7；仲长统言说段落句式组成为：3-6-8-6-6-3-3-3-6-7-4-7-7-5-6-5-5-6-4-8-7-7-6-6。从各种句式的排布上可以看出，仲长统在行文中对各种句式间的错落搭配是有自己独特的构思和安排的，像王符、崔寔和荀悦言说中三言或四言句式的连续集中出现的现象在其行文中是有所回避的。回顾《昌言》中的文字，在论述过程中，除去以上《损益篇》中纲领性的整齐十六句七言句群外，并没再见到任何一种句式如此高度集中的出现。因此，从这里我们可以得出两点结论：其一，仲长统在撰写《昌言》时，在主观上存

---

① 荀悦撰，黄省曾注，孙启治校补：《申鉴注校补·政体》，北京：中华书局2012年，第9—10页。

② 严可均：《全后汉文》，北京：商务印书馆1999年，第888页。

在对句式进行合理规划的自觉；①其二，仲长统在撰写《昌言》时，为了突出其核心思想部分，不仅仅在思想上深入地进行了挖掘，更在形式上打破了既往政论散文的叙述传统，以高度整齐且集中的十六句七言句群将《昌言》政论部分的思想内核予以再次加强。这种为了突出文章思想核心，分别从思想内容和表述形式上做出双重努力的态势，无论从哪一层面来讲都是对东汉以来政论散文陷入僵化局面的有力打破。

另外，翻阅荀悦《申鉴》会很容易地发现，在其文章中三言句式得到了较为普遍的使用，在使用频度和数量上都要多于其同时代的其他政论散文。《昌言》中虽也存在三言句式，但是在使用上却是更为"谨慎"的，一般多是在各种句式之间起到文意上的连接和节奏上的过渡作用。纵观现存《昌言》各篇（以《全后汉文》所辑《昌言》为准）三言句式连续出现共有以下五例：

古之圣帝明王所以能亲百姓，训五品，和万邦，蕃黎民……。②

夫如此，而后可以用天性，究人理，兴顿废，属断绝，网罗遗漏，拱押天人矣。③

和神气，惩思虑，避风湿，节饮食，适嗜欲，此寿考之方也。不幸而有疾，则鍼石汤药之所去也。肃礼容，居中正，康道德，履仁义，敬天地，恪宗庙，此吉祥之术也。④

简郊社，慢祖祢，逆时令，背大顺，而反求福佑于不祥之物，取信诚于愚惑之人，不亦误乎？⑤

人爱我，我爱之；人憎我，我憎之。⑥

在这五处中，三字句连续出现皆在六句之内，且属于政论范畴的第一、二两例

---

① 因仲长统在思想上颇尊崔寔，然而纵观现存崔寔《政论》似无"三字句"四句或四句以上连续出现的情况，但年代上与仲长统存在交集且年长仲长统的荀悦，在其所著的《申鉴》中确有大量的三字句连续出现之情况。

② 严可均：《全后汉文》，北京：商务印书馆1999年，第888页。

③ 严可均：《全后汉文》，北京：商务印书馆1999年，第893页。

④ 严可均：《全后汉文》，北京：商务印书馆1999年，第897页。

⑤ 严可均：《全后汉文》，北京：商务印书馆1999年，第897页。

⑥ 严可均：《全后汉文》，北京：商务印书馆1999年，第900页。

皆为四句连续，这是符合传统的叙述模式的。而荀悦《申鉴》中使用三言句连用的频率则要远远超过仲长统的《昌言》，以《申鉴》第一篇《政体》为例，其中三言句式连用四句以上者共有八例：

> 天作道，皇作极，臣作辅，民作基，制度以纲之，事业以纪之。①
> 一曰伪，二曰私，三曰放，四曰奢，伪乱俗，私坏法，放越轨，奢败制。②
> 小人之情，缓则骄，骄则恣，恣则急，急则怨，怨则畔。③
> 一曰中，二曰和，三曰正，四曰公，五曰诚，六曰通。④
> 一曰治，二曰衰，三曰弱，四曰乖，五曰乱，六曰荒，七曰叛，八曰危，九曰亡。⑤
> 君好让，臣好逸，士好游，民好流，此弱国之风也。⑥
> 上多欲，下多端，法不定，政多门，此乱国之风也。⑦
> 上不访，下不谏，妇言用，私政行，此亡国之风也。⑧

仅《政体》一篇中三言句连用就有八例之多，且超过四句连用的又有四例。三言本已失之于促，而如此这般地将三言句式连续铺排堆砌，势必会导致短促之"节"机械连缀，使文章如平铺直叙般毫无抑扬顿挫高下回环，又加之文中颇

---

① 荀悦撰，黄省曾注，孙启治校补：《申鉴注校补·政体》，北京：中华书局2012年，第8页。
② 荀悦撰，黄省曾注，孙启治校补：《申鉴注校补·政体》，北京：中华书局2012年，第10页。
③ 荀悦撰，黄省曾注，孙启治校补：《申鉴注校补·政体》，北京：中华书局2012年，第19页。
④ 荀悦撰，黄省曾注，孙启治校补：《申鉴注校补·政体》，北京：中华书局2012年，第24页。
⑤ 荀悦撰，黄省曾注，孙启治校补：《申鉴注校补·政体》，北京：中华书局2012年，第26页。
⑥ 荀悦撰，黄省曾注，孙启治校补：《申鉴注校补·政体》，北京：中华书局2012年，第27页。
⑦ 荀悦撰，黄省曾注，孙启治校补：《申鉴注校补·政体》，北京：中华书局2012年，第27页。
⑧ 荀悦撰，黄省曾注，孙启治校补：《申鉴注校补·政体》，北京：中华书局2012年，第27页。

多儒家中规中矩的说教和道家冷眼旁观的平静,难免会使诵此文者有昏昏欲睡之感。在行文句式中,三字句看似无足轻重,但如果对它的功用认识产生了偏差,便会对文气造成不可名状的影响。因为在行文时三言句式的功用其实并不在于叙述,而在于散入各种句式之间起到调节文章内部节奏的作用:

> 其七言、三言等,须看体之将变,势之相宜,随而安之,令其抑扬得所。①

仲长统《昌言》在句式构成上,回避了以上的问题,通篇在句式上有主次之分(据前文统计数字,四言句式居首,五言句、六言句居次),但在具体的谋篇布局上并不会出现单一种类句式大量集中的现象,结合深刻的思想和犀利的文辞,使文章给人以耳目一新之感。如《损益篇》开篇之论:

> 作有利于时,制有便于物者,可为也。事有乖于数,法有玩于时者,可改也。故行于古有其迹,用于今无其功者,不可不变。变而不如前,易而多所败者,亦不可不复也。②

这段位于篇首的文字,简洁洗练地交代了仲长统的改革观。其句式分布为 5-6-3-5-6-3-7-7-4-5-6-6,全段的结构又可以划分为 5-6-3+5-6-3——7-7-4+5-6-6 这样的结构。也就是说,该段的前六句,构成了一组"排队"。其后的六句亦为两组,虽然规制并不相同,但有简化为相同体式的可能。如可以将"故行于古有其迹,用于今无其功者,不可不变。"改造为"行于古有其迹,用于今无其功,不可不变也。",这说明从单纯句意角度出发,有将 7-7-4 结构变为更为和谐的 6-6-5 结构,或者后三句亦可由 5-6-6 结构变为"变不如前,易而多有所败者,亦不可不为复也。",无论从哪种角度来说,在这 12 句的段落中,前六句显得整饬,而后六句则显得散乱。然而,细细分析却发现这种整散结合且看似无序的语体散文,无论在节奏韵律上还是在思想

---

① (日)遍照金刚:《文镜秘府论·定位》,北京:人民文学出版社 1975 年,第 159 页。
② 严可均:《全后汉文》,北京:商务印书馆 1999 年,第 891 页。

内容上都似乎更具优势。

从前六句来看，"作有利于时，制有便于物"本是相互对应的两句，且两句的重点在句式结构上已经放在句首的"作"和"制"上了。如果以这样的体式，再加上"可为也"的话，三句话就形成了平稳的三步结构了。然而恰恰是第二句末尾加上了一个看似全无意义的"者"字，使得这三句在阅读节奏上发生了微妙的变化，三句的阅读节奏变成了1+2——3的两步结构了，文中四、五、六句亦是此理。后六句亦可以中间两个短句为中心向两边对等铺排开来，但是因为"故""而"（"变而不如前"之"而"）、"者"的加入，又使得这种平稳的句式结构再次发生了微妙的变化。该段前六句论述了当变则变、当改则改之理。后六句以一"故"字开启，在文意上有综论之势，而这种概而论之的态势是统摄到"不可不变"吗？当然不是，因为段首已经明言"作当有利于时，制当有利于物"，所以这种"作"和"制"本身便是合理的和正确的，而"事有乖于数，法有玩于时者"则又明确地告知有不合理的"事"和"法"，即便是现存的也要态度鲜明地予以革除。从这一角度出发，再来看"故"字之后的言说，可以发现其统摄范围是直至段尾的，因此后六句在文意上是一气呵成的。所以，在诵读的节奏上也发生了些微变化。两个"者"字固然标志着两次停顿，而且两次停顿之间却没有出现"也"，反倒是出现了加强连接性的"而"字，这种语气连贯性的强化都反映了更深层次的思想内涵，对于合古不合今的制度要予以革除，但当下新变如若还不如既往旧制，那么还应当果断地回到原来的旧制度上。须知，以上这些句式属于"体词性"结构，也就是说"者"字在这些句子中，在纯然的语法和语义层面上是可有可无的，然而恰是这些"者"以及"而""也"虚词的加入，不仅增强了句子的节奏感，而且使意涵表达得更加准确和生动。

回顾《全后汉文》中辑录《昌言》较为完整的三篇，可以发现这三篇政论性散文的开篇部分都在句法的应用上颇多修饰，依据文字自身的节奏将各种句式穿插开来、交错使用。较之文章在开篇之时便以四平八稳的体式呈现于面前的《杂言》开篇有颇多起色：

或问曰："君子曷敦乎学？"曰："生而知之者寡矣，学而知之者众矣。悠悠之民，泄泄之士人，明明之治，汶汶之乱，皆学废兴之由，敦之不亦宜乎。"①

虽然荀悦《申鉴》之文同属于东汉中晚期语体散文之列，但质而论之，单纯在语言和句式上颇多扬雄《法言》的整饬沉稳之气，而少了几分语体散文所应具备的率性和张扬。②所以，孙启治指出荀悦之文与东汉中后期的政论散文的不同在于：

> 他的《申鉴》在说正面的道理，谈理想的政治、伦理与社会，明明所说都和时政相反，却对时政少有针砭。看上去，就像一个人身处于杂乱肮脏的屋子里，坐在那儿闭着眼，嘴里自说自话道"屋子要保持整洁干净"，而对四周的杂乱肮脏不说一句。这种"坐而论道"的"空言"，我读起来觉得别扭。③

《申鉴》在言说时所持有的态度与王符的《潜夫论》、崔寔的《政论》和仲长统的《昌言》是有本质不同的。荀悦从《前汉纪》尚有振作之词到《申鉴》仅存坐而论道、对现实不置一词褒贬，透过这些细节似乎都可以看到荀悦心态的些许变化。无论是出于对曹氏权势的畏惧，还是出于对东汉王朝穷途末路的心灰意冷，总之荀悦已经不再关注时事了。开始以一种道家的平静心态，兀自陈述着儒家治国安邦之论。这种心态已经预示着在现实面前脆弱的儒家思想终将退出历史舞台，而侧重全身养性的道家思想势必大行于世。年长仲长统三十余岁的荀悦，已于建安初年间有了此番深刻的领悟，由此观之，作为后起之秀的仲长统，其言说实为儒士欲借法术为东汉王朝做最后挣扎之努力。

在文章风格上，王符、崔寔、仲长统前后相承袭，皆以直陈时弊，补救

---

① 荀悦撰，黄省曾注，孙启治校补：《申鉴注校补·杂言》，北京：中华书局2012年，第140页。
② 孙启治已明确指出，《申鉴·杂言》"明显模仿《法言》，《时事》《俗嫌》也多处模仿《法言》。用词不算'艰深'，但却'生硬'，而且文句中的虚词，以及对答双方的'曰'字往往省略，这会造成文意的含混。"见荀悦撰，黄省曾注，孙启治校补：《申鉴注校补》，北京：中华书局2012年，第27页之《整理前言》。
③ 荀悦撰，黄省曾注，孙启治校补：《申鉴注校补》，北京：中华书局2012年，第1页之《整理前言》。

时政为主旨。与兀自空言的荀悦不同，他们的言说中都饱含着充沛的个人主观情感，因此使得文章在思想内容上更富感染力。当然，伴随着各自所处时代的不同，面对社会的倾颓程度自然有别，所以要深刻理解从王符到崔寔再到仲长统的思想变迁，就要深刻把握一明一暗两条主线。所谓明线，即社会变乱程度加剧、各种矛盾冲突加深，三人论说中的揭露也愈来愈犀利；所谓暗线，即在认识、揭露日益深重社会弊端的同时，愈来愈感到儒家乃至诸家学说的无力，以及君主专制王朝注定走向崩溃的死局，所以伴随着认识、揭露愈发深刻，内心便愈发无助和绝望。从王符到崔寔，虽然痛陈时弊，但仍认为时世可救，至荀悦已经全然没有了拯救时世的念头，至仲长统之时王朝鼎革将成定局。因此，本质上仍为儒士的仲长统陷入了一个怪圈——越是想救世，便愈要深刻了解世事，然而愈是深刻了解世事，便愈发现世事已全然不可救。荀悦的言说中已经微露几分高蹈之意，而后起的仲长统又要"知其不可而为之"地意欲振作一番。这种仲长统与荀悦思想间的前后矛盾，都深刻地揭示出儒家思想在完全退出历史舞台之前势必会做出一番"挣扎"。因此，可以看出仲长统自身思想深处的悖谬与冲突、挣扎与绝望，这些都预示着儒家思想注定衰落的命运。萧公权在其《中国政治思想史》中已经把握到了东汉一朝前后士人心中日渐浓重的负面情绪，"至桓谭、王符、崔寔、荀悦诸人始渐露悲观之意，不复坚持圣君贤相、归仁化义之崇高理想，而欲以任刑参霸之术为补绽治标之方。夫欲补绽治标，则犹认吾道未穷，大厦可支，虽已悲观，尚未至极。今仲长氏不仅叹世乱之愈酷，且复疑救乱之有道。推其中之意，殆无异于对专制政体与儒家治术同时作破产之宣告。此诚儒家思想开宗以来空前未睹之巨变。"① 萧公权将桓谭、王符、崔寔、荀悦、仲长统的悲观绝望情绪按照时代的先后进行排布，时代愈后者愈深愈重。从宏观上看，这没有什么问题。要之，真正绝望情绪的表达不一定非要有愤世嫉俗之举、离经叛道之论。仲长统的绝望情绪尽现于文辞之中，自然是对汉帝国的彻底绝望。其实年长仲长统三十余岁的荀悦也未尝没有些许的绝望之情，只不过不著于文辞罢了。陈启云《荀悦与中古儒学》就曾指出："荀悦尽管对于儒家思想已经失望，但却还保持着对历史的信念，也就是说，历史作为有教导意义的过去的记载，既表达了当代人的希望，也为未来提供了

---

① 萧公权：《中国政治思想史》，北京：商务印书馆 2011 年，第 322 页。

借鉴意义。"① 陈启云认为荀悦对儒家经典已经失望，但是对未来还是充满希望的，似乎从某种意义上存在着对荀悦的一种理解偏差。《后汉书·荀淑列传》载：

> 悦字仲豫，俭之子也。俭早卒。悦年十二，能说《春秋》。家贫无书，每之人间，所见篇牍一览多能诵记。性沈静，美姿容，尤好著述。灵帝时阉官用权，士多退身穷处。悦乃托疾隐居，时人莫之识，惟从弟彧特称敬焉。初辟镇东将军曹操府，迁黄门侍郎。献帝颇好文学，悦与彧及少府孔融侍讲禁中，旦夕谈论。累迁秘书监、侍中。时政移曹氏，天子恭己而已。悦志在献替，而谋无所用，乃作《申鉴》五篇。②

从史传中的载录可以看出，荀悦生性沉静，美姿容，尤好著述。所以，在看待"谋无所用，乃作《申鉴》五篇"的问题上应当更多地关注荀悦好著述的特征。另外，从生卒行年上看，荀悦卒于建安十四年（209年），与其一同侍讲禁中的少府孔融和从弟荀彧，一个于建安十三年（208年）死于非命，一个在荀悦离世三年后的建安十七年（212年）无奈自杀，这些都足可证明其所处地位之危险，所以可以理解《申鉴》为何只言理而不言事、论儒法而实主于道，文章清淡寡味品不出多少个人主观情感，这一切似乎都可以说明荀悦在对儒家思想全然失望之时，道家思想已经悄然地在其内心成长。一句"以俟制度可也"并非是儒家思想范畴内的对未来充满期待，而是在面对现实诸多矛盾又无力解决时的无奈。《申鉴》与其说是以儒家思想为主来谈治国之道的，莫不如说是以近乎清谈的方式来讲评儒家治国之法的。

因此，只有在思想性上正确认识了荀悦，才能更深刻地体会到《昌言》所表现出来的仲长统思想的特殊性，即仲长统思想在汉魏易代之际所展现出来的巨大张力。仲长统撰写《昌言》的情感是愤懑、郁结的，然而仲长统的内心又是充满矛盾的，因此《昌言》中虽然不乏大量揭露之语、痛斥之辞，但《昌言》所透射出的绝非是看上去的抨击和鞭挞，而是一种"呜咽"的悲鸣。这是对《昌言》中所透射出来文气的一种更高层级的体会，关于这一点会在后文中，

---

① 陈启云著，高专诚译：《荀悦与中古儒学》，沈阳：辽宁大学出版社2000年，第229页。
② 范晔：《后汉书·荀淑列传》，北京：中华书局1965年，第2058页。

结合仲长统具体章节中的相关论述予以说明。

第四节　特异的言说模式

《昌言》中的政论散文，在叙述方式上亦有其独特之处。桓谭、王符、崔寔、荀悦政论散文的论说都是各自篇章独立、主题清晰、层次分明的。这一点翻看以上诸人各篇论述即可知晓。即东汉以来的政论散文在论述上，每篇都有一个较为明确的中心或主题，而后再围绕该中心展开分述，也就是说这些政论散文每篇都针对一个相对具体的社会问题，然后再围绕这个社会问题的成因、影响、治理等方面展开论述。反观现存仲长统《昌言》中的政论散文，则全然不属此种路数。《昌言》中现存较为完整的《理乱》《损益》《法诫》三篇，不难看出篇目的主题并非一如东汉传统政论散文那样针对具体问题而发，而是更侧重于对东汉存在的诸多社会问题做系统的分析和论述，或者依据大量事实做出形而上的总结和归纳，而后再对现实做出指导。

《损益篇》便是其中的典型代表：

> 作有利于时，制有便于物者，可为也。事有乖于数，法有玩于时者，可改也。故行于古有其迹，用于今无其功者，不可不变。变而不如前，易而多所败者，亦不可不复也。
>
> 汉之初兴，分王子弟，委之以士民之命，假之以杀生之权。于是骄逸自恣，志意无厌。鱼肉百姓，以盈其欲；报蒸骨血，以快其情。上有篡叛不轨之奸，下有暴乱残贼之害。虽藉新属之恩，盖源流形势使之然也。降爵削土，稍稍割夺，卒至于坐食奉禄而已。然其洿秽之行，淫昏之罪，犹尚多焉。故浅其根本，轻其恩义，犹尚假一日之尊，收士民之用。况专之于国，擅之于嗣，岂可鞭笞叱咤，而使唯我所为者乎？时政凋敝，风欲移易，纯朴已去，智慧已来。出于礼制之防，放于嗜欲之域久矣，固不可授之以柄，假之以资者也。是故收其弈世之权，校其从横之势，善者早登，否者早去，故下土无壅滞之士，国朝无专贵之人。此变之善，

可遂行者也。

井田之变,豪人货殖,馆舍而于州郡,田亩连于方国。身无半通青纶之命,而窃三辰龙章之服;不为编户一伍之长,而有千室名邑之役。荣乐过于封君,势力侔于守令,财赂自营,犯法不坐。刺客死士,为之投命。致使弱力少智之子,被穿帷败,寄死不敛,冤枉穷困,不敢自理。虽亦由纲禁疏阔,盖分田无限使之然也。今欲张太平之纪纲,立至化之基趾,齐民财之峰寡,正风欲之奢俭,非井田实莫由也。此变有所败,而宜复者也。

肉刑之废,轻重无品,下死则得髡钳,下髡钳则得缔笞。死者不可复生,而髡者无伤于人。髡不足以惩中罪,安得不至于死哉!夫鸡狗之攘窃,男女之淫奔,酒醴之赂遗,谬误之伤害,皆非值于死者也。杀之则甚重,髡之则甚轻。不制中刑以称其罪,则法令安得不参差,杀生安得不过谬乎?今患刑轻之不足以惩恶,则假臧货以成罪,托疾病以讳杀。科条无所准,名实不相应,恐非帝王之通法,圣人之良制也。或曰:过刑恶人,可也;过刑善人,岂可复哉?曰:若前政以来,未曾枉害善人者,则有罪不死也,是为忍于杀人也,而不忍于刑人也。今令五刑有品,轻重有数,科条有序,名实有正,非杀人逆乱鸟兽之行甚重者,皆勿杀。嗣周氏之秘典,续吕侯之祥刑,此又宜复之善者也。

《易》曰:"阳一君二臣,君子之道也;阴二君一臣,小人之道也。"然则寡者,为人上者也;众者,为人下者也。一伍之长,才足以长一伍者也;一国之君,才足以君一国者也;天下之王,才足以王天下者也。愚役于智,犹枝之附干,此理天下之常法也。制国以分人,立政以分事,人远则难绥,事总则难了。事远州之县界,或相去数百千里,虽多山陵洿泽,犹有可居人种谷者焉。而诸夏有十亩共桑之迫,远州有旷野不发之田,代俗安土,有死无去。君长不使,谁能自往缘边之地?亦可因罪徙人,便于守御。当更制其境界,使远者不过二百里。

明版籍以相数阅,审什伍以相连持,限夫田以断并兼,定五刑以救死亡,益君长以兴政理,急农桑以丰委积,去末作以一本业,敦教学以移情性,表德行以厉风俗,核才艺以叙官宜,简精悍以习师田,修武器以存守战,严禁令以防僭差,信赏罚以验惩劝,纠游戏以杜奸邪,察奇刻以绝烦暴，审此十六者，以为政务，操之有常，课课之限，安宁忽懈堕，有事不迫遽，圣人复起，不能易也。①

以上六段为《损益篇》前半部分文字（为便于解说，故按意涵不同分为四段）。仲长统的《损益篇》并不像既往东汉政论散文那样只针对某一具体问题有所损益，而是想通过对一系列事件的评述，提出一种有损有益、抽象的改革观念。有了这种抽象的改革观念后，再以这种观念去客观地判断两汉以来诸多现实层面的社会问题，为其革除时弊提供形而上的、理论上的有力支撑，而非纠缠于形而下的、具体的某个问题。

《损益篇》首段旗帜鲜明地提出了仲长统的损益观。在分析仲长统的损益观之前要注意一个前提，即在仲长统思想深处认为世间万物都是处于变化发展之中的，所以世间万物都处在"变"的过程之中。有了这一前提，才能进入到首段部分开始分析。既然承认了世间万物都处于"变"的过程之中，而这种变势必又会有好坏之分。因此，仲长统指出，那些能够利于时、便于物的变是可为的，而那些乖于数、玩于时的变，是待变的。其后六句，意在强调合于利则变、违于利则复，随后分别用汉初削藩、井田之变、肉刑之废，一正两反三个例子说明何为"变之善，可遂行者"，何为"变有所败，而宜复者"。在分清了可为与当复之后，第五段提出更定边地州县规制和徙因实边这两种可为之变，且紧随其后又提出了十六条改革弊政的当为之策。

综上，可以看出《损益篇》是先在篇首提出一种指导性质的、以客观利害为评判标准的指导性之损益理念，而后借助两汉具体事例对这一理念做出解释和论证，之后再用该理念分析现实社会中存在的问题并给出答案。即便在《损益篇》的后半部分也仍是在论说中反复验证其打破传统的损益理念的正确：

向者天下户过千万，除其老弱，但户一丁壮，则千万人也。遗漏既多，又蛮夷戎狄居汉地者尚不在焉。丁壮十人之中，必有堪为其什伍之长，推什长以上，则百万人也。又什取之，则佐史之才已上十万人也。又十取之，则可使在政理之位者万人也。以筋力用者谓之人，人求丁壮；

---

① 严可均：《全后汉文》，北京：商务印书馆 1999 年，第 891–892 页。

以才智用者谓之士，士贵者老。充此制以用天下之人，犹将有储，何嫌乎不足也？故物有不求，未有无物之岁也；士有不用，未有少士之世也。夫如此，而后可以用天性，究人理，兴顿废，属断绝，网罗遗漏，拱押天人矣。或曰：善为政者，欲除烦去苛，并官省职，为之以无为，事之以无事，何子之言云云也。曰：若是，三代不足摹，圣人未可师也。

君子用法制而至于化，小人用法制而至于乱。均是一法制也，或以之化，或以之乱，行之不同也。苟使豺狼牧羊豚，盗跖主征税，国家昏乱，吏人放肆，则恶复论损益之间哉！夫人待君子然后化理，国待蓄积乃无忧患。君子非自农桑以求衣食者也，蓄积非横赋敛以取优饶者也。奉禄诚厚，则割剥贸易之罪乃可绝也。蓄积诚多，则兵寇水旱之灾不足苦也。故由其道而得之，民不以为奢；由其道而取之，民不以为劳。天灾流行，开仓库以禀贷，不亦仁乎？衣食有余，损靡丽以散施，不亦义乎？彼君子居位，为士民之长，固宜重肉累帛，朱轮四马。今反谓薄屋者为高，藿食者为清，既失天地之性，又开虚伪之名，使小智居大位，庶绩不咸熙，未必不由此也。得拘洁而失才能，非立功之实也。以廉举而以贪去，非士君子之志也。夫选用必取善士。善士富者少而贫者多，禄不足以供养，安能不少营私门乎？从而罪之，是设机置阱以待天下之君子也。盗贼凶荒，九州代作，饥馑暴至，军旅卒发，横税弱人，割夺吏禄，所恃者寡，所取者猥，万里悬乏，首尾不救，徭役并起，农桑失业，兆民呼嗟于昊天，贫穷转死于沟壑矣。今通肥饶之率，计稼穑之入，令亩收三斛，斛取一斗，未为甚多。一岁之间，则有数年之储，虽兴非法之役，恣奢侈之欲，广爱幸之赐，犹未能尽也。

不循古法，规为轻税，及至一方有警，一面被灾，未逮三年，校计骞矩，坐视战士之蔬食，立望饿殍之满道，如之何为君行此政也？二十税一，名之曰貊，况三十税一乎？夫薄吏禄以丰军用，缘于秦征诸侯，续以四夷，汉承其业，遂不改更，危国乱家，此之由也。今田无常主，民无常居，吏食日禀，禄班未定。可为法制，画一定科，租税十一，更赋如旧。今者土广民稀，中地未垦；虽然，犹当限以大家，勿令过制。其地有草者，尽日官田，力堪农事，乃听受之。若听其自取，后必为奸也。①

这部分是在论证总结了损益理念之后，回过头来再次证明这世间颠扑不破的真理即是文中反复论证的损益理念，而绝非什么三代故事、圣人说教。第二段的重点看似颇有承袭崔寔《政论》中贤人政治的观点，质而论之是在讨论治国理念中的损益问题。首先，仲长统指出为政有君子、小人之别，这就将为政结果的好坏直接归结到了官员品性究竟君子还是小人的个人道德层面了——不再属于制度层面的问题。这些讨论实际上都是为仲长统下文中开始畅谈治国应当以法而不以德张本，是一种暗损德而阳益法的观点。然后，笔锋一转又谈到了增加吏禄问题。仲长统持较为客观且现实的观点，认为官员享受相应的优厚待遇无可厚非，不赞成官员的高洁乃至清苦的做派，但对于高洁之士亦给予了高度的理解与褒扬：

先古之制休废，时王之政不平，直正不行，诈伪独售，于是世俗同共知节义之难复持也，乃舍正从邪，背道而驰奸，彼独能介然不为，故见贵也。②

在该观点上，仲长统承袭崔寔颇多，并且从其言说中可以看出仲长统尽管有"性倜傥，敢直言，不矜小节"的狂生性格，但在持论上亦不失理解与包容，唯对东汉污浊的人才选举风气予以深刻的批判。仲长统认为，东汉王朝的俸禄制度和人才选举制度，是造成东汉王朝官员畸廉畸贪的根本原因。如若清廉，则高级官吏是故为清廉之状，而底层官吏则近乎贫病无以自存；如果贪腐，则无论级别高低皆是以廉举而以贪去。制度本已如此弊端重重，然而一旦遭遇水旱螟蝗、边郡兵乱，又只能克扣官俸、盘剥小民，使得小民本已困苦不堪的处境更加雪上加霜了。那么此种艰难的局面要如何解决呢？仲长统并没有急于提出他的"租税什一"制度的租税改革设想，而是按照"租税什一"的税率，对国家财政收入的增加进行了简单地推算，最终指出按这样的税率征收田租可

---

① 严可均：《全后汉文》，北京：商务印书馆 1999 年，第 892–894 页。
② 严可均：《全后汉文》，北京：商务印书馆 1999 年，第 898–899 页。

以毫不费力地实现"一岁之间,则有数年之储"国用丰足的全新局面。至此,东汉固有税制之害和"租税什一"之利已经完全摆在世人眼前了,甚至仲长统还用"虽兴非法之役,恣奢侈之欲,广爱幸之赐,犹未能尽也"来表达对这一租税制度下国用丰足的自信。于是,仲长统才开始慢条斯理地论述东汉王朝租税"三十税一"的种种弊端,进而指出造成割夺百官俸禄、盘剥黎庶下民的原因,看似是国家遭遇自然灾害和寇盗兵乱,但实则罪魁祸首是东汉王朝不合理的租税制度。在充分罗列种种弊端之后,最终结合现实社会情况给出了当下应当施行的租税乃至赋税制度,以及在施行过程中应当格外注意土地的兼并问题。

至此可以理清《损益篇》中思维演进的脉络。因为具体分析思想内容的部分是分前后两部分进行的,所以现在讨论还是遵循之前分析时的结构框架。在第一部分中,仲长统首先提出了损益观念,然后分别用西汉削藩、井田之变、肉刑之废,一正两反的具体历史事例对其损益观念进行了诠释,进而提出了治国为政的十六条纲领。在第二部分中,借谈论拣选人才之法推出三代之制、圣人之言皆不足为据的观点,这段文字的意义颇为隐晦,实则是再次强调第一部分开篇的损益观念,指出所谓损益的核心标准就是利和害,有利者益之、有害者损之,如此而已。三代之制、圣人之言尽管都被认为是主流意识形态下的绝对真理,但于损益之理无半点价值。在打压儒家奉为圭臬的圣制真言时,暗中抬高了损益观念的地位。而损益观念的提出,实际上是要引入法家思想革除弊政。在引入法家思想之前,仲长统又小心翼翼地指出——法家思想在付诸实践过程中之所以会造成不良影响,实是因为推行之人是小人而非君子。这一分析,又将传统意义上牵扯太多的儒法之争,简化为推行政策之人的品行之别,巧妙地规避掉了直接标举法家思想而要遭受到众多儒士的种种非议。继而探讨官吏俸禄过于微薄的问题,并认为平时本已微薄的俸禄一旦遭遇天灾人祸常常还要被克扣以赡国用,而这么做的结果只能使多数官吏选择变本加厉地盘剥小民,致使广大小民的生活境况更加雪上加霜。面对这种困境,仲长统并没有急于提出改革租税乃至赋税制度的方案,而是先按照"租税什一"的标准对国家租税收入做了一番简单的推算,增收之大甚为明显已无需多言。言已至此,方才据损益之理讨论东汉税制之害与"租税什一"之利,并对当下虽然看似缓和的土地兼并问题给予中肯的告诫和切实的控制办法。

《损益篇》中的言说逻辑是：首先提出他的损益观念，然后用具体的历史事例对这一观念进行解释，并提出全面且系统的改革方案；继而再回到具体的事例，策略地证明损益观念的正确，而后巧妙地抽出损益观念外衣掩盖下的法家思想，且在这一过程中又不忘记再次陈述既往法家思想推行所带来的种种问题，并补充指出这不是法家思想的问题而是推行之人的问题；那么如何在最大程度上使为官之人尽为君子而不是小人呢？答案很简单，提高官员的俸禄，使他们衣食无忧、生活富足，至少不会因出于生计目的去侵刻小民。而东汉王朝所推行的俸禄制度恰恰是与之相反的，所以每逢灾害兵乱还要克扣吏禄、搜刮小民，而官吏往往为了生计还要掉过头来对小民进行二次搜刮，这些都使国家底层众多小民的处境更加恶劣。之所以会造成这样吏民皆苦的局面，实是因为国家财用不济，由此仲长统又进一步引出了东汉王朝租税制度的弊病，但他没有急于提出"租税什一"的改革设想，而是先按假定推行"租税什一"制度对国家一年的租税收入做了一番简单的推算，且得出的结果颇令人满意。行文至此，仲长统方才谨慎地指出东汉传统租税制度的弊端，并正式提出"租税什一"的改革设想。篇末针对当下地广民稀、土地兼并程度并不严重的社会现实，给出了自己的限田方案。

可以看出，仲长统在《损益篇》中的言说顺序为：提出损益观念——诠释损益观念——给出全面改革方案——通过破除儒家圣制真言的迷信，再次从侧面证明了损益观念的正确——引出法家思想，与此同时强调法家思想之流弊实是因推行之人是小人而非君子——为保证官吏坚守君子之道，提倡增加官吏俸禄——东汉施行薄俸制度乃至克扣官俸所带来的危害——引出东汉施行薄俸制度乃至克扣官俸的深刻原因实是租税制度的不合理导致国用不足——在引出"租税什一"制度之前，按新税制对国家收入做了一番简单的推算，得出国用大足的结果——通过揭露东汉传统租税制度的弊端，引出更为合理的"租税什一"制度——最后，尽管当下土地兼并问题已经在很大程度上有所缓和，仍不无远见地给出了较为切实可行的限田之策。

综观《损益篇》，尽管其中言及了西汉削藩、井田之废、肉刑之废、薄俸减俸、东汉税制等一连串的历史事件或制度变革，但这些都不是《损益篇》的真正思想内核。那么《损益篇》的思想内核究竟是什么呢？也许有人会不假思索地径直认为是"损益观念"，然而这一回答只是言其表而未及其里。《损益篇》

真正的思想内核是借损益之名引出法家思想!《损益篇》前半部分通篇都在为损益观念作注——证明损益观念的合理性,而后半部分则小心翼翼地引出了法家思想的内核,进而用法家思想剖析东汉王朝在官俸制度和租税制度上存在的问题,并最终以法家的诊断方式开出了一封方剂。至于早已打上儒家标志的"什一"之制,不过是这封方剂中的一味药材罢了。

所以,仲长统在《损益篇》中遵守着"以事证理——以理验世"的言说结构。文章前半部分多为证明其篇首理念之深刻和正确,文章后半部分转而以此理对现世之种种弊病或揭露、或抨击、或纠正。

《昌言》中的《理乱篇》亦是遵循着这一言说结构:

豪杰之当天命者,未始有天下之分者也。无天下之分,故战争者竞起焉。于斯之时,并伪假天威,矫据方图,拥甲兵与我角才智,程勇力与我竞雌雄,不知去就,疑误天下,盖不可数也。角知者皆穷,角力者皆负,形不堪复伉,势不足复校,乃始羁首系颈,就我之衔绁耳。夫或曾为我之尊长矣,或曾与我为等侪矣,或曾臣虏我矣。或曾执囚我矣。彼之蔚蔚,皆匈詈腹诅,幸我之不成,而以奋其前志,讵肯用此为终死之分邪?

及继体之时,民心定矣。普天之下,赖我而得生育,由我而得富贵,安居乐业,长养子孙,天下宴然,皆归心于我矣。豪杰之心既绝,士民之志已定,贵有常家,尊在一人。当此之时,虽下愚之才居之,犹能使恩同天地,威侔鬼神。暴风疾霆,不足以方其怒;阳春时雨,不足以喻其泽;周、孔数千,无所复角其圣;贲、育百万,无所复奋其勇矣。彼后嗣之愚主,见天下莫敢与之违,自谓若天地之不可亡也,乃奔其私嗜,骋其邪欲,君臣宣淫,上下同恶。目极角抵之观,耳穷郑、卫之声。入则耽于妇人而不反,出则驰于田猎而不还。荒废庶政,弃亡人物,澶漫弥流,无所底极。信任亲爱者,尽佞谄容说之人也;宠贵隆丰者,尽后妃姬妾之家也。使饿狼守庖厨,饥虎牧牢豚,遂至熬天下之脂膏,斫生人之骨髓,怨毒无聊,祸乱并起,中国扰攘,四夷侵叛,土崩瓦解,一朝而去。昔之为我哺乳之子孙者,今尽是我饮血之寇雠也。至于运徙势去,犹不觉悟者,岂非富贵生不仁,沈溺致愚疾邪?存亡以之迭代,政乱从此周复，天道常然之大数也。又政之为理者，取一切而已，非能斟酌贤愚之分，以开盛衰之数也。日不如古，弥以远甚，岂不然邪？

汉兴以来，相与同为编户齐民，而以财力相君长者，世无数焉。而清洁之士，徒自苦于茨棘之间，无所益损于风俗也。豪人之室，连栋数百，膏田满野，奴婢千群，徒附万计。船车贾贩，周于四方，废居积贮，满于都城，琦赂宝货，巨室不能容；马牛羊豕，山谷不能受。妖童美妾，填乎绮室；倡讴妓乐，列乎深堂。宾客待见而不敢去，车骑交错而不敢进。三牲之肉，臭而不可食；清醇之酎，败而不可饮。睇盼则人从其目之所视，喜怒则人随其心之所虑。此皆公侯之广乐，君长之厚实。苟能运智诈者，则得之焉；苟能得之者，人不以为罪焉。源发而横流，路开而四通矣。求士之舍荣乐而居穷苦，弃放逸而赴束缚，夫谁肯为之者邪？夫乱世长而化世短。乱世则小人贵宠，君子困贱。当君子困贱之时，跼高天，蹐厚地，犹恐有镇厌之祸也。逮至清世，则复人于矫枉过正之检。老者耄矣，不能及宽饶之俗；少者方壮，将复困于衰乱之时。是使奸人擅无穷之福利，而善士挂不赦之罪辜。苟目能辨色，耳能辨声，口能辨味，体能辨寒温者，将皆以修洁为讳恶，设智巧以避之焉，况肯有安而乐之者邪？斯下世人主一世之怨也。昔春秋之时，周氏之乱世也。逮乎战国，则又甚矣。秦政乘并兼之势，放虎狼之心，屠裂天下，吞食生人，暴虐不已，以招楚汉用兵之苦，甚于战国之时也。汉二百年而遭王莽之乱，计其残夷灭亡之数，又复倍乎秦、项矣。以及今日，名都空而不居，百里绝而无民者，不可胜数。此则又甚于亡新之时也。悲夫！不及五百年，大难三起，中间之乱，尚不数焉。变而弥猜，下而加酷，推此以往，可及于尽矣。嗟乎！不知来世圣人救此之道，将何用也？又不知天若穷此之数，欲何至邪？①

为便于分析，根据《理乱篇》各部分意涵的不同将其划分为三段。首段，仲长统陈述了自己的天命观。所谓仲长统的天命观也就是无天命观，能够使豪强夺得天下的无他——不过是智和力而已！第二段，讲的是天下新定，继体之君承袭大统，这时人心思定，纵然上有下愚之主、下有勇智之士也一样天下晏然。

---

① 严可均：《全后汉文》，北京：商务印书馆 1999 年，第 889–891 页。

其后继体之主习于此种情形，于是渐生骄奢淫乐之心，荒废朝政、任用亲近、听信奸佞最终导致王朝的崩溃和灭亡。如果能将首段和第二段结合起来，这两段陈述的内容，其实就是一个君主专制王朝"生—住—异—灭"的完整过程。只不过仲长统看得更加透彻，指出这不仅仅是一个君主专制王朝的"生—住—异—灭"过程，更是所有王朝都无法回避的宿命。因为仲长统看到了历代君主专制王朝的兴废皆系于君主一人，而历代君主都无法从根本上克服"富贵生不仁，沈溺致愚疾"的人性弱点和历史必然，因此历代君主专制王朝因为后继君主的"不仁"和"愚疾"都难逃灭亡的命运。

结合前文分析《损益篇》的言说结构，可以发现综观《理乱篇》第一段和第二段的论述，仲长统已经通过较为客观地分析历代王朝兴衰规律，进而从中归纳出一条关于历代王朝都难逃灭亡的规律。这种理论层面上的总结，恰恰可以等同于《损益篇》中"以事证理"的上半部分。第三段在内容上又可以等同于《损益篇》中"以理验世"的下半部分。第三段用大量描述性的文字，意在说明导致历代王朝注定灭亡的深层原因——"富贵生不仁，沈溺致愚疾"，在现实层面是无法克服的。唯一能够左右世间风俗的贤人君子，在这种世风下近乎永远没有出头之日。这段中透露出了两重悲剧意味：其一，这种"富贵生不仁，沈溺致愚疾"的世风一旦形成，与其相伴而生的人才选拔机制所输送的"人才"只能加速其崩溃和灭亡；其二，这种"富贵生不仁，沈溺致愚疾"的世风一旦形成，贤人君子个人的悲剧命运便已然注定：

> 乱世则小人贵宠，君子困贱。当君子困贱之时，踢高天，蹐厚地，犹恐有镇厌之祸也。逮至清世，则复人于矫枉过正之检。老者耄矣，不能及宽饶之俗；少者方壮，将复困于衰乱之时。①

所以，从这段文字中可以看出仲长统绝望的时代观，饱含着的巨大情感张力。自己为之殚精竭虑思考出路的王朝，一如历史上已然灭亡的所有王朝一样都注定走向崩溃；能够改变世风、阻止王朝走向灭亡的贤人君子，一如历史上所有王朝濒临崩溃时期的高洁之士一样注定得不到重用；而仲长统自己便是

---

① 严可均：《全后汉文》，北京：商务印书馆 1999 年，第 890-891 页。

这贤人君子的典型代表，且其所处的时代又是一个旧王朝正在走向灭亡、新王朝即将迎来初兴的特殊时期。这样一个典型身份、处于这样一个特殊时期，仲长统很清楚这一切对于他自己意味着什么。因此说仲长统绝望的时代观不仅仅是对时代的绝望，也包含着对个人命运的绝望。虽然《理乱篇》表达的内容和情感不同于《损益篇》，但是在通篇的言说结构上，从理论层面来看却是极其相似的，都秉承着"以事证理——以理验世"的言说结构。文章中虽然夹杂着大量的历史事件，但前半部分的历史事件多半是为论证一种理念或揭示一种规律，而后再在后半部分中秉承这一理念或规律来剖析当下存在的种种问题，最终给出自己的答案。当然，这里所说的答案或为解决之办法、或为无奈之态度。

按照分析《损益篇》和《理乱篇》所得出的结论，反观《昌言》中另外一篇较为完整的政论散文《法诫篇》，可以发现《法诫篇》的言说结构同样符合以上结论。

《周礼》六典，冢宰贰王而理天下。春秋之时，诸侯明德者，皆一卿为政。爰及战国，亦皆然也。秦兼天下，则置丞相，而贰之以御史大夫。自高帝逮于孝成，因而不改，多终其身。汉之隆盛，是惟在焉。夫任一人则政专，任数人则相倚。政专则和谐，相倚则违戾。和谐则太平之所兴也，违戾则荒乱之所起也。光武皇帝愠数世之失权，忿强臣之窃命，矫枉过直，政不任下，虽置三公，事归台阁。自此以来，三公之职，备员而已；然政有不理，犹加谴责。而权移外戚之家，宠被近习之竖，亲其党类，用其私人，内充京师，外布列郡，颠倒贤愚，贸易选举，疲驽守境，贪残牧民，挠扰百姓，忿怒四夷，招致乖叛，乱离斯瘼。怨气并作，阴阳失和，三光亏缺，怪异数至，虫螟食稼，水旱为灾，此皆戚宦之臣所致然也。反以策让三公，至于死免，乃足为叫呼苍天，号咷泣血者也。又中世之选三公也，务于清悫谨慎，循常习故者。是妇女之检柙，乡曲之常人耳，恶足以居斯位邪？势既如彼，选又如此，而欲望三公勋立于国家，绩加于生民，不亦远乎？

昔文帝之于邓通，可谓至爱，而犹展申屠嘉之志。夫见任如此，则何患于左右小臣哉！至如近世，外戚宦竖，请托不行，意气不满，立能陷人于不测之祸,恶可得弹正之哉!曩者任之重而责之轻,今者任之轻而责之重。昔贾谊感绛侯之困辱,因陈大臣廉耻之分,开引自裁之端。自此以来,遂以成俗。继世之主,生而见之,习其所常,曾莫之悟。呜呼,可悲夫!左手据天下之图,右手刎其喉,愚者犹知难之,况明哲君子哉!光武夺三公之重,至今而加甚,不假后党以权,数世而不行,盖亲疏之势异也。母后之党,左右之人,有此至亲之势,故其贵任万世。常然之败,无世而无之,莫之斯鉴,亦可痛矣。未若置丞相自总之。若委三公,则宜分任责成。夫使为政者,不当与之婚姻;婚姻者,不当使之为政也。如此,在位病人,举用失贤,百姓不安,争讼不息,天地多变,人物多妖,然后可以分此罪矣。或曰:政在一人,权甚重也。曰:人实难得,何重之嫌?昔者霍禹、窦宪、邓骘、梁冀之徒,藉外戚之权,管国家之柄;及其伏诛,以一言之诏,诘朝而决,何重之畏乎?今夫国家漏神明于蝶近,输权重于妇党,算十世而为之者八九焉。不此之罪而彼之疑,何其诡邪![1]

同前文分析形式一样,为便于分析暂据文意将《法诫篇》分为两段。《法诫篇》的上半部分,讲述的是宰相及三公之权缘何变得"畸轻"的历史演变轨迹。仲长统认为相权以及三公权重实际上不仅不会威胁到君权,反而会因宰辅"政专"而达到权力内部的"和谐",而光武帝的改革使得权归台阁,三公不过虚位而已,这一变革导致君权膨胀的同时,更使得与君权联系紧密的外戚之家和宦竖之人的权势得以空前扩张,而这些外戚和宦竖的权势扩张势必会暴虐小民、扰乱朝政,最终导致国家陷入不利之境地,这时君主反而又以国乱为名来苛责三公,久而久之使谨小慎微、安常故习成为拣选三公的标准,使得三公之职成了实实在在的虚位。《法诫篇》的上半部分,总结出了既往三公制度的优越之理,并以光武帝"事归台阁"为例从反面论证,再次证明既往委权于三公的正确与合理。《法诫篇》下半部分便秉承这一理念来评论两汉前后制度的高下,认为两汉在委权三公问题上的根本区别在于:西汉"任之重而责之轻",而东汉"任之轻而责之重"。随后,对"责之重"的由来做了简短的交代,进而更深刻地指出光武帝"事归台阁"之举已开过失之端,而现在的情形更加有

---

[1] 严可均:《全后汉文》,北京:商务印书馆1999年,第894–895页。

过之而无不及，但当权者仍然"莫之斯鉴"实在是"亦可痛矣"。品评过后，仲长统给出了变革的设想：若委丞相则丞相一人总领诸事；若委三公则宜分权领之，使各司其职。另外，君王不得与委权之人结为婚姻，也就是"夫使为政者，不当与之婚姻；婚姻者，不当使之为政也"。如果这样再治理不好天下，那便可以问责治罪了。当然，仲长统仍不忘在文末带上一笔，举重若轻地说明臣子权重并不会对君主构成真正的威胁，只不过他没有选择关于臣子的事例，而是列举了历史上剪灭的外戚权臣之事，一方面说明外戚权臣豪横一时尚且容易扫平，何况与皇族毫无姻亲之好的普通臣子呢？当然，选用外戚权臣的例子意在更加隐晦地说明两汉以来事实上对皇权真正构成巨大威胁的就是外戚之家，而非异姓之臣。结合对《法诫篇》上下两部分的分析，可以看出《法诫篇》仍是遵循着"以事论理——以理验世"的言说结构，只是在局部上略有出入而已。

至此，现存《昌言》中最为完整的三篇政论散文已经全部从行文思路上做了细致的梳理。综合《损益篇》《理乱篇》《法诫篇》三篇的分析，可以看出仲长统在撰写政论散文时，至少就这三篇而言，是有着不同于其同时代的独特结构模式的。仲长统在行文中，基本上都是秉承着"以事论理——以理验世"上下两部分相结合的言说模式。在研读仲长统的政论散文时，只有先把握了他的这种特有的言说模式，才会更好地理清他的言说过程中的思维理路和逻辑顺序。因为在仲长统的政论散文中，同一历史事件在文章前后皆有出现的情况是较为普遍的。如《损益篇》前后两部分都言及了土地制度的问题，《理乱篇》前后两部分都言及了君主和豪强过度奢侈享乐的问题，《法诫篇》更是前后两部分都言及了光武帝"事归台阁"剥夺三公之权所带来的问题。如果不能深入把握仲长统的这种言说模式，纵然会对仲长统犀利的文辞、恣肆的文气所吸引，但总免不了会产生些许的层次不明、逻辑混乱之感。

那么为什么仲长统要选择这样一种特异的言说模式呢？这个问题的答案，其实还要从仲长统自身说起。仲长统生卒行年考中已交代，仲长统建安十二年（207年）应尚书令荀彧征辟赴许出任汉廷之尚书郎，在此之前的仲长统并不是没有得到征辟，而是"每列郡命召，辄称疾不就"。[①]由此可以揣摩出仲长

---

① 陈寿：《三国志·魏书·刘劭传》，北京：中华书局1982年，第620页。

统年少气盛之时"不就命召"的微妙心态。这种心态,当然不是有些人认为的"逍遥出世"那么简单,依据行年考证结果来看应该是在等待一个可以施展自己才学和抱负的真正机会。终于建安十二年尚书令荀彧的征辟让他看到了希望,所以那个曾经对州郡命召皆称疾不就的仲长统这次却没有做半点耽搁。这些都可以说明,仲长统作为一个胸怀抱负、颇有学识、出身寒微的中下层士人,胸中沛然涌动的自然是"澄清天下之志"。然而入许为官之后,仲长统的职位只是从尚书郎转为参军事又转回尚书郎而已,没有得到任何的重用。要之,这一结局的造成与仲长统的出身阶层、特异思想、率真性格等因素密不可分。因为,仲长统的政治立场是尊君奉汉的,阶级立场是代表中下层小民的,思想核心是儒法兼备的,性格又是敢直言、不拘小节的。这些都注定了他势必与这个代表大地主阶层、终将借助儒家天命学说的掩护完成篡汉之实的曹魏政权的矛盾是无法调和的。因此,可以想见仲长统注定陷入一种怪圈,即他看得越明白、说得越清楚就越遭受冷遇,而冷遇又加剧了他的郁结之气,因此才会"每论说古今世俗行事,发愤叹息"。因得不到在上位者的回应和赞赏,情感上越是郁结,便越是希望在言说的文辞中尽可能地将所要表达的意思叙述得明白、透彻、富有感染力。因此,《昌言》中的这三篇文章在言说模式上都遵循着"以事论理——以理验世"的结构。这一言说模式,并不是说仲长统在撰文时的刻意为之,而是通过上文分析仲长统郁结的心态来说明这一模式,也许是仲长统在言说过程中为了尽最大限度将所要表达的意思叙述得明白、透彻且富于感染力而采用的一种不自觉的言说模式。然而,如果每篇文章的创作都是在这种强烈的冲动下完成的,那么在他的文章中这一言说步骤便成为一种相对固定的言说模式了。仲长统的这三篇政论散文,看似每篇都在论事,其实每篇的前半部分都是通过论事来说理,而后半部分则是以正确之理再回过头来匡正世事。

因此,现在便可以按照这则规律重新审视仲长统《昌言》中的《损益篇》《理乱篇》《法诫篇》三篇,分析这三篇文章中的核心思想分别是什么,以及这三篇文章中出现的众多史料,究竟孰为佐证之据、孰为待革之弊、孰为革新之策。

就《损益篇》而言,文章前半部分通过列举汉初削藩、井田之变、肉刑之废,引出损益观念的内核——法家思想,然后再用法家思想对东汉以来的薄俸制度、赋税制度的弊端予以揭露,最终开出的核心方剂是变革东汉的赋税制度,以及更为根本的土地制度，当然抑制兼并思想亦涵盖其中了。因此，沿着这条思路可以清楚地看到，仲长统在《损益篇》中所列举的称颂汉初削藩、抨击井田之变、否定肉刑之废，看似饱含着浓烈的情感，但这些事例在客观属性上不过是论据而已，既不是仲长统所要证明的核心理念，更不是仲长统依托核心理念所要力图革除的社会积弊。所以，分析至此才可以真正看清楚，《损益篇》是在一个儒家思想尚占主流的社会中，借助证明损益观念的正确与合理，进而巧妙地引出法家思想，并秉承此思想通过对东汉社会存在一些表层矛盾（如薄俸问题，重赋下民问题）的分析，转而直击东汉王朝弊端丛生的赋税制度，乃至土地制度等问题，并在文末给出了自己的解决办法，也就是改革设想。分析至此，便可以拨开《损益篇》中的层层浮云，抓住了仲长统在该篇中所要表达的核心理念和写作目的。质而论之，《损益篇》的核心理念就是证明在治国理念上法家思想的正确，《损益篇》的写作目的就是要指出东汉王朝涉及"钱"和"粮"的一切问题都是不合理的赋税制度造成的，应当抓紧现在兵革稍定、地广人稀的时机，对原有的赋税制度乃至更深层次的土地制度进行改革。简而言之，《损益篇》思想上推崇法家思想，行动上要变革土地和赋税制度。因此，前章中才会只对仲长统的抑兼并思想和赋税改革思想作专门论述，而没有在如其他研究著述一样执着于削藩、井田、肉刑等问题。

　　《理乱篇》的言说模式与《损益篇》相同，故亦可用这种方式予以分析。《理乱篇》前半部分从非常客观的角度讲述了历代君主专制王朝从夺取天下，到稳坐天下，到残虐天下，到最后尽失天下的完整过程。仲长统指出，这是历代王朝都无法跳出的死局，历代王朝都是在这一死局中前赴后继地陷入死循环。这是仲长统纵观历史得出的君主专制王朝都终将走向崩溃之理。然而，《理乱篇》的下半部分更深刻地指出，纵然历代王朝跳不出"死循环"之理，但在现实层面由王朝更迭所带来的灾难却是愈来愈烈：

　　　　昔春秋之时，周氏之乱世也。逮乎战国，则又甚矣。秦政乘并兼之势，放虎狼之心，屠裂天下，吞食生人，暴虐不已，以招楚汉用兵之苦，甚于战国之时也。汉二百年而遭王莽之乱，计其残夷灭亡之数，又复倍乎秦、项矣。以及今日，名都空而不居，百里绝而无民者，不可胜数。

此则又甚于亡新之时也。①

那么为何历代王朝兴灭循环之理会导致出时代一朝不如一朝、酷虐一代甚是一代令人痛心的结论呢？仲长统在《理乱篇》前后两部分的承接中，巧妙地将论说主体由末世王朝昏庸之"君"转移到了汉末骄奢之"民"，也就是豪强上来。而在这之间起连接作用的就是这句"汉兴以来，相与同为编户齐民，而以财力相君长者，世无数焉"。②也就是说，仲长统在《理乱篇》上半部分得出王朝崩溃之必然，实际上是从王朝注定崩溃的现实揭示出了君主专制政体的死局。而这种死局究其根本而言，实是权力与金钱的浸泡必然导致人性的扭曲与变异。上世穷奢极欲之人似乎还只是君主，反观现世家财可与君主比肩之豪强可谓"世无数焉"。这些无数的豪强在骄奢淫逸、纵情享乐上反而更令前代荒淫之君难以望其项背。因此，纵观历代有昏君之名者仍是一朝一人，而东汉以来为昏君之实者却是"世无数焉"。因此，仲长统深刻地意识到了地方豪强对国家和社会的巨大危害，同时他也认识到了在豪强林立的社会中，唯一能够匡正时弊的贤人君子的悲惨处境——"而清洁之士，徒自苦于茨棘之间，无所益损于风俗也。"③所以，这一切都注定了历代王朝都必然走向崩溃，并且这种崩溃将会因豪强愈多而变得愈加惨烈与残酷！《理乱篇》在言说模式上仍是遵循着"以事论理——以理验世"这一结构，不过这篇文章的特异之处在于纵观历史所得之"理"，对现实已全然没有任何指导抑或建设性的意义，反而以之验诸当世，恰恰推导出了当世灾难注定要比历史上任何时期都要更加深重的绝望结论。在文章结构上，前半部分是符合"以事论理"的，不同的是后半部分与"以

---

① 严可均：《全后汉文》，北京：商务印书馆1999年，第891页。
② 孙启治注"财力相君长者"为：按君、长皆位尊者之称，作动字，引申为主宰、治驭。"以财力相君长"，即互以财力服人。荀悦《汉纪》卷七引"君长"作一"窘"字，"窘"谓迫人也，文异而义实同，见孙启治：《政论校注 昌言校注》，北京：中华书局2012年，第276页。此种注解似为不妥，因"相"字本有交互、交替之意如范晔《后汉书·蔡邕列传》有"寒暑相推，阴阳代兴，运极则化，理乱相承"之语，虽然在意涵上有交互、交替之意，但相互交替之事物至少在概念上都亦属等量齐观者，所以此处"相"取由此衍生的"等同"之意更为贴切。君长，一方面可以作并列结构理解为京师之君、地方之长，或者可以作偏正结构径直等同于君王。当然，宏观上讲这样更加突出了地方豪强雄踞一方，权势、富贵可追比君王之意。
③ 严可均：《全后汉文》，北京：商务印书馆1999年，第890页。

理验世"不符。然而,从根本上讲《理乱篇》后半部分还是遵循着这一模式的,只不过需要注意的是,此理本就是无救之理,今更验之于丧乱之世,其结果自然是得出时代堕入无尽深渊的彻底绝望之结论了。当然,这种彻底的悲观和绝望才使仲长统在思想深处迸发出转向另一种价值取向和审美旨趣的冲动和可能。关于这一问题,会在后文讨论仲长统与汉末士风中进行详细论述。所以,《理乱篇》全文的思想核心借既往之历史得出所有王朝皆难逃崩溃之理,而后再以此理验之东汉,指出东汉的崩溃势必会更加惨烈与残酷。简而言之,观既往之变乱,知来世之无望。因此,《理乱篇》文末自然对世事已全无匡正之语了。

《法诫篇》在言说模式上同样遵循着"以事论理——以理验世"这一结构,并且该篇文章中的情感基调与《损益篇》相近,不同于《理乱篇》那样的彻底悲观和绝望,《法诫篇》前半部分叙述的是外朝权轻的演变轨迹,至废除宰相之职、剥夺三公之权为止,外朝无丝毫威权而君权臻于极盛,进而指出君权极盛带来的不可避免的一系列弊端——外戚和宦官势力的崛起,而外戚和宦官势力的崛起又恰恰是摧垮两汉政治最直接的原因,正所谓"西汉亡于外戚,东汉亡于宦官"。《法诫篇》的前半部分是借分析制度利弊,认为明君为政应当权移外朝,或委之于宰相总揽、或委之于三公分治,进而以此理验诸两汉之世,指出守此理则国治,弃此理则国乱。最后,给出了具体的改革设想——恢复宰相制度,或者恢复三公制度,并且在推行这一制度时,君主不得与重臣之家结为婚姻,保持纯然外朝之臣的身份,使其不会通过联姻转变为外戚之家,这样一来"所亲非所用,所用非所亲",无论在理论层面还是在实践层面上都保证了重臣纯然的臣子属性。与此同时,又举重若轻地指出重臣之权实际上对君权并不会构成什么威胁:

> 曰:人实难得,何重之嫌?昔者霍禹、窦宪、邓骘、梁冀之徒,藉外戚之权,管国家之柄;及其伏诛,以一言之诏,诘朝而决,何重之畏乎?今夫国家漏神明于媒近,输权重于妇党,算十世而为之者八九焉。不此之罪而彼之疑,何其诡邪!①

---

① 严可均:《全后汉文》,北京:商务印书馆 1999 年,第 895 页。

这段文字的写作目的是比较明显的,《法诫篇》通篇都在陈述委权宰相或委权三公,这一变革本质上就是要削弱君权,因此难免会使君主产生某些"隐忧",而仲长统意图借文末的这段对答形式的文字,轻描淡写地一笔带过大臣权重不足虑并再次极力突出外戚之祸实远在大臣权重之上,希望以此来去除君主对重臣的疑虑。至此,可以看清《法诫篇》前半部分意在以事证明外朝权重是解决外戚、宦官势盛的根本方法,后半部分给出了权力分配与官职制度改革的设想——或宰相一人统领、或三公分而治之,并且还要君主不得与这些权臣之家联姻,保持他们纯然的臣子属性,截断了由权臣到外戚的转进之路。所以,可以看出《法诫篇》"以事论理"部分证明了三公(或宰相)权重的优越性,"以理验世"部分再次证明三公(或宰相)权重的优越性后,提出了恢复三公(或宰相)权重的政治格局,并认为斩断联姻之线便可以彻底消除外戚之患。因此,可以看出《法诫篇》的重点就是力主恢复三公(宰相)权重的局面使权归外朝,意图从根本上斩断外戚、宦竖势盛的可能。

以上分析,便是对仲长统《昌言》中最为完整的三篇——《损益篇》《理乱篇》《法诫篇》言说模式的分析、逻辑的梳理,以及文中重点的把握。因为既往研读或者研究仲长统之学人,很容易将仲长统文中出现的具有明确立场的言说一概视为仲长统核心思想的直接体现。殊不知,在仲长统的言说中,如肯定汉初削藩、否定井田之变、抨击肉刑之废、提倡独任政专等等,尽管都带有仲长统鲜明的态度,但从本质上讲这些都是仲长统观点,而非仲长统在各篇中想要突出的重点,从议论文写作的角度来看实与论据无异。如果偏执地拘泥于这些细枝末节,反而会遮蔽了双眼无法看清仲长统到底想要解决什么问题,提出了什么样的解决办法,这些解决办法在历时上究竟与前人的解决办法有何异同、在共时上又与当世之人的方案究竟孰优孰劣?这一切的分析,都要源于分析《昌言》中这三篇作品时要分清主次,看清仲长统究竟想要解决什么问题。综合以上的大量分析,现在可以明确地看出仲长统在《损益篇》中所要解决的是赋税制度和土地制度的问题;在《理乱篇》中所要解决的是东汉王朝及君主专制王朝制度究竟还有没有未来的问题(当然,仲长统在篇中已经给出了没有未来的悲观结论);在《法诫篇》中所要解决的是通过复三公(宰相)之权以消除外戚、宦官之害的问题。

第六章 《乐志论》与魏晋文学审美新旨趣

在仲长统现存的著述中，其《乐志论》当属最别具一格者。《乐志论》文字中所透射出的那种对山水田园生活的向往和歌颂，不仅使得仲长统自身的著述多了一抹亮色，更为绵延四百年的两汉文学平添了几分不曾有过的清新之感。《乐志论》的出现，昭示着一种全新审美旨趣时代的到来。

在对仲长统的研究中，与其他诸多方面的研究相比，对仲长统《乐志论》的研究应当说吸引了学者更多的目光①。在论述仲长统著述分类一章中，已经明确了《乐志论》在仲长统著述中与《昌言》的关系。但是在对《乐志论》进行深入研究之前，尽管现存史料匮乏，但还是有必要先对《乐志论》的写作时间做相对客观的推测。

---

① 侯外庐等著《中国思想通史》（第二卷）在第十二章"汉末唯物主义思想家王符和仲长统"文末对仲长统《乐志论》所透射出的思想做了深入分析。见侯外庐等著：《中国思想通史》（第二卷），北京：人民出版社1957年，第456页。但分析中认为仲长统《乐志论》的写作动机是源于"他在无可奈何之时，终于要脱化超俗了"。这一论断虽然在个人思想成长乃至整个时代思想发展中看上去颇为"顺理成章"，且台湾学者韩复智亦持有该种观点，见韩复智：《仲长统研究》，《台湾大学历史学系学报》第8期1981年12月，第55页。但对以上二者论断个人并不完全赞同，具体分析详见本章正文。另外，日本学者邊土名朝邦《仲長統の農園構想》中提出的仲长统农园构想从客观上讲，是基于其与常林避居上党的亲身经历，其文章论证扎实充分是值得借鉴的。见邊土名朝邦：《仲長統の農園構想》，《九州大學中國哲學論集》18，1992年10月，第19–37页。

第一节 《乐志论》写作时间蠡测

在确定了《乐志论》不属于《昌言》系统之后,为了能够对《乐志论》有更深入的了解,是很有必要对《乐至论》的创作时间进行深入探究的。究竟《乐志论》作于仲长统生命中的哪个阶段?这看似并不紧要的问题在研究仲长统的思想和心态上却是无法回避的重要一环。但由于现存史料的严重不足,所以这一环往往成为仲长统心态研究中常常以理推之一笔带过的环节。侯外庐等著《中国思想通史·两汉思想史》篇末在摘引仲长统《乐志论》之后,有这样的评论:"他在无可奈何之时,终于要脱化超俗了。这样他的哲学便和老庄思想汇流,逍遥自得,并连自然把握本身也弃置了,因此他的戡天思想,到此就不能自解了。"① 这样的评述,虽然未对《乐志论》的写作时间做明确交代,但在客观上已经指明当作于仲长统入仕饱受打击陷入绝望之后,这一推断在逻辑上可谓顺理成章并无不妥之处,然而其中亦有值得推敲之处。在此为便于叙述,待下文其他观点罗列后再予以综合分析。

在《中国思想通史·两汉思想史》的观点之外,亦有学者对《乐志论》的写作时间持不同看法。台湾学者韩复智在《仲长统研究》中认为仲长统在入仕之前人生观便已形成,且这种人生观是"消极的,是保全性命和自适的人生观"。② 他的分析是:"自桓灵以来,政治混乱,杀戮不止,知识分子既无拨乱反正,又政场险恶,权势不可恃,盛名反受累。……在这种情况下,怎不令统灰心世事,为保全性命,自然走向游心于恬淡的老庄之路上去。这就是他'每州郡命召,辄称疾不就'的主要原因。"③ 在韩复智看来,东汉末年恶劣的政治和社会环境,早已在仲长统的心中产生出了心灰意冷、养性全身之意。也就是说,仲长统在入仕为官之前就已经在思想上归于老庄之途,这一观点实

---

① 侯外庐等著:《中国思想通史·两汉思想史》(第二卷),北京:人民出版社1957年,第456页。
② 见韩复智:《仲长统研究》,《台湾大学历史学系学报》第8期1981年12月,第54页。
③ 见韩复智:《仲长统研究》,《台湾大学历史学系学报》第8期1981年12月,第56页。

际上是已经较为明确地将《乐志论》的写作时间推移到了仲长统入仕为官之前。刘文英亦持相近观点："仲长统从愤世到避世，其思想变化有一个过程。早年他主要是愤世，然同时已有一些消极的思想苗头。《后汉书》本传称，仲长统'常以为凡游帝王者，欲以立身扬名耳，而名不常存，人生易灭，优游偃仰，可以自娱'。这已经暴露了他对仕宦生活和名位利禄的高度淡漠。在这样一种观念的支配下，后来他之'举为尚书郎''参丞相曹操军事'以及'复还为郎'估计都比较勉强。因此，在这一段时间，人们也看不到他真正有什么作为。"① 纵然韩复智和刘文英的观点在语言表达上存在些微的差别，但是他们观点最为核心的部分是一致的，仲长统在入仕为官之前心中便已经有了消极避世的念头，且皆以范晔《后汉书》中叙述的仲长统行年先后顺序为依据，以《乐志论》之词句为佐证。在论证的同时，实则都将《乐志论》的写作时间定格在了仲长统入仕之前，这与《中国思想通史·两汉思想史》中《乐志论》作于仲长统入仕遭遇重重挫折对世事彻底绝望之后的结论恰恰相反。分析至此，究竟孰是孰非个人不敢断言，毕竟史料太过有限，因此只能通过现有材料推测何种论断较为接近史实、更加合乎情理。

在第一章《仲长统生卒行年考》中，已经基于现有史料对仲长统的生卒行年情况做了最大限度的廓清和勾勒；另外，在文末之处亦对仲长统气质性格的变化做了简要的分析。首先，分析仲长统的心态前要注意两个行年上的问题。其一，单纯从范晔《后汉书·仲长统列传》所提供的重要信息来看：

> 每州郡命召，辄称疾不就。常以为凡游帝王者，欲以立身扬名耳，而名不常存，人生易灭，优游偃仰，可以自娱，欲卜居清旷，以乐其志，论之曰："……"。②

结合《三国志·魏书·刘劭传》所提供的信息，并参以第一章行年的考证结果可以发现，在仲长统的行年中"州郡命召"之事只发生在仲长统过高干之后至

---

① 刘文英在谈及仲长统心态时认为《乐志论》理当作于仲长统入仕之前，但在具体写作时间上却推测《乐志论》作于入仕为官之初。见刘文英：《王符评传》附《崔寔、仲长统评传》，南京：南京大学出版社1993年，第359-361页。
② 范晔：《后汉书·仲长统列传》，北京：中华书局1965年，第1644页。

入拜尚书郎之前,即建安十一年(206年)至建安十二年(207年)上半年之间,这段时间刚好处在仲长统入仕为官之前。另外,还需要注意的是,在第一章文末处对仲长统的气质性格有所分析。《三国志·魏书·刘劭传》注文中有缪袭上《昌言表》之文,身兼仲长统同僚、好友双重身份的缪袭,在介绍仲长统的气质性格时居然要借用大司农常林对十余年前那个仲长统的评骘之语。缪袭这一看似无意的笔法实则透露出了一个重要的信息,即从建安十二年(207年)上半年入拜尚书郎之后至延康元年(220年)离世,在这十余年间仲长统的气质性格发生了巨大的改变。据《三国志》提供的史料可知,缪袭的年龄当略小于仲长统且入仕亦晚于仲长统,也就是说与缪袭为友的仲长统在气质性格方面已经完全看不到"倜傥""敢直言""不矜小节"的"狂生"秉性了,如若不然为何要借用大司农常林一副翻检陈年旧账般的品评之语呢?翻检《全后汉文》以此方法品评他人性格者当为绝无仅有之案例。

由此,足见仲长统伴随着入仕年深日久,"狂生"的性格渐渐为世事所消磨殆尽,而这种内心到秉性的彻底转变投射到作品中,应当是由对家国天下的殚精竭虑转变为对个人性命的精心呵护,由对正统观念的坚信不疑转变为对光怪陆离言论的饶有兴趣。因此,对于《昌言》中出现诸如养生行气、奇闻怪事等离经叛道的文字都在情理之中了。然而,反观《乐志论》不禁会为其文字中所描绘的美好画面所吸引、表现的乐观精神所感染、呈现的高世之气所折服。虽然《乐志论》主旨为出世之意,但其中的高世超然之情、狂生率性之气却丝毫未减,反倒颇有几分凌驾一切的冲天傲气。因此,将《乐志论》推定为仲长统离世前彻底绝望之时所作是不合理的。那么,仲长统在入仕之前就已经心灰意冷消极避世的论断是否就是正确的呢?关于这个问题,亦不可因否定了另一种推论而盲目地予以肯定这一结论,所以还应回到仲长统这个人本身乃至仲长统的内心进行更为深入细致的探查。

韩复智与刘文英的观点都认为仲长统在入仕为官之前就已经产生了消极避世养性全身的念头了。二人观点的差异只不过在于韩氏认为仲长统在入仕之前就已经彻底绝望了,而刘氏认为已有绝望之念但尚未彻底绝望,但二人认为入仕前之仲长统的主要的感情基调都是悲观消极的,也就是说仲长统的入仕是"不情愿的"甚至是"被迫"的。但是,这种从《乐志论》中所体会出的消极情绪又与仲长统个人行年考证出的种种"积极"结果发生了"冲突"。

验之仲长统行年考证的结果：建安十年（205年），仲长统约二十六岁，过并州刺史高干；建安十一年（206年）~建安十二年（207年）上半年，仲长统二十七岁~二十八岁，与常林共处上党；建安十二年（207年）下半年，仲长统约二十八岁，被尚书令荀彧征辟为尚书郎。从行年考证的结果上来看，从建安十年（205年）到建安十二年（207年）上半年，这短短的两年半时间，或者更为具体的说是从建安十一年（206年）三月到建安十二年（207年）上半年这一年有余的光景里，①却恰恰对应了仲长统人生中最为春风得意的阶段，不仅因预见到了高干叛乱而名声大噪，更因得到了曹操干臣荀彧的赏识而擢任为尚书郎，可谓名利双收。因此，如果单纯从较为切实的行年考证结果来看，似乎看不到半点的"被迫"与"为难"。从仲长统行年的角度，更为贴切地说便是在约二十六岁时游学四方来到并州拜谒了刺史高干，经过一段时间的交往后，仲长统发现高干"有雄志而无雄才，好士而不能识人"，遂直言相劝但却未被采纳，于是便走访他处了。谁料仲长统刚离开不久高干便叛乱了，于是仲长统抱着寻访名士暂避兵乱的双重目的来到了隐居上党的常林之处。时间没过多久高干的叛乱就被平息，乱离之后的并州之士们方才想起那个有知人之明的仲长统来，于是在并州大地上仲长统的声名便为士人所熟知了。在选才举士皆循声名的东汉，名闻州郡的仲长统很快便陆续得到了周边诸郡的征辟，而仲长统对待这些征辟的态度却出奇的冷漠——"皆称疾不就"②。然而，就在不久之后，仲长统面对尚书令荀彧的征辟却不再冷漠。纵然史家笔法颇为简省，但透过洗练的文字看不到丝毫的迁延和迟疑。

所以，综合以上行年的分析并结合东汉末年士风和征辟制度，对仲长统建安十一年（206年）至建安十二年（207年）上半年间的心态可以做如下的猜测。首先，仲长统应荀彧征辟入拜尚书郎绝非出于被迫或不情愿。如若入仕为官确系有违仲长统之意愿，那仲长统亦仍可"称疾不就"。纵观东汉一朝的历史，对征辟不至的士人大体上都是"听之任之"的，手段不堪如梁冀、何进、董卓及奸佞宦竖者当属个案。退而论之，即便在入仕之后尚可辞官抑或弃官而去，此类事例在东汉一代皆不乏案例。另外，即便仲长统在入仕前再如何目睹世

---

① 据《三国志》《后汉书》等史料，可知高干叛乱于建安十一年（206年）三月便被平息了。
② 陈寿：《三国志·魏书·刘劭传》，北京：中华书局1982年，第620页。

间乱离王朝颓败之象，都无法改变他初出茅庐饱受两汉经学氛围浸润的儒生本质。这点可以从现存仲长统的著述中得到有力印证，无论如何离经叛道但其思想的基调仍是儒家正统思想，他的思想都是力主积极入世、刚健有为的。所以，仲长统"被迫入仕"说在把握仲长统的心态上是只关注到了乐志之文，而没有揣摩到仲长统文字背后的壮志雄心。否则，如若真正心灰意冷无意仕宦为何还要游学四方，拜访名士显贵呢？如东汉众多隐士一般彻底隐居不问世事岂不快活①，依仲长统如此一代狂生之秉性，岂能甘心委身乡野？所以，结合以上分析可以看出，入仕之前的仲长统其文（指《乐志论》）有出世之意，然而其人却有入仕之心。在这条结论的基础上，仲长统在建安十年（205年）至建安十二年（207年）上半年这之间一切看似"矛盾"的作为，都可以得到相对完美的解释了。

二十余岁的仲长统初出茅庐游学四方，可谓"登车揽辔，有澄清天下之志"。然而，若想在东汉一朝入仕为官则必须要遵循其所处时代的特殊法则。赵翼《廿二史札记》"东汉尚名节条"对此有颇为精当的评述："盖当时举荐征辟，必采名誉，故凡可以得名者，必全力赴之，好为苟难，遂成风俗。"②吕思勉在《秦汉史》"士大夫风气变迁"一节中亦有颇为中肯之评述③。所以一心有所作为的仲长统才会周游青、徐、并、冀四州，到处拜谒名士显贵。这一活动的本质意在通过交游来抬高自己的名望和声誉，进而获得进身之机。终于，契机来临，高干之乱后仲长统因有知人之明而名声大噪，以致列郡竞相征辟。然而，此时仲长统却"称疾不就"，这一举动径直让许多研究者认为仲长统实无意于仕途已露消极之意，实则仲长统这一看似反常的举动则更说明其内心急于步入仕途的迫切。从仲长统的角度来看，这种"称疾不就"绝不是什么无意入仕的表现，而是仲长统入仕前的"待价而沽"。从现存仲长统《昌言》中的政论散文可以看出，仲长统颇有革尽前弊维新汉政的气魄，所以自然不会安于州郡掾吏之位。

---

① 于迎春《汉代文人与文学观念的演进》中"不仕之士的生命安顿方式"一节就东汉士人因对现实社会彻底绝望而隐居不仕有详细论述，见于迎春：《汉代文人与文学观念的演进》，北京：东方出版社1997年，第217-225页。
② 赵翼著，曹光甫校点：《廿二史札记》，南京：凤凰出版社2008年，第67页。
③ 吕思勉指出："汉世进趋，多由乡曲之誉，故士多好为矫激之行以立名。"见吕思勉：《秦汉史》，上海：上海古籍出版社2005年，第473页。

并且在东汉中叶之后"征辟不至"已蔚然成风，质而言之越是回绝朝廷征辟、越是标榜自己的高世之意，就越会得到更高规格的征辟。所以，入仕前的仲长统就其心态的主体而言，不但不是通常所说的心灰意冷抑或彻底绝望，反而是更多地考虑如何能够最大限度的"待价而沽"，等待一个可以让自己大显身手的机会。于是，在这种心态的作用下便对地方州郡的征辟统统采取了"称疾不就"的高傲态度。并且，在采取这一态度的同时为了实现自己的政治理想，争得更高更广的关注，因此标榜纵情山水、逍遥出世的《乐志论》便应运而生了。

反观仲长统《乐志论》全文（在此为避免文字冗余故不复征引全文只捡摘其要者而论），文中通篇充满了对游心世外、纵情山水、避世养生、醉心老庄的赞颂，[①]这些从《乐志论》文字本身呈现出来的情感是不容否认的。但是书写这些文字背后的细微心态却从来没有被细细地探查过。前人在研究时，往往认为这些文字中表达的思想便是仲长统内心的真实声音，实则《乐志论》的文中之意远非仲长统的内心之声。其中最为重要的一点是，仲长统在叙述这些山水美景、高世之情时采用的感情基调过于浓烈。仲长统在《乐志论》中对置身世外的生活方式并非笔触清淡地表达乐享之情，而是意在借清新言辞实现对所描绘生活方式的热烈赞颂。对此，若能对《全后汉文》中所列文章有全面体察，便会感到仲长统赞颂热情之浓烈与其所处之时代颇有"脱节"之感。回顾东汉中期自张衡《归田赋》以来直至两晋寄情山水的作品，都无法读出如仲长统《乐志论》这般浓烈的情感。山水田园固然是清新淡雅的，但仲长统的这份赞颂与讴歌却有过于浓烈之嫌，以至于后来学者都毫不怀疑地将这篇热情洋溢的赞歌定义为山水田园文学的纲领性作品，且都不曾怀疑这篇文字创作时更深层次的目的和动机。如果站在抒发对山水田园自然闲适生活向往的角度，文章的格调应当是平稳舒缓的，抑或如张衡《归田赋》般夹杂着那么几分悔恨与惆怅的。那么，究竟是什么使得这篇作品的情感如此饱满呢？答案其实很简单，这篇作品在文字层面写的是对田园山水之爱，但在文字的背后却无处不透露着对巍巍庙堂的希冀与渴望。《乐志论》文末的一句：

[①] 关于《乐志论》思想内容的分析，可以参见余英时《士与中国文化》中，《汉晋之际士之新自觉与新思潮》一章中的相关论述，见余英时：《士与中国文化》，上海：上海人民出版社 2003 年，第 285—302 页。

> 逍遥一世之上，睥睨天地之间。不受当时之责，永保性命之期。如是则可以陵霄汉，出宇宙之外矣。岂羡夫入帝王之门哉！①

也许在传统观点中认为这一句是无意世事、安享田园的点睛之笔，然而从仲长统的内心出发，一句"岂羡夫入帝王之门哉！"实际上恰恰是以清新脱俗的高世格调向当时的最高掌权者抛出了渴望被委以重任、愿尽绵薄之力的"橄榄枝"。仲长统的《乐志论》之所以不同于其同时代的其他田园山水作品，质而论之要点有二：其一，仲长统想借助抒发自身安于田园山水之乐展现自身的高士品格，进而赢得声望获取进身之阶；其二，仲长统在展现自己乐享田园山水之情时赋予了个人的"狂生"品格。关于第一点，仲长统的《乐志论》当之无愧地具有开创意义，当其同时代士人刚刚将田园山水作为个人失意的寄情对象时，仲长统的这种安享之乐颇有鹤立鸡群之感。退而论之，至少在为仲长统赢得高士声名上绝对是起到了不容小觑的作用。至于仲长统为何要挣得如此高的声望，行年考证的结果似乎就已经说明了一切。至于第二点，从某种意义上讲应当属于第一点的扩展或补充，从本质上讲仍属于提高个人声名的范畴。东汉中期以来，仕进之途日趋艰辛，个体士人尤其是那些并非名门望族出身的士人往往会选择特立独行乃至离经叛道的方式来博取个人名望②。赵壹、高彪、边让、祢衡等，皆因特立独行的狂生做派迅速在士人中享有盛名。从更为全面的角度来看，士人们选择这种做派在提高自身声誉的同时也满足了当时社会对名士的心理诉求。因为在汉末那个时代"依当时一般之观念'名'与'异'为不可分：有高名之士必当有异行"。③从某种角度来看，所谓名士和狂生其实不过是迎合其所处时代大众心理需求的"表演者"。而仲长统不仅将狂生之气表现在了待人接物方面，更将这股狂生之气灌注到了《乐志论》的写作之中。至此方可透彻地体会到为何仲长统《乐志论》中对田园山水的赞美是如此的高亢与浓烈。仲长统的文字中确实是在书写田园山水之美，但他是在以"求仕之心"去描绘"出世之景"，以"狂生之笔"去书写"恬淡之文"，

---

① 严可均：《全后汉文》，北京：商务印书馆1999年，第904页。
② 关于该问题，参见余英时《士与中国文化》"士之个体自觉"一节，见余英时：《士与中国文化》，上海：上海人民出版社2003年，第269-274页。
③ 余英时：《士与中国文化》，上海：上海人民出版社2003年，第273页。

所以《乐志论》之景才会愈加唯美、《乐志论》之文才会分外高妙。

综合以上分析可知，建安十二年（207 年）后，伴随着一批并州士人充实到了国家权力的核心，仲长统的声名与事迹乘着《乐志论》高昂的格调终于传到了掌管国家权力枢机的尚书令荀彧耳中。与其说"好士爱奇"①莫不如说同样有着"知人之明"的荀彧参透了仲长统的"心机"，于是一道诏令征辟仲长统为尚书郎，而仲长统的应征更是颇为顺利，从现存史料中看不出丝毫的被迫和迟疑，从此一生未离庙堂直至离世。

第二节　《乐志论》中田园景象与魏晋审美新旨趣

仲长统在其《乐志论》中描绘了一幅田园山水生活的唯美画卷。后来历代文人作品中又将这幅田园山水之景称之为"仲长园"。最早使用这一称谓的当属南朝梁简文帝萧纲，其《游韦黄门园》诗中有"息车冠盖里，停辔仲长园"②之语。而后，"仲长园"便成为了乐享田园、纵情山水的代名词，甚至有时将陶渊明与仲长统对仗成文者，卢照邻亦有诗句："风烟彭泽里，山水仲长园"③此类事例颇多，故不复列举。下文中为便于行文，将仲长统《乐志论》中描绘的田园山水景象简称为"仲长园"。

对于仲长园的研究，前人已经积累了一定的成果，如余英时《士与中国文化》、韩复智《仲长统研究》、刘文英《王符评传》附《崔寔、仲长统评传》、于迎春《汉代文人与文学观念的演进》等著述中都对"仲长园"有专章论述④。另外，日本学者邊土名朝邦对仲长园问题亦有专文研究⑤。在这些研

---

① 陈寿：《三国志·魏书·刘劭传》，北京：中华书局 1982 年，第 620 页。
② 张溥：《汉魏六朝百三家集·梁简文帝集》卷八十三，文渊阁四库全书本。
③ 卢照邻：《幽忧子集》卷一，四部丛刊景明本。
④ 此外尚有硕士论文邓稳《仲长园现象研究》四川师范大学 2011 年；王尚平《救世与乐志的彷徨——仲长统研究》华中师范大学 2013 年等论文对仲长园问题有专文研究。
⑤ 邊土名朝邦：《仲長統の農園構想》，《九州大學中國哲學論集》18，1992 年 10 月，第 19-37 页。

究中，国内的研究基本上都将研究的重点放在了《乐志论》中构建仲长园意象的文学研究，以及仲长统通过构建仲长园来表达的出世思想上。而日本学者邊土名朝邦的研究走的却是另一条更为切实的探究之路，从仲长统的亲身经历和东汉末年的庄园经济入手，进行切实地考证，认为仲长园的产生最为根本的原因是汉末豪族庄园经济蓬勃发展的产物，同时也注意到了仲长统内心避世的情感诉求。值得注意的是，该篇文章在深入研究《乐志论》时，对东汉开国以来借书写田园意象表达避世之意的作品进行了梳理与对比，从东汉初年冯衍《显志赋》、到东汉中叶张衡《归田赋》、再到仲长统《乐志论》从思想内涵和情感指向上都做了详细的分析对比，在结论中认为仲长统的《乐志论》在本质上与前人之作，在情感诉求上仍是一脉相承的，表达了对世事的心灰意冷，转而将目光投向了田园山水去寻求自然之乐了。

以上对仲长园的诸多研究可谓面面俱到了，对仲长统心态的把握上也是基本一致的。深入细致的众多研究却始终都没有解决一个深刻的问题——《乐志论》对魏晋以来田园山水审美的开创意义究竟体现在何处？同样无心世事、同样寄情田园，为何仲长统的《乐志论》却有着不同寻常的开创意义呢？

这个问题牵扯颇多，从田园山水到士人心态悉数包罗其中，过分简单地处理反而会使得这一问题变得更加混乱。因此，还应从较为具象可感的描写意象出发进行相对深入的探讨。两汉乃至魏晋的文学作品中，从单纯的书写意象上来看似乎并没有出现什么本质上的变化，然而伴随着时代的变化这些看似不变的意象所被赋予的时代意义却产生了巨大的变化。所谓描写意象，就是指文士作品中用于抒发某种情感而出现的田园山水等具象的事物。一般研究魏晋之前的田园山水文学往往会径直上溯到《诗经》《楚辞》中的相关篇章，进而是汉赋中的一些自然山水意象，而后便径直过渡到了魏晋山水田园了。德国学者顾彬《中国文人的自然观》以及日本学者小尾郊一《中国文学中所表现的自然与自然观》等相关论述基本上都秉承着这一路数。那么本文便从前人分析最为薄弱的汉代，尤其是东汉作为切入点来探寻魏晋山水审美旨趣渐次兴起的理路。

首先，在两汉时期尤其是到了东汉中期之后，随着社会的发展，作为不曾变化的田园山水，其被赋予的特殊时代意义也渐渐产生了微妙的变化。东汉初年一切典章文物制度皆承西汉旧制，在文学审美上亦无甚创获，因此这个时代在文学主流样式上仍是汉大赋，文学创作主流题材上仍是以宫室、苑囿、畋猎等为主[①]。因此，至少在东汉中期张衡《归田赋》出现之前，凡涉及山、林、川、泽、田、庐等意象的描写尚不属于私人田园山水范畴，而是属于皇家苑囿范畴。也就是说，出现的意象虽然是同样的意象，但在东汉中期之前这些意象被赋予的主流时代意义是皇家苑囿而绝非个人田园。因此，在这种山、水、田、园被赋予主流时代意义的前提下，纵然出现同样的字句和意象，但也只有得志者盛赞皇室苑囿的汉大赋，而没有失意者寄情田园的山水文。即便站到了主流的对立面，旗帜鲜明地说出自己的失意与落寞，也只能名之为失志牢骚之文。因为无论他们如何描写田园山水，最为根本的一点在于他们的创作动机尚不是寄情田园山水，而是因未能跻身王权体系之中而被迫寄情田园。所以，东汉中期之前作品中的山水多为文人失志宣泄的对象而非真正意义上的寄情抑或乐享。如冯衍在《显志赋》篇前的"自论"部分中说："久栖迟于小官，不得舒其所怀。抑心折节，意凄情悲。"[②]虽为抒情之赋，但个中不免透出太多失意牢骚之气。在此需要特别注意到的一个问题是，通常所讲的田园山水文学本身还是存在一定的区别的，即田园山水文学实际是分为"田园"（抑或庄园）和"山水"两种不同的书写对象，虽然唐人的诗文之作中已经没有了明确的"田园"与"山水"的界限，但是为明确地分析这一审美旨趣的产生与演变，还是有必要先做刻意区分的。从这一角度出发，反观西汉至东汉中期的汉大赋，不难发现，西汉以来直至东汉中期汉大赋中出现的山、水、田、园等意象从本质上讲皆属于帝室苑囿。也就是说，无论枚乘《七发》还是司马相如《上林赋》，其所描绘的诸多景物意象都可以包括在"大苑囿"这个概念之下。虽然单纯从定义上来看，苑囿只不过是供帝王消遣娱乐的山林川泽、沟池亭台而已，但是从汉大赋书写的心态上来看真正的苑囿并不仅仅止步于此。司马相如《子虚赋》《上林赋》不厌其烦地夸饰天子苑囿宏阔、畋猎盛况，其笔触虽然是在书写苑囿之广，然而其内心是在为帝王盛赞帝国之大。这是一种以包举宇内、囊括四极的磅礴气势，对一个前所未有庞大帝国的高亢赞美。因此，这个时代的一切自然与非自然意象都属于"大苑囿"概念的统摄范畴之内。反观西汉一

[①] 略有不同者，是将在西汉时期并不属于主流地位的都城题材提升到了主流地位，如班固的《两都赋》，张衡的《二京赋》等。

[②] 范晔：《后汉书·冯衍列传》，北京：中华书局1965年，第985页。

朝大赋作品中所描绘的意象，近乎都包含在"大苑囿"概念之中了。上文中明确指出了田园与山水是存在着一定区别的，但是在西汉一朝的主流作品中，实际上田园和山水是没有任何明确划分的，因为它们皆存在于"大苑囿"之中。所以，西汉时期的主流文学意象中只有苑囿之景而不存在田园、山水之别。至东汉中期，这种情形发生了微妙的变化，张衡的出现标志着东汉文学转型的开始。张衡即以一篇煌煌巨著《二京赋》将东汉大赋推向了前所未有的顶点，又以《归田赋》《髑髅赋》《思玄赋》等抒情小赋宣告了大赋盛极转衰的必然。大赋由盛转衰，伴随着东汉中期以来的外戚、宦官干政导致皇权衰微而地方州郡豪强势力日渐强大。昔日高高在上天下唯一的皇家苑囿呈现衰败之色，而地方豪强的私家庄园开始出现。当然此时地方豪强虽然开始大量囤积土地，但是由于传统耕作模式导致土地高度"畸零化"，所以此时的庄园并不普遍。但豪强、士族在地方上的势力日渐壮大，最为直观的表现便是耕地的大量占有和徒附数量的增加，因此在他们的生活中家、国二元世界开始形成，且伴随着豪强、士族在地方州郡的大量出现，拥有家、国二元观念的个体迅速形成了一个介于君和民之间的特殊阶层。在这个阶层的思想深处，不再如西汉士大夫那样将自身与皇权紧紧地捆绑在一起，而是在面对皇权之外已经出现了另一种属于其自身的存在方式。这一特殊阶层已然不同于西汉中期之前的士人，他们不再将个人的荣辱得失与帝国的命运紧紧联系在一起，而是更多地关注家族乃至一己的安危祸福。这一点从东汉初年已经产生了些许端倪，《后汉书·马援列传》中便记载马援有告诫兄子严、敦之文[1]。即便到了东汉末年党锢之祸时，某些世家大族亦是采取颇为保守的斗争方式以求实现个人与家族的平安[2]。另外，除关心个人安危祸福之外也开始将关注的目光从家国天下转向了能够为保障家族优渥生活而提供物质基础的田庄产业。所以，在这种渐强的潮流之下，围绕庄园以及产业的作品开始产生，《四民月令》《僮约》等文章便是这一潮流下的产物。这些都能够表示东汉中期以来士人在心态上开始逐渐脱离王权，不再如西汉士人那样将毕生的荣辱与帝国兴衰结合在一起，而是在服务王权之

---

[1] 范晔《后汉书·马援列传》卷二十四有马援诫兄子严、敦之语："吾欲汝曹闻人过失，如闻父母之名，耳可得闻，口不可得言。好讥议人长短，妄是非正法，此吾所大恶也，宁死不愿子孙有此行也。"见范晔：《后汉书·马援列传》，北京：中华书局1965年，第844页。

[2] 见拙著：《"计日受奉"与汉末士风异动》，《学术交流》2013年5期，第213-217页。

外开始将注意力转移到打理属于自己的庄园田产和日常生活上了。

如果我们将冯衍的《显志赋》与张衡的《归田赋》进行比较，不难发现两者在对田园山水描绘上的区别：

> 循四时之代谢兮，分五土之刑德；相林麓之所产兮，尝水泉之所殖。修神农之本业兮，采轩辕之奇策；追周度之遗教兮，轶范蠡之绝迹。陟陇山以隃望兮，眇然览于八荒；风波飘其并兴兮，情惆怅而增伤。览河、华之泱漭兮，望秦、晋之故国。愤冯亭之不遂兮，愠知之遭惑。流山岳而周览兮，徇碣石与洞庭；浮江、河而入海兮，溯淮、济而上征。瞻燕、齐之旧居兮，历宋、楚之名都；哀群后之不祀兮，痛列国之为墟。①

> 游都邑以永久，无明略以佐时。徒临川以羡鱼，俟河清乎未期。感蔡子之慷慨，从唐生以决疑。谅天道之微昧，追渔父以同嬉。超埃尘以遐逝，与世事乎长辞。于是仲春令月，时和气清。原隰郁茂，百草滋荣。王雎鼓翼，鸧鹒哀鸣，交颈颉颃，关关嘤嘤。于焉逍遥，聊以娱情。尔乃龙吟方泽，虎啸山丘。仰飞纤缴，俯钓长流。触矢而毙，贪饵吞钩。落云间之逸禽，悬渊沈之鲨鳟。于时曜灵俄景，系以望舒。极般游之至乐，虽日夕而忘劬。感老氏之遗诫，将回驾乎蓬庐。弹五弦之妙指，咏周孔之图书。挥翰墨以奋藻，陈三皇之轨模，苟纵心于物外，安知荣辱之所如。②

从冯衍《显志赋》与张衡《归田赋》描写自然景观的文字中可以看出，冯衍的线条太过粗疏且跳跃性强，而张衡的文字线条细密、结构紧凑。这说明冯衍虽然表达的是一己之情，然而在表达方式上仍然没有脱离汉大赋纵横上下的范式，反观张衡的《归田赋》已经开始在着力刻画一时一处之景并借之表达个人观感了。正因为在士人文学作品中开始有了这种细腻的刻画与描写，田园意象才开始逐渐进入到了东汉士人的创作之中。不过，尽管张衡《归田赋》

---

① 范晔：《后汉书·冯衍列传》，北京：中华书局1965年，第990–992页。
② 严可均：《全后汉文》，北京：商务印书馆1999年，第550–551页。

中已经产生了颇多魏晋田园山水之文的端倪①,但这并不能算田园山水之作。因为从某种意义上讲,张衡《归田赋》中的种种意象虽然挣脱了汉大赋范式的束缚,但在内心情感指向上却尚难属于田园山水文学的范畴。东汉中期之后,尽管豪强抑或士族都在州郡拥有了规模可观的田产乃至庄园,可以说审美情趣转向田园山水的客观条件已经具备了,但士大夫在心态上仍是秉承西汉传统,认为士人的价值和意义完全体现在与王权的结合上。质而论之,描绘的意象并不存在变化,但是为帝王书写山水便是内心得志的呈现,反之那些勾勒个人山水的则是内心失志的表征。田园或山水等意象仍没有相对独立的审美内涵,仍是与个人进退相挂钩、与一己得失相关联。田园山水不过是个人失意时的排遣抑或明哲保身时的无奈选择。汉桓帝末年党人风气正盛,太尉陈蕃遭免,朝野上下皆力推党人领袖李膺,而荀爽担心李膺会因"名高致祸"所以贻膺书:

> 知以直道不容于时,悦山乐水,家于阳城。……顷闻上帝震怒,贬黜鼎臣,人鬼同谋,以为天子当贞观二五,利见大人,不谓夷之初旦,明而未融,虹蜺扬辉,弃和取同。方今天地气闭,大人休否,智者见险,投以远害。虽匮人望,内合私愿。想甚欣然,不为恨也。愿怡神无事,偃息衡门,任其飞沉,与时抑扬。②

从荀爽对李膺的劝诫之文可以看出,至党锢之祸时纵然奸佞当途、世道倾颓,且亦有明哲保身之士已经开始选择"悦山乐水"的存在方式,但是从主流上讲士人们仍然是选择以"婞直"之气与宦竖势力激烈地对抗。如荀爽这般的远祸避居者,虽然在客观上将注意力转向了山水,但是从本质上讲这种转移实是一种"被迫"的产物,是士人中报国无门与全身避祸两种思想双重作用的结果。从动机上来看,并不是士人主动去欣赏山水之乐,而是对于现实政治实无更生之建树唯有寄情山水了。这种"被迫"的寄情山水虽然同样名之以"乐",但此"乐"乃苦中作乐,是士大夫迫切渴望效命王权而终不可得的产物。所以,纵然文中出现了山水意象,但是从心态和审美旨趣上来看,仍属于个人失志之

---

① 关于该问题请参见王晓卫:《张衡〈归田赋〉对魏晋文学的两大影响》,《中国楚辞学》(第十二辑)2007年9月,第328-338页。

② 范晔:《后汉书·李膺列传》,北京:中华书局1965年,第2195-2196页。

作的范畴。

分析至此，可知魏晋田园山水之作并非用来抒发个人失意之苦闷，而是用来抒发独立的审美意趣。当然在这里有必要说明一点，即魏晋以田园山水为对象的全新审美旨趣，其关注对象主要是山水而非田园。换句话说，魏晋审美的主体是山水而非田园。因为，对山水的审美代表了魏晋以来逐渐占据政治主体地位的世家大族的审美潮流。并且，魏晋山水（不包括田园）之审美，从本质上讲在阐发这种审美意趣的同时，其实是在"刻意地"抒发主体内心上的一种"优越感"。要之，两晋山水之乐是贵族所特有的、标榜自身身份的一项被赋予特殊意义的行为。山水之乐在东汉末年尚未形成风气，至西晋之时方才风靡于世。士人安享庄园醉心山水皆是一种表象，这种表象之下是士人对于一己之私的分外关注与标榜。① 两汉四百年经学建立起的价值观伴随着东汉王朝的名存实亡而一道崩坍，汉末长久的乱离使得士人们的价值观走向了只关注一己一身的极端。魏晋士人的种种乖张的表现，或"厌世不厌生"、或"逍遥物外"、或"养性全身"、或"纵欲享乐"、或"非圣反礼"② 等等，皆是将"一己"作为关注和夸张的对象，而关注和夸张的结果自然是为了抒发内心的舒适乃至优越之感。质而论之，魏晋以来山水的审美应当属于贵族抑或豪门，不过是贵族士大夫生活的点缀而已。罗宗强在《玄学与魏晋士人心态》"山水怡情与山水审美意识的发展"一节中开篇便提到了山水游乐不过是西晋士人们生活的"点缀"，并且更进一步指出"音乐与诗与山水的美，只是这种生活的点缀，使这种本来过于世俗（甚至是庸俗）的生活得到雅化，带些诗意。或者可以说，这是世族豪门对他们身份的一种体认。他们似乎觉察到他们的优越感里除了荣华富贵之外，还应该增加一点什么，还应该在文化上有一种优于寒素的地方。因之，他们除了斗富之外，便有了诗、乐和山水审美"。③ 这段话十分准确地揭示出了魏晋以来山水审美背后世族豪门文化的本质。因此，这种为诠释特殊阶层优渥的生活境况而产生的审美旨趣，在情感指向上必然带着"优越之感"。在这种"优越之感"中，出身世族豪门的士人彻底地挣脱了王权对

---

① 这种变化究竟是否可以称之为"人性觉醒"，暂且不做论断。
② 见刘大杰：《古典文学思想源流》中"魏晋时代人生观"一章，上海：上海书店出版社 2008 年，第 95–120 页。
③ 罗宗强：《玄学与魏晋士人心态》，天津：天津教育出版社 2005 年，第 243–244 页。

精神的束缚抑或依赖。所以，立足这一结论来分析东汉初年冯衍的《显志赋》和东汉中期张衡的《归田赋》都会发现，这二者虽言及山水田园，但在情感指向上皆不属于真正意义上的田园山水之作。冯衍的《显志赋》通篇都在抒发一个不受重用之士的失落和痛苦，言辞间失志之意颇为明显。同样，张衡的《归田赋》虽然开始产生了自己的独立思考，但毕竟仍是将士人的荣辱喜乐置于王权的统摄之下，尚没有挣脱王权的束缚，所以亦不能成为魏晋田园山水的代表作。而东汉末年身为底层士人的仲长统，反而"阴差阳错"般地以其《乐志论》对田园山水之乐大书特书，通透率性的文字中看不到王权的半点影子，于"无意间"开创了魏晋审美的全新旨趣。

鉴于以上分析，不能不说仲长统的《乐志论》是"阴差阳错"的产物。首先，从出身来讲，纵然任继愈将其归入"中小地主"的行列，但这也丝毫不会改变其中下层士人的客观属性。其次，据前文中对《乐志论》写作时间推测的结果，此文当作于仲长统入仕之前，莫说豪门贵族，此时的仲长统甚至连普通官吏都不是，何来"优越之感"呢？不过这一切的答案都可以在仲长统入仕为官前的心态中寻得。据前文推断结果，《乐志论》作于仲长统入仕之前的可能性最大。结合前文中行年考证及心态分析的结果可知，此时的仲长统名声大噪，列郡并辟，正值春风得意之时，颇有待价而沽、志得意满之势。于是为了能够为自己争得更大的机遇，仲长统不仅将"狂生"的性格灌注到待人接物之中，更倾注到了这篇标榜高世之意的《乐志论》中。高世之意中本已难寻王权痕迹，加之轻狂高傲之气更使得文章通篇充盈着一股清新桀骜之气。纵然写作此文的仲长统并非世族豪门，但少年得志、列郡并辟的仲长统内心怎能不充满了对未来的自信和希冀？纵然出身寒微但他坚信未来必定会担当重任一展身手。因此，入仕前意气风发的仲长统才会写下这篇无论在思想还是在情感上都超越其所处时代的《乐志论》，成为了魏晋时代田园山水审美旨趣的开山之作。

在仲长统的《乐志论》中，还应注意一个细节上的问题，即《乐志论》中描写的诸多意象并非属于田园范畴，亦非山水概念，准确地说实是庄园生活之图景。所以，行文至此有必要在"田园"和"山水"之外再引入第三个概念——"庄园"。这也便是仲长统《乐志论》之所以对魏晋山水审美旨趣有所开创的关键所在。上文中在阐释西汉至东汉中期文学主流审美旨趣时引入了"大苑囿"这一概念。在这一概念的统摄之下，表面上看来是写苑囿之广，实则是在说帝国之大，山林川泽、沟池台榭乃至京都大邑都统统囊括其中。然而，至魏晋之时尤其是西晋以来渐兴的以山水自然为主的全新审美潮流却完全取代了曾经的主流旨趣。翻看逯钦立《先秦汉魏晋南北朝诗》中辑录之"晋诗"不难发现，无论在描写的笔触上还是在情感的抒发上都要细腻得多，常常以一地、一景为刻画对象。汉大赋中的那种帝国四方河岳大肆铺排罗列和极富跳跃性的描写已经不见踪影。因此，为区别于两汉帝国"大苑囿"的审美旨趣，特将魏晋以来兴起的这种审美旨趣暂且定义为"小山水"。而在这种由"大苑囿"向"小山水"的审美旨趣转变中，"庄园"这一特殊的概念恰恰起到了承上启下的连接作用。

更为直白地说，东汉末年兴起至两晋时期臻于极盛的世家大族，在审美旨趣的转变上并不是径直由传统的"帝国苑囿"一下子突变到了"一己山水"的，这其中的纽带便是"庄园"。

东汉中期之后土地兼并现象已呈愈演愈烈之势，范晔《后汉书》中已经开始出现了大型私人庄园的记录，豪臣梁冀、何进、宦竖佞臣以及各地世家大族皆大肆囤积土地，私人庄园便开始出现，但由于受当时的社会客观条件限制，兼并过程中的土地"畸零化"问题无法普遍解决，所以私人庄园并未大量出现。然而，时至东汉末年尤其是北方州郡经过黄巾之乱以及各派势力的角逐后，频仍的战乱使得人口锐减、土地大量抛荒。因此，经过数次纷争洗礼之后，土地"畸零化"的问题在客观上得到了最为"有效的解决"。于是，汉末魏初之时各地世家大族迎来了属于该阶层的"春天"，而这种经济权益的攫取势必会推动该阶层政治地位的提升。因此毛汉光就曾指出，大部分的中古士族都在曹魏西晋时期开始形成。[①]魏晋乃至六朝时期世家大族优渥的生活，皆依赖强大且独立的庄园经济方得以维持。早在两汉之际，这种典型的庄园案例就已经开始产生，樊宏之例为学人颇多征引：

其营理产业，物无所弃，课役童隶，各得其宜，故能上下戮力，财利岁倍，乃至开广田土三百余顷。其所起庐舍，皆有重堂高阁，陂渠灌注，

[①] 毛汉光在《中国中古社会史论》"中古家族之变动"中指出："大部分的中古士族，在曹魏西晋时期（公元第三世纪）已渐次凝成，……，曹魏西晋正是士族社会架构的上坡面，自此以讫唐末，士族居统治阶层之绝对多数，历久而不衰。"见毛汉光：《中国中古社会史论》，上海：上海书店出版社2002年，第60页。

又池鱼牧畜，有求必给。尝欲作器物，先种梓漆，时人嗤之，然积以岁月，皆得其用，向之笑者咸求假焉。①

这段文字较为详细地记述了樊氏庄园经济上的独立和富庶，甚至可以据此来推想仲长园里的生产和生活状况，作为仲长园具体生产情况的补充或说明。所以，在沉醉于魏晋风度清新飘逸的同时，一定要切切实实地看到幻化出这种清新飘逸之气的基础是实力雄厚且兼有封闭、独立双重属性的庄园经济。当然，仲长统是不曾拥有过自己的庄园的，但是日本学者邊土名朝邦认为仲长统早年的游学和避居上党的亲身经历使他有了了解庄园的可能。②要之，不容忽视的是"利益所出，常常亦是旨趣所在"。于是庄园成为了士大夫们与帝国王权剥离之后首先关注的对象，并且这种关注下的心态不再是饱含个人进退的喜与悲，而是对自身富足逍遥生活的赞美与歌颂。在这些"庄园主"的心中，老聃、庄周逍遥却为清苦所累，两汉重臣富足却又为王权所制，唯有当下的自己兼逍遥与富足二者而有之，身无形骸之劳、心无世俗之累，好不快活！综上，于"利"于"逸"，庄园都必然成为魏晋世家大族们的身体和灵魂的栖居之地。而庄园中充盈着的美好自然图景，又水到渠成般地将山水审美引入到了士大夫们的视野之中，进而成为魏晋世家大族阶层审美旨趣的主流。并且，因为这种审美旨趣关注的对象是源于自然的山水之景，因此这种审美旨趣虽然关注之点在于一处、一景，但在性质上较之"大苑囿"之审美更具开放性。"大苑囿"之审美看似包举宇内，但究其审美属性而言则是异常封闭的，一旦"大"而"全"的范式形成，也就从某种意义上宣告了这种范式的终结。这也便是两汉大赋自枚乘开其端绪、司马相如奠定高峰后，只能陷入"模仿"的怪圈。并非后期士人才情不足、气格不高，而是这种范式是力求将一切模式化的事物收纳其中，在求"大"求"全"的过程中就已经将该种范式置于封闭的体系之中了。质而论之，"大苑囿"的审美旨趣在于以天下万物书写一成不变之帝国气象，而"小山水"的审美旨趣却在于以一己之心体悟丰富多彩之山水自然。万物虽多，终有写尽之日，只因帝国气象竟一成不变；己心虽小，却有不尽之情，

---

① 范晔：《后汉书·樊宏列传》，北京：中华书局1965年，第1119页。
② 见邊土名朝邦：《仲長統の農園構想》，《九州大學中國哲學論集》18，1992年10月，第19-37页。

实缘山水自然本多彩缤纷。这也便是大赋自两汉之后已然边缘化而山水诗文却仍得以绵延至今的深刻原因。

综上可以看出，魏晋以来作为社会现象普遍出现的庄园经济，在为世家大族提供物质基础的同时，将一种以山水自然为导向的全新审美旨趣引入到了士大夫的精神生活中。而这种具有"开放性"的审美旨趣又使得士大夫在追求的过程中自然而然地突破了庄园的界限，拓展到更为广阔的山水自然之中。因此，在这一审美旨趣由"大苑囿"到"小山水"的转变中，"庄园"起到了至关重要的纽带作用，这也便是仲长统《乐志论》开创魏晋山水审美的意义所在。纵然在魏晋时期直接以庄园作为描写对象的文学作品并不多见，但《乐志论》的出现，且仅就其文字中所透射出的文学审美来看，士大夫精神上已然与王权彻底脱离，文中充盈着对庄园之中富足生活和山水美景的高调赞美，这些都标志着一种全新的审美旨趣已然旗帜鲜明地呈现在世人面前，且终将引导这股涌动的潜流汇聚为时代的巨澜。

结　语

东汉末年思想家仲长统约于光和三年（180年）出生在今山东省微山县两城乡一带的中小地主家庭，然而饱受儒家思想熏陶的仲长统并不因出身寒微的现实而放弃自己济世报国的志向。于是二十余岁时便开始游学青、徐、并、冀四州，如同当时所有的寒微之士一样，对权贵、名士皆有拜谒。因为仲长统的心中渴望得到一个能让自己可以大显身手的机会，所以这些当下的仕进规则自然不会回避。史传中载录的仲长统首次亮相便是过并州刺史高干事件，此次事件之后仲长统以善知人和敢直言闻名并、冀二州。此时的仲长统将暂避兵乱和拜访名士的目的合二为一，跋山涉水远赴上党边鄙之地拜谒常林。暂避上党山阿之时，常林所建之庄园给仲长统留下了深刻的印象，为《乐志论》文中"仲长园"的诞生提供了现实图景。在避居上党之时，鉴于当时士人求名入仕皆多以怪诞之法，故仲长统亦将自己敢直言、默语无常的气质性格（主观上）发挥到了极致，被时人名之为"狂生"，且兵乱已平之后，并、冀二州闻得仲长统之名诸郡连征并辟，然而对于胸怀天下且少负大名的仲长统而言，这些征辟都没有触动到他那根最隐秘的心弦。也就在此时，在当时风气使然之下，仲长统一反常态地摆出了一副无意功名利禄的清高姿态，一篇《乐志论》将高世之意和庄园之乐抒发得淋漓尽致，当之无愧地成为了魏晋山水文学的开山之作。但是抛开文字中的闲适之情，结合东汉取士规则及仲长统行年的双重证据，更应当看文字后的求仕之意。所以，在体会《乐志论》这篇作品的同时，既要看到文中的醉心田园，更要看到心中的志在庙堂。因此，才会有诸郡征辟皆称疾不就，而尚书令荀彧一道辟命便毫不迟疑地出任尚书郎直至离世。

仲长统的主要思想皆见于《昌言》，似当作于其入许为官之后，然而《昌言》在流传过程中不断散佚，以致今日所见不过十之一二。以今天辑录之《昌言》逆推其全貌,不知其散佚之论当如何光怪陆离。在仲长统著述流传研究方面,除吸收严可均及当下学人成果外,以《四库全书》《续四库全书》《古今丛书集成》等收录的集部文献入手,将宋至明间所有载录两汉之文的集部之作一一翻检,终于寻得南宋之时仲长统著述已经进入集部的证明。当然,这并不影响《昌言》政论散文作为子部之学深刻的思想性。仅就现存《昌言》中最完整的三篇来看,仲长统意在为国祛除顽疾,困扰两汉王朝最深的土地兼并和君权过强问题都是他所要着力解决的对象。在解决土地问题上,综合比较了两汉历代前人乃至与仲长统同时代人的方案后,提出了自己的解决办法。不难看出,从理论层面出发仲长统之论实为最优解,然而仲长统之论在现实层面却无益于当下的实际,因而未被采用。同样,仲长统的抑君权理念纵然在理论层面限制了君权,但是在现实层面上又对相权的做大缺乏有效的控遏措施,最后同样未被采用。从仲长统的政治改革思想中可以明确地感觉到,仲长统确为东汉儒士中之最切实用者,然而较之西汉贾谊、晁错等立足客观实际以现实经验解决问题的切用之策,仲长统的思想相形之下不免同东汉士人之论一样稚嫩而脆弱。西汉初年士人虽为儒生,但上承战国遗风,在考虑国家大政方面尚能以切用之政补救时弊,而东汉士人在经学的浸泡下已然只会在经学理想的框架下凭借"婞直之气"做短浅之争而无切用之论。仲长统抨击汉末士风,但亦难逃汉末士风的影响;仲长统批判两汉政治,但亦提不出切实革新之论;仲长统比拥有庄园者更能体会田园山水之乐,但却难舍报国之志不离庙堂甘受失志之苦。这就是仲长统,一个兼具汉儒气质与魏晋风度的矛盾集合体。

附　录

附录1　《后汉书》《三国志》参军事表

姓名	官职	参何人军事	时间	所见史料	备注
孙坚	别部司马	司空张温	中平三年 186	《后汉书·董卓列传》卷七二、《三国志·吴书一》卷四六	
荀彧	侍中、光禄大夫	丞相曹操	建安十七年 212	《后汉书·荀彧列传》卷七十、《三国志·魏书·荀彧传》卷十	
贾辅	中领军司马	钟会	咸熙元年 264 前	《三国志·魏书·三少帝纪》卷四	
羊琇	郎中	钟会	咸熙元年 264 前	《三国志·魏书·三少帝纪》卷四	
徐绍	（吴）南陵督	晋文帝	咸熙元年 264 十月	《三国志·魏书·三少帝纪》卷四、《三国志·吴书·三嗣主传》卷四八	
陶谦	议郎	车骑将军张温	约中平二年 185	《三国志·魏书·陶谦传》卷八	
曹纯	议郎	司空曹操	约建安十年 205	《三国志·魏书·曹仁传》卷九	
曹休	骑都尉	曹洪	约建安二十三年 218	《三国志·魏书·曹休传》卷九	

续表

姓名	官职	参何人军事	时间	所见史料	备注
夏侯尚	黄门侍郎	鄢陵侯曹彰	建安二十三年 218	《三国志·魏书·夏侯尚传》卷九	
贾诩	冀州牧	司空曹操	建安二年 197	《三国志·魏书·贾诩传》卷十	
张范	议郎	丞相曹操	约建安十年 205	《三国志·魏书·张范传》卷十一	
张丞	丞相参军祭酒、赵郡太守	曹操	约建安二十年 215	《三国志·魏书·张范传》卷十一	
何夔	长广太守	丞相曹操	约建安三年 198	《三国志·魏书·何夔传》卷十二	
邢颙	平原侯曹植家丞	丞相曹操	约建安十六年 211	《三国志·魏书·邢颙传》卷十二	
华歆	议郎	司空曹操	约建安五年 200	《三国志·魏书·华歆传》卷十三	
王朗	谏议大夫	司空曹操	建安三年 198	《三国志·魏书·王朗传》卷十三	
程昱	奋武将军	曹丕	建安十六年 211	《三国志·魏书·程昱传》卷十四	
董昭	瘿陶长、柏人令	袁绍	初平三年 192	《三国志·魏书·董昭传》卷十四	
刘放	依于王松	司空曹操	建安十年 205	《三国志·魏书·刘放传》卷十四	
孙资	县令	丞相曹操	建安十八年 213	《三国志·魏书·刘放传》卷十四	
张既	议郎	司隶校尉钟繇	约建安十一年 206	《三国志·魏书·张既传》卷十五	
贾逵	议郎	似当为司隶校尉钟繇	约建安十一年 206	《三国志·魏书·贾逵传》卷十五	

续表

姓名	官职	参何人军事	时间	所见史料	备注
应贞	不详	相国司马炎	约咸熙二年 265	《三国志·魏书·王粲传》卷二一	
陈群	治书侍御史	丞相曹操	约建安十七年 212	《三国志·魏书·陈群传》卷二二	
卫臻	黄门侍郎	丞相曹操	建安十八年 213	《三国志·魏书·卫臻传》卷二二	
赵俨	议郎	曹仁	建安二十四年 219	《三国志·魏书·赵俨传》卷二三	
裴潜	不详	丞相曹操	建安十三年 208	《三国志·魏书·裴潜传》卷二三	
邓艾	南安太守	征西将军郭淮	嘉平元年 249	《三国志·魏书·邓艾传》卷二八	
姜维	中郎	参本郡（天水郡）军事	约建兴六年 228	《三国志·蜀书·姜维传》卷四四	

附录2 仲长统生卒行年简编

光和三年（180年），仲长统约生于是年；

建安元年（196年），仲长统约十七岁，曹操采纳枣祗、韩浩等人建议，大力推行屯田；

建安元年（196年），十一月，仲长统约十七岁，曹操"自为司空"；

建安九年（204年），九月，仲长统约二十五岁，曹操在冀州地区推行"田租亩四升，户出绢二匹、绵二斤而已"全新的具有户调性质的赋税制度；

建安十年（205年），仲长统约二十六岁，过并州刺史高干，未作久留旋即离开；

建安十一年（206年）~建安十二年（207年）上半年，仲长统二十七岁~二十八岁，与常林共处上党；

建安十二年（207年）下半年，仲长统约二十八岁，被尚书令荀彧征辟为尚书郎；

建安十三年（208年），六月，仲长统约二十九岁，曹操"自为丞相"；

建安十七年（212年），仲长统约三十三岁，参丞相曹操军事；

建安十八年（213年），春，荀彧自杀；

建安十八年（213年），仲长统约三十四岁，复还为尚书郎；

延康元年（220年），仲长统四十一岁，卒。

延康元年（220年）~黄初元年（221年），仲长统友人缪袭撰《昌言表》。

另，仲长统与侍中邓义在荀彧的主持下，就"句龙"究竟为社"主"还是"配"的问题展开了论辩，此事当发生在建安十三年（208年）九月后，具体时间尚无法确定。

参考文献

典籍类：

李学勤主编.十三经注疏[M].北京：北京大学出版社，1999.

（西汉）司马迁.史记[M].北京：中华书局，1959.

（西汉）司马迁撰，（日）泷川资言会注考证.史记会注考证[M].北京：新世界出版社，2009.

（东汉）班固.汉书[M].北京：中华书局，1962.

（东汉）刘珍等撰，吴树平校注.东观汉记校注[M].北京：中华书局，2008.

（晋）陈寿.三国志[M].北京：中华书局，1982.

（晋）陈寿撰，（南朝宋）裴松之注，卢弼集解，钱剑天整理.三国志集解[M].上海：上海古籍出版社，2012.

（南朝宋）范晔.后汉书[M].北京：中华书局，1965.

（东汉）荀悦撰，张烈点校.汉纪[M].北京：中华书局，2002.

（东晋）袁宏撰，张烈点校.后汉纪[M].北京：中华书局，2002.

（北魏）郦道元著，陈桥驿校证.水经注校证[M].北京：中华书局，2007.

（宋）司马光编，（元）胡三省音注.资治通鉴[M].北京：中华书局，1956.

（宋）熊方等撰.后汉书三国志补表三十种[M].北京：中华书局，1984.

（清）钱大昭撰.后汉书辨疑[M]（影印清樗李沈氏铜熨斗斋两汉书辨疑刻本）.上海：上海古籍出版社，2006.

（清）钱大昭撰.续汉书辨疑[M]（影印清樗李沈氏铜熨斗斋两汉书辨疑刻本）.上海：上海古籍出版社，2006.

（清）王先谦撰．汉书补注 [M]．上海：上海古籍出版社，2008．

（清）王先谦撰，黄山等校补．后汉书集解 [M]（影印民国王氏虚受堂刻本）．上海：上海古籍出版社，2006．

（清）沈钦韩撰．后汉书疏证 [M]（影印清光绪二十六年浙江官书局刻本）．上海：上海古籍出版社，2006．

（清）周寿昌撰．后汉书注补 [M]（影印清光绪十年周氏思益堂刻本）．上海：上海古籍出版社，2006．

（清）汪文台辑，周天游校．七家后汉书 [M]．石家庄：河北人民出版社，1987．

周天游辑注．八家后汉书辑注 [M]．上海：上海古籍出版社，1986．

徐元诰撰，王树民、沈长云点校．国语集解（修订本）[M]．北京：中华书局，2002．

（清）孙星衍等辑，周天游点校．汉官六种 [M]．北京：中华书局，1990．

（清）吴增仅撰，（清）杨守敬补正．杨守敬集（一）·三国郡县表补正 [M]．武汉：湖北人民出版社，1998．

（清）顾炎武著，黄汝成集释，栾保群、吕宗力校点．日知录集释（全校本）[M]．上海：上海古籍出版社，2006．

（清）王夫之著．读通鉴论 [M]．北京：中华书局，1975．

（清）赵翼撰，曹光甫校点．廿二史札记 [M]．南京：凤凰出版社，2008．

（清）钱大昕撰，陈文和、张连生、曹明生校点．廿二史考异 [M]．南京：凤凰出版社，2008．

（清）王鸣盛撰，陈文和、王永平、张连生、孙显军校点．十七史商榷 [M]．南京：凤凰出版社，2008．

（西汉）董仲舒撰，（清）苏舆注，钟哲点校．春秋繁露义证 [M]．北京：中华书局，1975．

（西汉）扬雄撰，汪荣宝疏．法言义疏 [M]．北京：中华书局，1987．

（东汉）桓谭撰，朱谦之校辑．新辑本桓谭新论 [M]．北京：中华书局，2009．

（东汉）王充撰，黄晖校释．论衡校释 [M]．北京：中华书局，1990．

（东汉）王符撰，（清）汪继培笺，彭铎校正．潜夫论笺校正 [M]．北京：

中华书局，1985.

（东汉）崔寔撰，（东汉）仲长统撰，孙启治校注.政论校注[M].昌言校注[M].北京：中华书局，2012.

（东汉）荀悦撰，（明）黄省曾注，孙启治校补.申鉴注校补[M].北京：中华书局，2012.

（东汉）应劭撰，王利器校注.风俗通义校注[M].北京：中华书局，1981.

（东汉）徐干撰，（日）池田秀三校注.徐干中论校注[M].京都：京都大学文学部研究纪要，1984，1985，1986.

（清）王先慎撰，钟哲点校.韩非子集解[M].北京：中华书局，1998.

马非百撰.管子轻重篇新诠[M].北京：中华书局，1979.

蒋礼鸿撰.商君书锥指[M].北京：中华书局，1986.

王利器校注.盐铁论校注[M].北京：中华书局，1992.

（日）遍照金刚.文镜秘府论[M].北京：人民文学出版社，1975.

（宋）洪适撰.隶释.隶续[M]（影印洪氏晦木斋刻本）.北京：中华书局，1986.

（宋）陈鉴.东汉文鉴[M]（影印宛委别藏本）.南京：江苏古籍出版社，1988.

（明）李贽评纂.史纲评要[M].北京：中华书局，1974.

（明）胡维新.两京遗编·仲长统论[M].丛书集成初编本.

（明）梅鼎祚.历代文纪[M].影印文渊阁四库本.

（明）张燮.七十二家集[M].续四库本.

（清）严可均辑.全上古三代秦汉三国六朝文[M].北京：商务印书馆，1999.

（清）沈家本.历代刑法考[M].北京：中华书局，1985.

（清）唐晏著，吴东民点校.两汉三国学案[M].北京：中华书局，1986.

研究专著：

吕思勉.秦汉史[M].上海：上海古籍出版社，2005.

萧公权.中国政治思想史[M].北京：商务印书馆，2011.

瞿同祖.汉代社会结构[M].上海：上海人民出版社，2007.

侯外庐.中国思想通史[M].北京：人民出版社，1957.

杨联陞.东汉的豪族[M].北京：商务印书馆，2011.

唐长孺.魏晋南北朝史论丛[M].北京：中华书局，2011.

唐长孺.魏晋南北朝隋唐史三论[M].北京：中华书局，2011.

唐长孺.魏晋南北朝史论丛续编、魏晋南北朝史论拾遗[M].北京：中华书局，2011.

周一良.魏晋南北朝史论集[M].北京：北京大学出版社，2010.

周一良.魏晋南北朝史札记[M].北京：中华书局，1985.

逯钦立辑校.先秦汉魏晋南北朝诗[M].北京：中华书局，1983.

王伊同.五朝门第[M].北京：中华书局，2006.

王伊同.王伊同学术论文集[M].北京：中华书局，2006.

陈启云.中国古代思想文化的历史论析[M].北京：北京大学出版社，2001.

陈启云著，高专诚译.荀悦与中古儒学[M].沈阳：辽宁大学出版社，2000.

陈启云.儒学与汉代历史文化——陈启云文集（二）[M].桂林：广西师范大学出版社，2007.

余英时.士与中国文化[M].上海：上海人民出版社，2003.

余英时.东汉生死观[M].上海：上海古籍出版社，2005.

许倬云著，程农、张鸣译，邓正来校.汉代农业[M].南京：江苏人民出版社，2012.

徐复观.两汉思想史[M].上海：华东师范大学出版社，2001.

廖伯源.秦汉史论丛（增订本）[M].北京：中华书局，2008.

刘汝霖.汉晋学术编年[M].上海：华东师范大学出版社，2010.

严耕望.两汉太守刺史年表[M].上海：上海古籍出版社，2007.

严耕望.中国地方行政制度史·秦汉地方行政制度[M].台北：中央研究院历史语言所，2006.

严耕望.严耕望史学论文集[M].北京：中华书局，2006.

刘师培.中国中古文学史讲义[M].上海：上海古籍出版社，2006.

钱穆.中国历代政治得失[M].上海：三联书店，2001.
钱穆.两汉经学今古文平议[M].北京：商务印书馆，2001.
刘大杰.中国文学发展史[M].天津：百花文艺出版社，2007.
刘大杰.古典文学思想源流[M].上海：上海书店出版社，2008.
程树德.九朝律考[M].北京：中华书局，2006.
鲁迅著，顾农讲评.汉文学史纲要[M].南京：凤凰出版社，2009.
顾颉刚.汉代学术史略[M].北京：人民出版社，2008.
顾颉刚.秦汉的方士与儒生[M].上海：上海书店出版社，2005.
汤用彤.汉魏两晋南北朝佛教史[M].武汉：武汉大学出版社，2008.
汤用彤.魏晋玄学论稿（增订版）[M].上海：三联书店，2009.
陈垣.中国佛教史概论[M].上海：上海书店出版社，2005.
杨树达.汉代婚丧礼俗考[M].上海：上海书店出版社，2009.
田昌五、安作璋主编.秦汉史[M].北京：人民出版社，2008.
祝瑞开.两汉思想史[M].上海：上海古籍出版社，1989.
费正刚、胡双宝、宗明华辑校.全汉赋[M].北京：北京大学出版社，1993.
毛汉光.中国中古社会史论[M].上海：上海书店出版社，2002.
毛汉光.中国中古政治史论[M].上海：上海书店出版社，2002.
傅乐成.汉唐史论集[M].台北：联经出版社，1977.
田余庆.秦汉魏晋史探微（重订本）[M].北京：中华书局，2004.
田余庆.东晋门阀政治[M].北京：北京大学出版社，2012.
杜正胜.编户齐民——传统政治社会结构之形成[M].台北：联经出版社，1990.
秦晖.传统十论——本土社会的制度、文化及其变革[M].上海：复旦大学出版社，2004.
秦晖、苏文.田园诗与狂想曲——关中模式与前近代社会的再认识[M].北京：中央编译出版社，1996.
金景芳.论井田制度[M].济南：齐鲁书社，1982.
赖建诚.井田辨：诸说辩驳[M].台北：台湾学生书局，2012.
邹纪万.两汉土地问题研究[M].台北：台湾大学出版委员会，1981.

罗彤华．汉代的流民问题[M]．台北：台湾学生书局，1989．

黄炽霖．曹魏时期中央政务机关之研究——兼论曹操与司马氏对政治之影响[M]．台北：文史哲出版社，2002．

袁祖亮主编，袁延胜著．中国人口通史·东汉卷[M]．北京：人民出版社，2007．

陈直．两汉经济史论丛[M]．北京：中华书局，2008．

李剑农．中国古代经济史稿[M]．武汉：武汉大学出版社，2011．

高恒．秦汉简牍中法制文书辑考[M]．北京：社会科学文献出版社，2008．

中国政法大学法律史学研究院编．日本学者中国法论著选译[M]．北京：中国政法大学出版社，2012．

金春峰．汉代思想史[M]．北京：中国社会科学出版社，2006．

罗宗强．玄学与魏晋士人心态[M]．天津：天津教育出版社，2005．

于迎春．汉代文人与文学观念的演进[M]．北京：东方出版社，1997．

刘文英．王符评传（附崔寔、仲长统评传）[M]．南京：南京大学出版社，1993．

汪文学．汉晋文化思潮变迁研究[M]．贵阳：贵州人民出版社，2003．

许结．汉代文学思想史[M]．北京：人民文学出版社，2010．

陈苏镇．两汉魏晋南北朝史探幽[M]．北京：北京大学出版社，2013．

聂济冬．东汉士风与文人文学[M]．济南：山东大学出版社，2011．

仇鹿鸣．魏晋之际的政治权力与家族网络[M]．上海：上海古籍出版社，2012．

学位论文：

尹玉珊．汉魏子书研究[D]．中国社会科学院．2010．

曲利丽．从"圣王"到"王圣"——"论王命论"意识形态下东汉文化精神之变迁[D]．北京师范大学．2010．

苏晓威．仲长统《昌言》研究[D]．广西师范大学．2005．

沈静．徐干仲长统比较研究[D]．湖南师范大学．2007．

李英杉杉．仲长统思想探微[D]．山东师范大学．2010．

邓稳．"仲长园"现象研究[D]．四川师范大学．2011．

王尚平.救世与乐志的彷徨——仲长统研究[D].华中师范大学.2013.

论文：

黄君默.两汉的租税制度[J].食货半月刊第三卷第七期.1936.

黄君默.唐代租税论[J].食货半月刊第四卷第十二期.1936.

黄君默.租庸调及两税述考[J].商学季刊第一期.1936.

马非百.秦汉经济史资料（一）手工业[J].食货半月刊第二卷第八期.1935.

马非百.秦汉经济史资料（二）商业[J].食货半月刊第二卷第十期.1935.

马非百.秦汉经济史资料（三）农业[J].食货半月刊第三卷第一期.1935.

马非百.秦汉经济史资料（四）货币制度[J].食货半月刊第二期第三卷.1935.

马非百.秦汉经济史资料（五）人口及土地[J].食货半月刊第三卷第三期.1936.

马非百.秦汉经济史资料（六）奴隶制度[J].食货半月刊第三卷第八期.1936.

马非百.秦汉经济史资料（七）租税制度[J].食货半月刊第三卷第九期.1936.

褚道庵.两汉官俸蠡测[J].食货半月刊第一卷第十二期.1935.

戴振辉.两汉奴隶制度[J].食货半月刊第一卷第七期.1935.

（日）吉田虎雄，范石轩译.汉代之徭役及人头税[J].食货半月刊第三卷第七期.1936.

（日）饭田茂三郎.中国历朝之户口统计[J].食货半月刊第四卷第十一期.1936.

韩克信.两汉货币制度[J].食货半月刊第一卷第十二期.1935.

何兹全.三国时期国家的三种领民[J].食货半月刊第一卷第十一.1935.

何兹全.三国时期农村经济的破坏与复兴[J].食货半月刊第一卷第五.1935.

许宏杰.秦汉社会之土地制度与农业生产[J].食货半月刊第三卷第七期.1936.

劳干.古代思想与宗教的一个方面[J].学原第一卷第十期.1948.

刘公任.汉魏晋的肉刑论战[J].人文月刊第八卷第二期.1937.

武仙卿.魏晋南北朝田租与户调对立的税法[J].食货半月刊第五卷第四期.1937.

杨联陞.从四民月令所见到的汉代家族生产[J].食货半月刊第一卷第六期.1935.

周筠溪.西汉财政制度之一斑[J].食货半月刊第三卷第八期.1936.

韩复智.仲长统研究[J].台湾大学历史学系学报第8期.1981.

高敏."度田"斗争与光武中兴[J].南都学刊.1996.

张涛.仲长统的思想与易学[J].周易研究第4期.1999.

黄丽峰.后汉三贤的士风批判[J].南京师大学报第6期.2005.

孔毅.荀悦与仲长统思想和论[J].重庆师范大学学报第6期.2006.

秦跃宇、龙延.非儒入道的玄学先声[J].许昌学院学报第3期.2010.

曲利丽、李山.论西汉元成之际儒生的政治作为[J].徐州师范大学学报第1期.2010.

劳干.两汉户籍与地理之关系[A].中研院历史语言所集刊论文类编（历史编·秦汉卷）[C].北京：中华书局，2009.

劳干.两汉刺史制度考[A].中研院历史语言所集刊论文类编（历史编·秦汉卷）[C].北京：中华书局，2009.

劳干.汉简中的河西经济生活[A].中研院历史语言所集刊论文类编（历史编·秦汉卷）[C].北京：中华书局，2009.

劳干.汉代的雇佣制度[A].中研院历史语言所集刊论文类编（历史编·秦汉卷）[C].北京：中华书局，2009.

金发根.东汉党锢人物的分析[A].中研院历史语言所集刊论文类编（历史编·秦汉卷）[C].北京：中华书局，2009.

管东贵.汉代的屯田与开边[A].中研院历史语言所集刊论文类编（历史编·秦汉卷）[C].北京：中华书局，2009.

李山.汉魏之际士大夫的异化及其文化的建构[A].聂石樵教授八十寿辰纪念文集[C].北京：中华书局，2006.

国外论著：

[英]崔瑞德、鲁惟一.剑桥中国秦汉史[M].北京：中国社会科学出版社，1992.

（日）佐竹靖彦主编.鄞州秦汉史学的基本问题[M].北京：中华书局，2008.

（日）谷川道雄主编.魏晋南北朝隋唐史学的基本问题[M].北京：中华书局，2010.

（日）吉川忠夫著，王启发译.六朝精神史研究[M].南京：江苏人民出版社，2012.

（日）川胜义雄著，徐谷芃、李济沧译.六朝贵族制社会研究[M].上海：上海古籍出版社，2007.

（日）宫崎市定著，韩昇、刘建英译，韩昇校.九品官人法研究——科举前史[M].北京：中华书局，2008.

（日）渡边信一郎著，徐冲译.中国古代的王权与天下秩序——从日中比较的视角出发[M].北京：中华书局，2008.

（日）冨谷至著，柴生芳、朱恒晔译.秦汉刑法制度研究[M].桂林：广西师范大学出版社，2006.

（日）永田英正著，张学锋译.居延汉简研究[M].桂林：广西师范大学出版社，2007.

（英）迈克尔·鲁惟一著，于振波、车今花译.汉代行政记录[M].桂林：广西师范大学出版社，2005.

（日）加藤繁著，吴杰译.中国经济史考证[M].北京：中华书局，2012.